中国科普作家协会优秀科普
第三届获奖图书

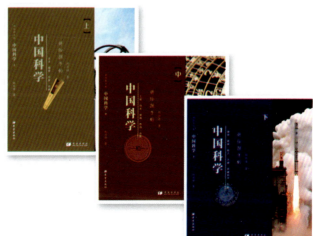

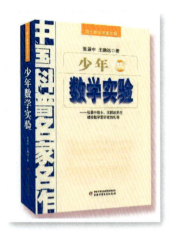

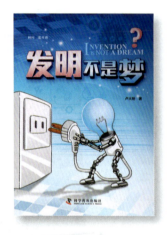

深海杀手

海洋活化石

极地精灵

海兽传奇

珊瑚花园

低碳生活知识读本

绿色家居知识读本

心理健康知识读本

四季养生知识读本

突发事故应急防范知识读本

常见疾病预防知识读本

天文知识读本

科学育儿知识读本

子女教育知识读本

海洋知识读本

食品安全知识读本

数字生活知识读本

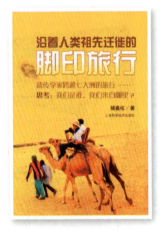

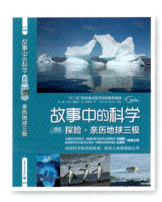

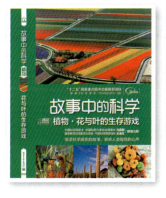

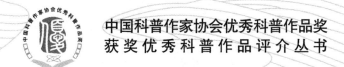

中国科普作家协会优秀科普作品奖
获奖优秀科普作品评介丛书

科普创作与编辑

——第三届获奖科普作品佳作评介

张志敏　陈玲　主编

中国科学技术出版社
·北　京·

图书在版编目（CIP）数据

科普创作与编辑：第三届获奖科普作品佳作评介 /
张志敏，陈玲主编. — 北京：中国科学技术出版社，
2020.1

ISBN 978-7-5046-7477-7

Ⅰ.①科… Ⅱ.①张… ②陈… Ⅲ.①科学普及—著
作—介绍—中国②书评—选集 Ⅳ.① Z835 ② G236

中国版本图书馆 CIP 数据核字（2019）第 163705 号

策划编辑	王晓义	
责任编辑	王晓义	周 玉
封面设计	孙雪骊	
正文设计	中文天地	
责任校对	杨京华	
责任印制	徐 飞	

出 版	中国科学技术出版社
发 行	中国科学技术出版社有限公司发行部
地 址	北京市海淀区中关村南大街 16 号
邮 编	100081
发行电话	010-62173865
传 真	010-62173081
网 址	http://www.cspbooks.com.cn

开 本	720mm×1000mm 1/16
字 数	340 千字
印 张	20.25
彩 插	8
版 次	2020 年 1 月第 1 版
印 次	2020 年 1 月第 1 次印刷
印 刷	北京长宁印刷有限公司
书 号	ISBN 978-7-5046-7477-7 / Z·343
定 价	46.00 元

前　言

　　科学普及对于提升公民科学素质、夯实创新型国家建设的人才基础具有重要作用。在科普事业的发展链条上，科普创作处于源头，优秀的科普作品能回应人民的关切，具有很高的文化价值和教育价值，是宝贵的精神食粮。在当前和今后的科普工作中，繁荣科普创作都是需要长抓不懈的一项基础性工作。

　　科普创作的繁荣发展需要优秀的创作队伍，有赖于良好的社会环境，也离不开正确的评论引导。进入 21 世纪以来，为了鼓励广大科普创作者多出作品，出好作品，我国政府和相关社会组织设立、完善了多种奖励项目，使得科普图书、科普影视等多种类型的科普创作得到了全社会的高度认可，有效地提升了广大科普创作者干事创业的积极性和自信心。特别是 2005 年以来，国家科技进步奖二等奖将科学普及纳入奖励范围，更是起到了显著的示范和带动作用。目前，已有北京市、上海市、江苏省、浙江省、山西省和陕西省等多个省、直辖市的政府科技奖奖励科学普及成果，并且以科普创作相关成果为主。

　　在社会组织设奖方面，中国科普作家协会优秀科普作品奖是目前我国科普领域创作专项的最高奖项，自 2008 年经国家科学技术奖励工作办公室批准设立以来，已经连续评选五届，推出了一批又一批公众喜闻乐见的优秀科普作品，其中，有 16 部获奖作品先后荣获国家科技进步奖二等奖，社会各界广泛认可。除了科普精品佳作，在这个奖励项目平台上同时成长起来的还有数量可观的科普创作者和编辑。他们的智慧和经验无疑是推动科普创作繁荣发展的宝贵资源，值得研究、挖掘与推广。

　　2011 年开始，中国科普研究所启动了中国科普作家协会优秀科普作品奖获奖作品的评介工作。2011年和2017年，先后出版了《首届获奖优秀科普作品评介》和《第二届获奖优秀科普作品评介》，通过创作者、出版者和阅读者视角的讲述、诠释和评论，总结传播科普创作、编辑与评论之道，同时也积累了有益的工作经验。

从某种意义上讲，2018年启动的《科普创作与编辑——第三届获奖优秀科普作品佳作评介》（以下简称第三届获奖作品）是一项延续性研究。考虑到科普图书仍是当前科普作品的主要形式和载体，本次评介专门针对部分获奖的科普图书佳作开展。编写组在广泛征求专家意见的基础上，从第三届获奖作品的45种图书中选取28种，分别从创作、编辑、阅读三个角度进行全方位评介。

应该说，对获奖佳作的评介既是作品的再传播，也是对创作的深挖掘和编辑出版的进一步研究。一方面，来自科普创编一线的优秀作者和编辑，基于获奖图书创编工作的回顾和思考、总结与升华，形成独特的创编思想和经验，能够为广大同行提供好经验、好做法和好思路。而对于普通读者来说，这些智慧的结晶也不失为一种特别的对话，更能让人体会到图书深层次的意蕴和价值。另一方面，本书还包括读者对图书作品的品鉴，该角度反映的是带有研究倾向的阅读者对作品的直观感受、理性思考和客观评价。希望这三个角度的评介相互支撑，能够立体地呈现出科普图书创编的理念、方法和技巧，为更多的人学习、接受和应用，从而推动科普创作评论工作，推动科普创作的繁荣发展。

本书的编撰得到第三届获奖作品的多位作者、编辑的大力支持，得到很多专家、学者的热心指导，在此表示衷心的感谢。由于编写水平有限，书中不足之处在所难免，恳请各位读者不吝指教。

本书编写组

2019年7月31日

第三届中国科普作家协会优秀科普作品奖评奖始末

中国科普作家协会优秀科普作品奖是一项行业内的专业奖，表彰对象为科普图书、科普影视动画、青年短篇科普佳作等作品，奖励对象为作者和出版机构。它是我国科普领域创作专业的单一性最高奖项。

2008年5月，经国家科学技术奖励工作办公室批准，在中国科学技术协会（以下简称中国科协）设立了"中国科普作家协会优秀科普作品奖"，由中国科普作家协会承办。2009年底，清理规范评比达标表彰工作联席会议发布通告，公布了各类评比达标表彰保留项目；全国党群等系统的中央单位共保留了135项，其中，中国科协有8项，中国科普作家协会优秀科普作品奖名列其中，是一项经国家认可并有备案的奖项。2010年3月2日，国家科学技术奖励工作办公室向中国科普作家协会颁发了"社会力量设立科学技术奖登记证书（科奖社证字0177号）"，明确了该奖的奖项名称、承办机构和奖励范围。2014年，中国科协根据中共中央办公厅、国务院办公厅下发的《评比达标表彰活动管理办法（试行）》制定了《中国科协评比达标表彰活动管理办法（试行）》，进一步规范了对中国科协所设奖项的管理。

中国科普作家协会优秀科普作品奖的前身是全国优秀科普作品奖。全国优秀科普作品奖也是行业性的专业奖，1980年开始举办第一届，到2003年的23年间共举办了五届，没有形成固定的评奖周期。这几届评奖活动的评奖范围涵盖五个科普作品类别：图书类、短篇类、少数民族语言类、报刊类和广播影视类（表1）。在这个时期，该奖设立的基本理念得到了完善，评奖的运作模式日渐成熟，为以后的评奖工作积累了经验。

表1 全国优秀科普作品奖历届获奖情况

届次	年份	科普图书类						短篇类				少数民族语言类		报刊类				广播影视类				合计
		荣誉	一等	二等	三等	鼓励	提名	荣誉	一等	二等	三等	图书	短篇	一等	二等	三等	提名	一等	二等	三等	提名	
1	1980		6	16	26				7	21	30	5	1									112
2	1986	5	9	30	56	43			11	41	98	7	6									306
3	1994	5	12	37	60			1	5	32	89											241
4	2001		9	20	100																	129
5	2003	1	3	8	30		13							2	6	20	39	2	6	18	24	172
合计		11	39	111	272	43	13	1	23	94	217	12	7	2	6	20	39	2	6	18	24	960

注：空缺表示无。

中国科普作家协会优秀科普作品奖是在中国科普作家协会第五届理事会任职期间设立的。第五届理事会在借鉴前期工作经验的基础上，根据实际需要，经过专门立项研究建立了一套较为规范的评奖制度。这主要包括三份基本工作文件，即《中国科普作家协会优秀科普作品奖评奖条例》《中国科普作家协会优秀科普作品奖评奖标准》和《中国科普作家协会优秀科普作品奖评奖办法》，下文分别简称《评奖条例》《评奖标准》和《评奖办法》。这些文件是举办评奖活动的根本遵循，对评奖的组织机构、评奖类别、申报条件、评审标准和流程、奖励奖金等做了明确的规定，起到了避免随意性、加强规范性、体现公开公平公正的作用。

根据管理文件，一次完整的评奖活动要包括作品征集、初评、终评、公示、公布和颁奖等过程，其间至少要召开两次组织委员会会议。按照这个模式，主办单位中国科普作家协会评出了第一届和第二届获奖作品（表2）。

表2 第一届和第二届中国科普作家协会优秀科普作品奖获奖情况

届次	年份	图 书 类		影视动画类		合计
		优秀	提名	优秀	提名	
1	2010	18	40	6	12	76
2	2012	27	48	12	25	112
合 计		45	88	18	37	188

第三届中国科普作家协会优秀科普作品奖于2013年7月30日正式发出评奖活动通知。通知对象为省、自治区、直辖市，以及计划单列市科协和科普作家协会、中国科普作家协会各专业委员会、各单位（个人）会员、各出版机构和影视制作机构。通知以信件方式邮寄至以上各单位（个人），同时在网上公开信息。通知明示各单位可推荐申报3—5种作品，个人会员可申报1—2种。申报作品为2012年1月1日至2013年12月31日（2年）国内公开出版发行的正式出版物。申报截止日期为2014年2月20日。到2014年2月底，评奖办公室共收到288件申报作品，分别来自国内63家出版机构、8家全国性学会、18家地方科协和科普作家协会及11名协会个人会员。经资格审查确定其中269种符合申报要求，共计700余册。

整理后，分成9类，委托协会各专业委员会的专家进行初评（表3）。需要说明的是，本文仅介绍科普图书类作品的申报评审情况。

表3　第三届中国科普作家协会优秀科普作品奖申报作品分类统计

类　别	种　数	类　别	种　数
基础科学类	29种（48册）	科学文化和翻译类	19种（67册）
工业科普类	19种（19册）	科学文艺类	7种（10册）
农林科普类	18种（36册）	少年儿童科普类	88种（392册）
医学科普类	80种（148册）	美术摄影类	4种（4册）
国防军事类	5种（8册）		

初评工作从2014年5月初开始，到6月底完成。初评按上述类别分为9个对应组，作品发给专家阅读。一部作品至少要有3人评阅并写出书面意见，同时打分进行组内排序。初评实际评出入选作品132种（427册），占申报作品总数的49.1%（表4）。初评安排2个月的时间是希望专家能够从容阅读每一部作品，进行认真比较，慎重筛选。这是该奖设立以来与以往初评大为不同的做法。

表4　第三届中国科普作家协会优秀科普作品奖初评结果

类　别	种　数	类　别	种　数
基础科学类	15种（22册）	科学文化和翻译类	8种（26册）
工业科普类	10种（10册）	科学文艺类	3种（3册）
农林科普类	10种（28册）	少年儿童科普类	45种（262册）
医学科普类	34种（67册）	美术摄影类	4种（4册）
国防军事类	3种（5册）		

2014年4月15日召开了评奖工作组委会第一次会议。会议听取了评奖工作进展情况，审议了评审纪律，通过了评审委员会委员名单，同意评审工作按照拟定的评审方案进行。

初评结束后，评奖办公室立即对入选作品进行整理，于2014年7月25—26日组织召开终评评审会。终评会分两个阶段进行，先分组进行复评，然后集中终评（全体会议），以无记名投票的方式决定最终获奖的图书。根据初评的结果，复评分成了四个小组：少年儿童科普作品组（第一组）；医学科普作品组（第二组）；科学文化和翻译、科学文艺、基础科学科普作品组（第三组）；工业、国防军事、美术摄影、农林科普作品组（第四组）。评奖办法规定，获奖作品原则上不超过申报合格作品总数的20%（表5）。

表5　终评小组获奖参考比例

组　别	待评作品	优秀奖	提名奖
第一组	45	6	13
第二组	34	5	9
第三组	26	3	7
第四组	27	4	7
合　计	132	18	36

评审小组每部作品需有两名评委审读签字，写出评审意见，按序排列获奖建议名单，然后提交评委会全体会议。全体会议在听取介绍、翻阅实物的基础上，经过无记名投票选出最终结果。共有16部科普图书获得优秀奖，31部作品获得提名奖，特别奖空缺。

评奖结果于2014年8月1—15日在中国科普作家网和优秀科普作品推介网进行了公示。同时，评奖办公室责成有资质单位对获优秀奖的作品进行质检。质检结果显示两部作品有质量问题。

2014年9月24日评奖工作组委会召开第二次会议，听取了评奖工作的汇报和评奖结果的质检公示情况，最后审定14部作品获优秀奖，31部作品获提名奖。根据中国科普作家协会评奖办公室的建议，这次会议同意将优秀奖改为金奖，提名奖改为银奖。

2014年10月24—26日，中国科普作家协会和中国电影制片人协会在中国电影资料博物馆联合举办"科普电影文化周（展）"和"科普与中国梦"主题论坛活动，在 26 日下午举行了颁奖活动。颁奖嘉宾由中国科普作家协会理事长、副理事长和协办单位的领导担任，首次颁发了金奖和银奖。至此，经过一年零三个月的时间，第三届中国科普作家协会优秀科普作品奖评奖活动宣告结束。

第三届评奖活动反映了 2012—2013 年科普作品的分布情况和写作水平。在登记分类中可以看到，医学类科普图书和少年儿童类科普图书占了很大的比重，科学文艺、国防类较少。另外，丛书数量明显增加，比以往要多。从质量上看，原创作品多了，题材丰富了，版式、插图、印刷都有很大的提高。第三届中国科普作家协会优秀科普作品奖评出的作品中有 3 部获金奖的作品后来被评为国家科技进步二等奖，分别是《全民健康十万个为什么》《湿地北京》和《听伯伯讲银杏的故事》。

自从 1980 年开设全国优秀科普作品奖以来，这项活动就受到了科普界的普遍欢迎，受到了党和国家的重视。时任国家领导人方毅、周谷城曾出席第二届全国优秀科普作品奖的颁奖会。2003 年的第五届全国优秀科普作品奖评奖活动达到空前的高潮，共有 7 家单位参与主办，有中共中央宣传部、中国科学技术协会、中华人民共和国科学技术部、国家广播电影电视总局、新闻出版总署、国家自然科学基金委员会和中国作家协会。中国科协一直十分珍视这一奖项，历届评奖，中国科协领导都直接参与，亲自过问。第五届评奖，中国科协书记处书记徐延豪应邀担任组委会名誉主任。2014 年 4 月 14 日，他到中国科普作家协会调研，听取评奖活动的准备情况和具体困难，第二天又出席了评奖组委会第一次会议并讲话。会上，他推心置腹，对这次评奖活动寄予厚望。他说："科普创作在我们国家的科普工作中越来越重要。它是一个源头，也是一个重要的基础。这个奖项对科普事业非常重要，希望把它打造得越来越好，越来越有知名度，越来越有影响力。"在优化评奖活动方面，中国科普研究所给予了人力物力支持，多次立项开展国内外科普创作及奖项设立的专题研究，特别是陆续组织编写出版了第一、第二届中国科普作家协会优秀科普作品奖获奖作品赏析文集——《首届获奖优秀科普作品评介》和《第二届获奖优秀科普作品评介》，现在又支持编写第三本《科普创作与编辑——第三届获奖科普作品佳作评介》。

支持科普事业发展促进科普创作繁荣，设奖很重要。国家清理规范评比达标表彰活动后，这个奖就显得更加难得，更加重要了。说它重要是因为每年我国都有大量的科普图书出版，读者群体庞大，作者队伍可观。科普图书俨然已是一个创作品类，形成了自己独特的体例风格，具有自己的创作规范和体系，但是这个创作体系的界限说还比较模糊，缺乏广泛而成熟的社会共识。因此，这个奖在传扬科普创作价值，规范创作写作形态，引导创作演进方向方面具有十分重要的作用。希望中国科普作家协会优秀科普作品奖越办越好，发挥好激励科普创作者尽情创作的作用，成为展示中国科普创作成就的窗口。

中国科普研究所译审

石顺科

中国科普作家协会第六届秘书长

目录

创作手记

编者感悟

读者品鉴

创作手记

1. 还人们一个真实的大自然，培养生态道德之美

□ 刘先平

【提要】

　　大自然文学是科普创作的一个重要领域。"坚持培育生态文化，将生态文明纳入社会主义核心价值体系"，这是时代赋予文学的任务，更是赋予大自然文学的重要任务。作家要还给人们一个真实的自然：第一，是引领人们认识自然、热爱自然，倡导绿色的生活方式；第二，应努力学习自然科学知识，特别是科学的最新成就，以提高作品的文化内涵，打造精品。

　　之前，我曾写过诗歌、散文，还涉足过美学。但从 1978 年开始却一直致力呼唤生态道德、歌颂人与自然和谐的大自然文学的创作。这是因为数年来参加野生动物调查、筹建自然保护区的考察，目睹了自然生态所遭到的破坏、人类生存危机的严重性而产生的重要变化。

　　大自然养育了人类，这是共识，但随着历史的发展，却陷入了误区；大自然是知识之源，这是事实，但却常常被人们忽略。需要正本清源。

　　人类面临生态危机，才凸显建设生态文明的必要。

　　生态文明建设"关系人民福祉，关乎民族未来，事关'两个一百年'奋斗目标和中华民族伟大复兴中国梦的实现"。中共中央、国务院在《关于加快推进生态文明建设的意见》中明确指出：建设生态文明必须"坚持把培育生态文化作为重要支撑。将生态文明纳入社会主义核心价值体系"。这是时代赋予文学的任务，更是赋予大自然文学的重要任务。

歌颂人与自然和谐的大自然文学更直接地服务于生态文明建设，为培养生态道德发挥着无可替代的特殊价值。教育史的经典是以讲天体气象、山川河流、森林、动植物——自然之美、人类生存的环境、人类在自然之中的位置作为人生的启蒙，在孩子幼小的心灵上培植对生命的热爱，对自然的感恩——培养生态道德。生态道德的缺失是造成生态危机的重要原因。建设生态文明正是化解人与自然矛盾，达到人与自然和谐，保证人类可持续发展的济世良方。建设生态文明，需要生态法律和生态道德作为重要支撑。哲学家都说道德是大美。生态道德的培养与树立，比之于生态法律的制定和完善有更艰难的一面：其一，是因为几千年来，不同的历史时期都制定了调节人与人、人与社会之间的法律和道德，但却没有制定系统的、调节人与自然关系的规范行为，即生态道德；其二，法律是国家制定的强制执行的行为规范，而道德是一个人应自觉遵守的行为规范，是人品和修养，对个人说来，需要终生修养，对于社会说来，需要几代人甚至几十代人的努力才能形成的崇高风尚。而生态道德的培养和树立，需要文化的长期熏陶。

2008年，在大自然文学30年的研讨会上，我给自己的创作做了个小结："我在大自然中跋涉30多年，写了几十部作品，其实只是在做一件事：呼唤生态道德——在面临生态危机的世界，展现大自然和生命的壮美；因为只有生态道德才是维系人与自然血脉相连的纽带。我坚信，只有人们以生态道德修身济国，和谐之花才会遍地开放。"

作为生态文化的首要任务，应是让人们，特别是青少年认识自然，只有认识到自然的伟大和神奇，才能热爱自然、保护自然。在自然失去自然，人们失去自然的当下，只有还给读者一个真实的自然，才能熏陶人们培养、树立生态道德的大美。

揭示大自然的神奇，从某一层面说就是自然的科学，人类正是在探索、研究自然的神奇中，才有了科学以及科学的发展。直至今天，生命起源、宇宙演变、物质结构仍是科学界的三大难题。

朋友们说，你的大自然文学作品中闪耀着博物学的光辉，是的，大自然文学不可能写成科学著作，但它与博物学有着契合点——描写的对象都是自然。以我的体会，作家要还给人们一个真实的自然，首先是引领人们认识自然、热爱自然，倡导绿色的生活方式。其实，优秀的博物学也是大自然文学。

一、作家应走进大自然

作家应走进大自然，与自然亲密相处，才有可能还给人们一个真实的大自然。为什么这样说呢？一是随着城镇化的发展，钢筋水泥已切断了人与自然的联系；狭小的绿化带、草地、小湖都是人工制造的，自然失去了自然；二是纵观当今的文学现状，应该引起我们的警醒。文学缺少了自然，连儿童文学也不例外。尤其是儿童文学中的小说，很多故事都在上不沾天、下不着地中展开的，充斥着搞笑、恶搞，还美其名曰"趣味""幽默"，即使有对自然的描写，也多是肤浅的，甚至错误的。在讲课中，有三个问题使我很困惑、揪心：其中之一是很多中小学教师，特别是年轻教师不认识稻、麦为何物。这是两千多年前孔夫子就严肃批评

编者语：

生态环境是人类赖以生存的基础，科普创作对这一主题常有涉及。面对老题材如何写出新意，是所有科普作家需要思考的问题。新，可以在立意上，在结构上，在语言表达上，这些都需要巧妙地构思和想象。

的"五谷不分"，至今却愈演愈烈。自然失去了自然是灾难，文学失去自然是畸形的，儿童失去自然更可怕。要解决这个问题，只有按照习近平总书记在文艺座谈会上说的去践行，即：艺术可以放飞想象的翅膀，但一定要脚踏坚实的大地。文艺创作方法有一百条，一千条，但最根本、最关键、最牢靠的办法是扎根人民、扎根生活。文学作家首要的任务应是走进自然、认识自然；培养和提高自身的生态道德修养，才能在作品中献给人们一个真实的、洋溢着自然之美、热爱生命的激情的大自然。

科普创作以自然科学为主要书写对象，它不是纸上谈兵，也不是闭门造车，而是源于实践和生活。

很多朋友都问我从事大自然文学创作的历程，其实我是从认识大自然开始的，正是目睹自然所遭受的破坏，改变了我观察自然的视角——站在自然的立场。同时用40多年的时间与大自然相处、相融。因而将拙著署名为："我的山野朋友"和"我的七彩大自然"。水是生命的源泉，为了考察我国的水之源，我曾六上青藏高原。水之源来自雪山、冰川，那么山之源又在哪里？因而我又两次横穿中国从南北两线走进万山之祖的帕米尔高原。为了认识生物多样性的关键区，多年穿行在横断山脉。为了认识海，2011年四上海南，两赴西沙群岛……因而我才看到了在树干上、树根上、叶子上开花、结果的植物；看到了西藏高原竟然有着无与伦比的美丽森林，生长着胸径多在1—5米的喜马拉雅巨柏群；看到了雅鲁藏布江大峡谷竟然刮起了沙尘暴；《惊险大峡谷》中所描写的，只是2002年第一次探索人间"最后秘境"的独龙江。那年走到雪山下的古驿站，却被雪封垭口挡回。2006年3月，朋友电话中说垭口雪已化了。但到了贡山，朋友们又说前两天大雪又封山，只得无功而返。直到10月，我们才千难万难地进入了独龙江，撩开她神秘的面纱。

曾被称为四大无人区的藏北羌塘、罗布泊、可可西里、阿尔金山自然保护区对我有极大的诱惑力。前两处虽未深入到核心区，但都去过它们的边缘。可可西里还进入了两次。唯有阿尔金山最吸引我——很多朋友对我说它是青藏高原之美的浓缩版，被35座大山环绕着的4.5万平方米是天域。2004年，我们横穿中国从南线走进帕米尔高原，途中从青海到新疆经过阿尔金山自然保护区时，谁知由于我的无知，却与它失之交臂。原来阿尔金山自然保护区不在阿尔金山，实际上在东昆仑山麓。2005年，在从北线走进帕米尔高原到达敦煌又特意再南下回到青海省花土沟油田，再去阿尔金山自然保护区时，向导说那里太危险，说什么也不愿去。直到2012年，我们才终于在众多朋友帮助下，进入了阿尔金山自然保护区，才写出了《天域大美》。正是在走进自然37年，三登高黎贡山中，才看到了被西方园艺学家称之为"没有中国的杜鹃花，就没有西方园林"的生活在高黎贡山深处，高30米，基部直径3.07米，盛花时节的大树杜鹃王；使我见识了南海飞鱼、多姿多彩的海洋生物，以及西沙群岛的战士怎样守卫着祖国的海疆和保护着海洋生态……大自然的神奇，生命的壮美。

作家越深入生活，越能捕捉到创作的灵感和素材。科普作家也是如此。

二、作家应努力学习自然科学

作家应努力学习自然科学，特别是科学的最新成就，以提高其作品的文化内涵，打造精品。大自然是人类的母亲，这在今天已是无可辩驳的真理，但我们却常常忽略了大自然是知识之源。目前，科普作品知识性的缺乏，或者知识的陈旧使作品显得浅薄，既无法满足读者的需要，更无法提高作品的质量。在这方面我有深刻的体会。40多年前决定致力大自然文学时，虽阅读了大量的自然科学书籍，特别是生物学的书籍，但它们基本上是"文化大革命"之前或期间出版的。随着时间的推移，科学不断有新的发现，像科学界公认的天体演变、生命起源、物质结构的三大

科普作家不好当。过硬的科学素养和良好的文学素养共同支撑起科普创作，确保了作品的科学性与文艺性，二者缺一不可。

尖端课题，就有了很多新的成果：如天文学家认为我们所生活的宇宙，只是宇宙中之一。争论不休的、关于宇宙诞生的时间，已趋于一致，即 137 亿年之前。再如在海底万米深处的高温热泉，在南极厚厚的冰层中居然发现了鲜活的生命……大大拓展了我们对生命生存条件的认识。再如，科学家都认为宇宙中肯定还有一种物质存在，因而纷纷努力寻找暗物质……三大尖端难题只要有一点突破，都将给科技带来巨大革命、新的思想。就拿重视湿地来说，这也是近二三十年的事。所以，只有将读万卷书和行万里路交融在一起，才能真正增长自己的知识，才能使自己的作品丰富，才有可能打造出精品。

2011 年，我在西沙群岛第一次有机会仔细观察鹦鹉螺，那是在永兴岛上的南海海洋博物馆的展架上。它是四大名螺之首我是知道的，但它那如鹦鹉鸟一般的奇特造型、白色螺壳上橙色的火焰花纹，还是闪耀着诱人的魅力。来到深航岛的一个傍晚，战士小高领我们到岛的北边去看对面的晋卿岛。走在退潮后露出的大片礁盘上，意外地拾到了一只鹦鹉螺；虽然壳已被风浪破损，但仍可清晰地看到壳内螺旋迂回，形成一个个隔舱，舱之间有带相串连……我们惊喜得摒声息气。

数年前读到的一篇短文说，世界上没有几位海洋生物学家见到过活体的鹦鹉螺；因为它生活在 100 米深的海底，只在夜间才浮上来觅食。原来它要上浮时，会制造气体充盈隔舱，下潜时却排除空气，吸入海水。这种生存技巧激发了仿生学家的灵感，制造了潜水艇。于是，世界上无论是用电池作动力的或用核能作动力的第一艘潜艇，都是用鹦鹉螺来命名，以纪念它的功勋。

还有一说，鹦鹉螺是天体演变的忠实记录者。海洋生物的生态与月球多有关系。每当月色姣好的特殊时光，鹦鹉螺会与月相约，群集海面，与月"相看两不厌"，因为它与月球有着特殊的

读万卷书，行万里路。在长期的实践和生活中不断积累素材，为科普创作注入不竭的动力，打下丰厚的根基。

关系。月球是地球的卫星。真的如此玄妙？天文学家揭开了其中的奥妙：鹦鹉螺壳虽漂亮，但不光滑，而是布满细细的波状纹（在深航岛捡到的螺壳看得较清楚）——波状纹就是它的年轮，每天长一条，一月有一隔，这种"波状生长线"的条数即是每月的天数。据化石考古：鹦鹉螺在距今4亿多年的中生代奥陶纪，每隔的纹数只有9条。到了距今3.5亿年的古生代石炭纪，每隔的纹数已有了15条。在距今1.95亿年的中生代侏罗纪，每隔纹数是18条。距今1.37亿年的中生代白垩纪，每隔纹数增为22条。距今4千万年的新生代渐新世，每隔的纹数已达26条。也即是说在4亿多年之前，那时每月只有9天，随着斗转星移，却每月达到了15天、18天、22天、26天。现今，我国的农历每月是29点几为一天——月大30天，月小29天。由此天文学家得出结论：月球仍是围绕地球运转，但离地球越来越远了。这从另一侧面，佐证了宇宙在膨胀。

鹦鹉螺居然蕴涵着这么多的科学知识和智慧！

事实证明：我们每天看到的大自然，竟蕴涵了这么多的科学知识，需要我们去探索、认识，千万别漫不经心地忽略！

作者简介

刘先平：自然文学家，中国作家协会会员，曾获全国"五个一工程"奖、国家图书奖以及国际安徒生文学奖提名。

大自然中，处处有科学，也有科普创作的素材。这就需要科普作家有发现之眼，好奇之心，并将科学传播的使命时刻放在心中。

编者：张志敏

2. 科技创新与科学普及比翼双飞

——回眸《穿越雅鲁藏布大峡谷》

□ 高登义

【提要】

《穿越雅鲁藏布大峡谷》以真实的故事解读科技创新与科学普及的密切关系，尽致地展示了中国科学家为了实现中国科学梦艰苦奋斗的真实历程，为年轻科学家提供了科技创新的动力，同时也指出了科学普及的可行性。

《穿越雅鲁藏布大峡谷》出版已经6年了。据北京大学出版社介绍，已经再版一次了。这本书的美编设计令人满意。回眸《穿越雅鲁藏布大峡谷》，颇感"科技创新与科学普及比翼双飞"在促进科技发展中具有重大作用！

一、《穿越雅鲁藏布大峡谷》书名的来历

由北京大学出版社策划、王直华先生主编的《科学美》丛书，邀约我撰写《地球科学美》。朋友之邀，盛情难却。朋友之托，全力以赴，在所不辞。

为了提笔书写，我认真地拜读了好几本国内外有关"美学"的名著，但的确感觉"越读越糊涂"。首先是"美"的定义，大

家各说各词，读者不知所措。然而，我仍然认真阅读、思考，总算有了自己的看法：事物的美客观存在，但必须通过主观的人去鉴别与欣赏，才能够形成主观个体得出的"美"的所在，"美"的特征。

然而，地球科学内容太广，就我而言，只是在大气科学地球三极气象学的某些方面有所涉及，对整个地球科学来说，太局限了。我主动向主编建议，可否集中撰写范围更小的"雅鲁藏布大峡谷美"。我的建议得到主编赞同。

当我快要完成"雅鲁藏布大峡谷美"的书稿时，出版社又建议我更名为"穿越雅鲁藏布大峡谷"，理由是更能够吸引读者。

就这样，书名确定为《穿越雅鲁藏布大峡谷》。

二、保留雅鲁藏布大峡谷"美"的因素

在《穿越雅鲁藏布大峡谷》一书中，仍然保留了相当分量的"雅鲁藏布大峡谷美"的因素。

在该书的前言中就有这么一段描述，正如法国社会哲学家西蒙娜·韦伊（Simone Weil）所说："科学的真正主题是世界之美。"我们科学探秘雅鲁藏布大峡谷的真正主题也应该是认识并享受雅鲁藏布大峡谷之美，并让世界上更多的人共同享受她给人们带来的美！

又如，在《百闻不如一见：亲近雅鲁藏布大峡谷》一章中，用了小标题，"走进美丽淳朴的大自然""鉴赏从极地到热带的自然景观""在百花盛开的乐园中踏青""欣赏大峡谷中的大大小小的急拐弯"等，都留下了原来着力描述雅鲁藏布大峡谷美的痕迹。

"在帕隆藏布江河谷，除了数百里长廊上的桃花外，河谷两

侧山坡上又是另一片花的世界。各种各样的大叶杜鹃花和小叶杜鹃花争奇斗艳，令人流连忘返。奇特的兰花品种，让人不时留驻。河谷中一片片的油菜花、洋溢飘香于河谷的野花椒、野姜花，一棵树上开着两种颜色花素的野花，红色鲜艳的天南星，可以入药的十大功劳……令人仿佛坠入了花的海洋"。

"在易贡藏布河谷，最令人难忘的是散发出清香茶味的大片茶园。每当藏族姑娘采茶的时候，那身着五彩缤纷罗裙的身影点缀在碧绿的茶园中，远望，宛如仙女飘荡在绿色的海洋上"。

三、还原科技创新的历史面貌

1998 年，人类首次徒步穿越雅鲁藏布大峡谷，这是中国科学家几十年来科技创新的结晶，是自 1973 年以来多次赴雅鲁藏布江流域科技创新的继续。还原其历史面貌，是该书的首要职责所在。

如何还原科技创新的历史面貌呢？是以时间为序还是以自己参加组织的多次科学考察为切入点再倒叙历史呢？我采取了后者。理由是，我没有参加 1973 年、1974 年和 1975 年的雅鲁藏布江下游科学考察，没有科技创新的感性知识，写起来很难生动活泼。

该书序言的开头明确指出，"穿越雅鲁藏布大峡谷是探索研究雅鲁藏布大峡谷的关键，而探索研究雅鲁藏布大峡谷是国家科学研究任务的需要，这是中国科学家几代人共同的愿望"。探索研究就是科技创新的重要组成部分。紧接着的第二段是"自 1973 年以来，中国科学院组织我国科学家多次走进雅鲁藏布大峡谷，探索它的地质历史，寻觅它的丰富资源，研究它的水汽通道作用，对于自然环境和人类活动的影响……取得了可喜的科学成果"。明确指出了科学家前辈科技创新的重要成果。

由于 1973—1975 年在雅鲁藏布江下游的科学考察没有论文发表，该书就从刘东生先生为队长的 1982—1984 年在雅鲁藏布江下游地区的综合科学考察为切入点，逐渐展开 1998 年前科学考察取得的科学成果和对雅鲁藏布江下游的新认识。这些成果和新认识正是科技创新的记录。

这些科技创新成果是以观测论证雅鲁藏布江下游水汽通道、综合分析研究水汽通道作用对于藏东南自然环境和人类活动的影响为出发点，综述了雅鲁藏布江下游地区是"青藏高原的江南"，是"生物的基因库"等。

该书更着力论证了沿着布拉马普特拉河—雅鲁藏布江下游河谷是青藏高原四周向腹地输送水汽最大通道的根据，并以多学科相互渗透的科研方法，论证了这条水汽通道的作用是世界第二大降水带分布于布拉马普特拉河—雅鲁藏布江下游河谷，以及推动热带亚热带向北推进 5—6 纬度的原因；发现了这种水汽通道作用使沿江流域地区的雨季开始时间远远早于流域东西两侧，使水汽通道围绕的南迦巴瓦峰南北两侧的自然带和气候带基本相同，这与喜马拉雅山脉南北巨大差别的自然带和气候带分布完全不同；展示了这条水汽通道成为喜马拉雅山脉南北两侧人类和生物相互交流的通途等。

四、科学认识储备：真实记录穿越雅鲁藏布大峡谷的前前后后

徒步穿越雅鲁藏布大峡谷，是我国科学家多年的梦想，也是中国科学家的创举。过去，由于科学认识不足，物质条件也不满足，特别是我们这批科学家年龄都偏大，没有能力完成沿雅鲁藏布江下游河谷穿越。为了科学地探险，中国科学探险协会集中我

国科学家的智慧，尽可能地"知天知己"，力争安全圆满地完成徒步穿越科学考察。

（一）知天知己

在过去多次科学考察研究雅鲁藏布江下游地区的基础上，我们对雅鲁藏布江下游河谷有了比较深刻的科学认识。这为我们完成徒步穿越打下了一定的科学基础。

知天：了解最适于穿越的季节。大气科学考察研究表明，沿着雅鲁藏布江下游河谷的水汽输送量很大，相当于夏季沿着长江南岸向长江北岸输送的水汽量。因而，这里降水很丰富，年降水量在3000—5000毫米，雨季绝对不能穿越。徒步穿越必须在降水较少的旱季进行。研究结果表明，每年的4月和10—11月是雅鲁藏布江下游的旱季，降水稀少，不易带来山体塌方，相对安全。因此，我们在1998年4月进行徒步穿越的预考察，为秋季的正式穿越打下了基础。在1998年10—12月初，正式穿越雅鲁藏布大峡谷，近400人的穿越考察队，只有一人轻伤，做到了安全、圆满地完成徒步穿越科学考察。

知己：邀请著名登山家带队徒步穿越。在秋季穿越雅鲁藏布大峡谷时，为了保障安全穿越，考察队邀请西藏登山队攀登过珠穆朗玛峰和多座8000米以上高峰的登山家仁青平措、丹增多吉、加措和小齐米4人，分别担当3个分队的指导员，指挥考察队徒步穿越行动。科学家作为穿越过程的副队长，只负责科学考察。这种安排确保了安全圆满地完成徒步穿越。

（二）论证发现雅鲁藏布江峡谷为世界第一大峡谷

1994年初，在刘东生先生的指导下，在中国新华社高级记者张继民促进下，以杨益畴研究员为主的3名科学家计算了雅鲁藏布江峡谷的长度、深度和宽度，比较了当时世界上的知名大峡谷科罗拉多大峡谷等，论证发现雅鲁藏布江峡谷的长度最长、深度

科学考察记在科技活动和旅游开发中都具有重要的作用。它可以为人们提供新鲜、生动、翔实的第一手材料，为科技、旅游事业的进一步开发提供参考资料；它可以提示某种尚未探明的自然现象，记录和介绍最新的研究成果，传播最新的科技知识。

最深、宽度最窄，是世界第一大峡谷。

（三）正名雅鲁藏布大峡谷

过去，雅鲁藏布江下游峡谷名称繁多，诸如大拐弯峡谷、底航峡谷、墨脱大峡谷、雅鲁藏布江峡谷等。中国科学探险协会联合国家民政部有关部门，经过两次学术讨论会，最后建议定名为"雅鲁藏布大峡谷"，报请民政部批准。1998 年 10 月 18 日，国务院根据民政部的报告，正式命名为"雅鲁藏布大峡谷"，罗马字母拼写为"Yarlung Zangbo Daxiagu"。

五、科技创新促进可持续发展：穿越后的后续工作

完成穿越大峡谷之后，为了促进雅鲁藏布大峡谷的可持续发展，后续工作接踵而至。

（一）促进建立国家级自然保护区

1999 年 1 月 24 日，笔者和杨益晴、关志华、李渤生研究员联名致函西藏自治区热地书记，建议把原来的墨脱自然保护区扩大为国家级的"雅鲁藏布大峡谷自然保护区"，并提出了保护区可持续发展的建议。热地书记立即批示，支持我们的建议，并报请国家林业局批复。很快，于 1999 年 2 月 8 日得到国家林业局同意。自此，促进了雅鲁藏布大峡谷可持续发展的国家级自然保护区加快建立。

（二）科学普及雅鲁藏布大峡谷

1999 年，中国科协专门组织了全国百场"穿越雅鲁藏布大峡谷"科普报告。报告会由参加徒步穿越的科学家在北京市、河北省、吉林省、广东省等省、直辖市的大学举行了 100 场报告，并组织了徒步穿越展览。

科考后的成果提炼、推广，以及问题的破壁、改进尤其重要。而科学普及则能使科考成果的外延更为广袤和接地气。

（三）世人公认雅鲁藏布大峡谷世界第一

1994年，新华社公布《我国科学家确认雅鲁藏布大峡谷世界第一》的消息后，并未得到世界科学界的认可，主要原因是，1994年公布的计算数据不是中国国家测绘总局测绘的结果。为此，在1998年徒步穿越中，特别邀请国家测绘总局派出专家随队测量，于1999年4月在人民大会堂召开新闻发布会，公布了重新测绘的结果。2003年11月，在"中美关系：过去、现在与未来"的讨论会上，笔者以中国测绘总局于1999年4月公布的新数据，再次论证了雅鲁藏布大峡谷世界第一的科学结论，得到与会的美国科罗拉多国家公园科学家的赞同。自此，世人公认雅鲁藏布大峡谷为世界第一大峡谷。

（四）诊断分析"改变大峡谷地形能否缓解西北干旱"

在徒步穿越雅鲁藏布大峡谷过程中，以中央电视台、新华社、《北京青年报》《广州日报》等为主的媒体，起到了巨大的科学普及作用。尤其是对于雅鲁藏布江下游水汽通道作用的科学普及，引起了我国两位科学泰斗的关注，他们建议"可否改变雅鲁藏布大峡谷地形"来加大水汽输送，以缓解我国西北干旱问题。笔者在接到中国科学院有关部门的通知后，专门招收1名硕士研究生，诊断分析了这一科学问题。结果表明，从气象条件来看，即使改变了雅鲁藏布大峡谷地形，并选择历史上最强的西南季风年，其水汽输送在没有到达三江源地区前，沿途已经降水完毕。即从气象条件来看，不可行。

六、留下一些遗憾

万事难求全。该书也是如此，也留下了一些遗憾。

其一，是首次尝试"科学企业媒体三结合"道路让中国科学探险协会蒙受了重大的经济亏损,好几年才缓过来。当然,第一次走这条"三结合"的道路也给我们留下了一些经验,为后来的北极建站等科学考察奠定了基础。

其二,在写作过程中,出版社为了图书的可读性,或者说,为了图书的发行顺利,要求增加介绍世界上的其他峡谷,尤其是介绍了东非大裂谷。现在看来,有点与书名不协调。

总的来说,《穿越雅鲁藏布大峡谷》一书淋漓尽致地宣传了中国科学家为了实现这一中国科学梦艰苦奋斗的真实历程,是一本宣传科技创新与科学普及相结合的普及图书。它通过真实的历史故事来解读科技创新与科学普及的密切关系,为年轻科学家提供了科技创新的动力,也为年轻科学家指出了科学普及的可行性。愿这一本"科技创新与科学普及"紧密结合的科普图书为年轻科学家点燃走"科技创新与科学普及"光辉大道的小小明灯。

作者在写作过程中,一定要有自己的原则和坚持。出版社的编辑在给作者建议前一定要统筹考虑,突出重点,切勿一味求全、求大。否则就会导致画蛇添足和名不副实的后果。

作者简介

高登义:山地环境气象学家,曾任中国科学院大气物理所副所长,中国科学探险协会主席,参与编写的《科学家带你去探险》系列丛书项目荣获2017年度国家科学技术进步奖二等奖(科普类)。

编者:姚利芬

3. 科普创作是科学研究的延续

——《讲给孩子的中国科学》创作谈

□ 刘兴诗

【提要】

　　科学工作者从事科普创作，必须联系科学研究，这是责任，也是优势所在。这样，科普创作的素材来源至少有两个方面：一是来自资料累积，二是自己的研究探讨结果；前者是间接研究，后者是直接研究。

　　古老的中国是文明古国，古老的中国也是科学古国。没有牢靠的科学基础，怎么能营造出五千年文明，结出丰硕成果，书写出一部光辉灿烂的中华科学史。

　　众所周知，从原始时期开始，历经世世代代的努力发展，我们的祖先早就掌握了建筑宫室、种植谷物，以及治水、冶炼等各种科学技术，奠定了牢实的科学基础。古人观天察地，编制历法；开山过河，架桥筑路；望闻问切，诊治疾病。从古至今一步步从切身的实用生活科学，发展到生产科学，乃至今天高深的科学理论及现代尖端技术，建立起完整的科学系统。

　　科学发展也有一个民族化的深刻烙印，是一个不断发展的漫长过程。谁都知道，古代中国有指南针、造纸、火药、印刷术四大发明。现代中国的科学成就，离不开古代的科学基础。作为一个中国人，我无限仰慕祖先的文明成就。作为一名科学工作者，我十分惊异祖先的科学水平。古代中国不仅有这四大发明，还有更加广泛丰富的创造。其中有许许多多人所共知的项目，例如丝绸、瓷器、长城、大运河、针灸，以及水稻、茶叶种植等，需要我们从浩如烟海的古代科技史中潜心研究，进一步发掘和认识。这是每一个中国人、每一个科学工作者，不可推卸的责任。这也是我决心研究探讨，尝试写这一套书的根本动机。

科普创作是科学研究的直接继续。不能简单局限于来自阅读的资料累积，还应该通过科学工作者的不懈研究，进行更加深入的探讨，才有可能发掘出更多的内容。

一、关于素材的基本认识

科普创作的素材来源至少有两个方面：一是来自资料累积，二是自己的研究探讨结果。前者是间接研究，后者是直接研究。对古代科学史研究来说，两个方面都不可忽略。我遵从这样的思路，进行了一些探讨，写出了《讲给孩子的中国科学》一套书。

长江古桥的研究，就是一个例子。我在整理历史资料的时候，十分惊奇地发现近 2000 多年以来，曾经有一系列长江古桥存在。

啊！滔滔长江上，早于 1957 年 10 月通车的武汉长江大桥，竟有许多古桥出现，简直不可思议。

这是真的吗？

历史不会欺人。

这到底是怎么一回事？还需要实地考察验证。

先看有史可稽的第一座长江古桥。

《后汉书》《续汉书》记载，东汉光武帝建武九年（公元33

年），割据蜀中的公孙述与汉光武帝刘秀争天下。为了防备刘秀的军队进攻，公孙述派遣他的"国防部长"大司徒任满、"水军司令"翼江王田戎带领几万兵马，乘着战船和木筏，浩浩荡荡冲出长江三峡，抢先占领了今天的宜昌、宜都一带有利地形。在宜都附近的荆门、虎牙之间，横跨长江修筑了一座巨大的浮桥。

据记载，在这座浮桥上，有弓箭手和长矛手把守的斗楼，桥下有带倒钩的攒柱，两岸修建起桥头堡。南边横跨大江，简直是一个武装到牙齿的水上堡垒。东汉军队无论从水上，还是陆地上都甭想前进一步。刘秀手下的大将岑彭攻打了一年多，没法突破这道水上防线。实在没办法可想，只好增加兵力，调动秦岭前线的吴汉兵团一起进攻。最后，一把火才烧毁了这个奇迹似的大桥。

当我读到这一段记载，简直难以相信。好在地点确凿，不难寻觅。放下书本，立刻赶到现场观察。

这个地方在湖北省宜昌市以下不远处。荆门在南岸、虎牙在北岸，二者隔江相对，地势十分险要。古云："峰峦对峙，上开下合，厥状如门"，就是说的它们之间的形势，自古以来就是兵家要地。公孙述在这里修建这么一座横跨长江的大桥，是名副其实的水上要塞，用以阻挡东汉军队西进，真是再好不过了。

其中，北岸的虎牙最险要，叫做虎牙关。包括三国时期，镇守荆州的关羽，几乎历朝历代都曾经在这里驻兵。

我到这里观察，可见两边山地约束，江面相对狭窄。临江出露白垩系东湖组的坚硬砂砾岩，形成一片高耸的丘陵。临江的岩石露头可以经受江水冲刷而不动，作为桥基十分合理。

有趣的是，古今建桥理念相同。现在从上海到重庆的高铁大桥，正好架设在这个地方。我在考察中，亲眼目睹高铁呼啸而过，仿佛古桥重新现身。看来两千多年前的筑桥者，似乎也懂得一些工程地质学原理。古今桥梁工程师选择一致，今天的这个高铁大桥，就是对两千多年前那座古桥的最好诠释。

还需要一提的是，长江自南津关流出三峡后，江面陡然放宽，水流亦趋缓和。但是经过宜昌市继续流到这里，由于两岸丘陵地形和坚硬岩石的影响，江面忽然重新束窄，水流湍急，成为一道水上咽喉。地形条件虽然十分理想，但由于水流加急，又给古代建桥造成极大的困难。

想一想，这么一座两千多年前的长江浮桥，前后存在了3年之久。其间经历了两个洪水期的考验而屹立不动，建筑技术无疑是当时世界第一流，可以进入青史而不愧，实在了不起！

这个古桥的材料极其珍贵。如果认真发掘出来，告诉现在的读者，进行爱国主义和科学教育，还等什么呢？

是的，这不仅是科学教育，也是爱国主义教育！

科普作品也应有国界属性。我们的科普作品除了科学知识的普及，还必须注意培育青少年的爱国主义理念。使之潜移默化，培育一代代接班人。

有了这样的想法和动机，我就毫不犹豫地把这个古桥的材料原原本本写出来，列入这一套《讲给孩子的中国科学》之中。

从这座连接荆门、虎牙古桥可知，是与当时的军事用途有关。俯仰历史千百年，历来征战不断。既然在东汉时期就能修建这么一座巨大的浮桥，往后的历史中难道没有同样的跨江桥梁？

这个观念启发了我，于是就进入浩如烟海的历史仔细查找。重点选择与长江战斗有关的历史片段，逐朝逐代进一步查找。

二、关于查阅资料和现场验证

只是闭户阅读远远不够。一旦资料落实，还必须抛开书本，结合自身的地质专业，到现场一一验证。

科普图书对提高全民科学素质具有不可替代的作用，对弘扬爱国主义精神、维护民族团结也有着独特的价值。在普及科学知识的同时，宣扬爱国主义精神、维护民族团结，是近年科普创作选题的一个亮点。

不查不知道，一查一大堆资料。想不到从紧接东汉的三国时期，直至明朝晚期，万里长江上竟有许许多多的古桥存在。

总结起来，有如下几组。

据《吴书·潘璋传》《魏书·董昭传》所载，三国时期的曹军夏侯尚曾经在荆州地区的百里洲汉河修建了一座军用浮桥。这是否考虑到赤壁之战，从荆州以下用兵失败，打算重新发动进攻，从荆州以上的这个地方迂回渡江。

这座桥对东吴产生威胁。吴将诸葛瑾利用当地芦苇丰富，取材方便也便于隐蔽的条件，从汉河上游放出燃烧的"草船"，烧断了这个浮桥，迫使夏侯尚退兵。

人们都知道诸葛亮"草船借箭"的故事，却未必知道他的哥哥诸葛瑾这一段"草船烧桥"的故事。

往下是北宋平南唐战役中，采石矶巨大浮桥的出现。

据《宋史》《续资治通鉴》记载，南唐后主李煜依靠长江天险，认为插翅不能飞渡。宋太祖赵匡胤采纳池州士人樊若水献计，在采石矶敌前架设一座浮桥。于是，潘美率领的大军就浩浩荡荡渡过长江，直抵金陵城下。李后主只好自己抬着棺材，哭哭啼啼吟唱着："问君能有几多愁，恰似一江春水向东流……"，老老实实低头投降了。

我到现场考察发现，这是侏罗系象山群的坚硬砂岩，凸出江心所形成的一个矶头。古人选择作为建桥地点，完全符合工程地质要求。

再往后，乃是唐代以来，以瞿塘峡口的夔门为中心，捍卫三峡的浮桥及铁索拦江等军事措施。

宋元战争时期的今重庆市长江段与嘉陵江浮桥群，是另一个用于战争的造桥时代。

唐宋以来的这些古桥资料很多，出自《太平寰宇记》《宋史纪事本末》《通鉴纪事本末》等，桥址完全符合工程地质条件，不用一一赘述。

据《太平寰宇记》《宋史纪事本末》《通鉴纪事本末》等资料显示，以瞿塘峡口的夔门为中心的历代三峡吊桥、浮桥群，三峡夔门南岸，有一串"之"字形的石孔，盘旋在陡峭的崖壁上，俗称"孟良梯"。相传杨令公死后，遗骨被一个恶和尚盗窃在此。杨六郎派猛将孟良前往取回。恶和尚约以天明为度，过时不候。孟良凿梯到一半，恶和尚在崖顶学鸡叫，于是就半途而废。

这样的故事当然是虚妄的。这些盘旋的石孔到底是什么东西？有栈道、悬棺等许多说法。我在现场考察，认为是一个西南山区常见的索桥遗迹。这些盘旋而上的石孔，就是通向索桥的遗迹。后来读到《读史方舆纪要》《奉节县志》，有这样的记述："开熙四年（1369年），（明将）汤和攻蜀。铁索断峡口，飞桥，木板置炮。"

当时明军无法突破这个飞桥防线，派遣勇将廖永忠，翻山绕到后方，发动突然袭击才攻破这个水上防线的。

我注意到《奉节县志》上有"飞桥，木板置炮"这样的记载。想一想，当时没有无坐力炮。在摇摇晃晃的索桥上开炮，不知座力有多大。这个索桥居然能够承受，建筑质量多么了不起！

再后是明末张献忠，在今湖北省武汉市以西的金口架设的两座浮桥。

据《明史纪事本末》，明崇祯十六年（1643年），张献忠攻占武昌后，为了后勤需要，命令部将邓云程选择地形，在武昌以西的金口修筑浮桥。笔者前往考察，两边丘陵夹峙，江面较窄，不仅工程地质条件和桥面跨度适宜，也是驻兵防守的理想地点。

一年后，张献忠从今湖南省重新北上，又在今岳阳市三江口修造浮桥，全军步骑数十万均在此渡江，通过能力极强。

最后是太平天国进攻武昌战役中，指挥此次战役的东王杨秀清，在岳阳提拔出身湘西水手的唐正才为典水匠，组织太平天国第一支水军，参加这个战役。

余一鳌《见闻录》盛赞他"善搭浮桥"。

《太平天国史稿·本纪第一》描述："太平军自汉阳以铁索系船为浮桥络绎达武昌，往来渡兵，度风涛如平地。"

这件事发生在清咸丰二年（1852年），太平军突然调集早已准备好的船只，一夜之间就在敌前架设两座浮桥，位置分别在鹦鹉洲和白沙洲、南岸嘴和大堤口之间。这两座浮桥，就是唐正才设计，在炮火威胁下的敌前搭建的，建桥技术和速度可以想见而知。武昌清军悬赏烧毁一座桥，奖银五千两；烧毁两座桥，奖银一万两；烧毁一只浮船，奖银二十两。无奈大势已去，太平军如潮水汹涌通过浮桥，一举攻破武昌。

1852年1月16日，为了便于往来，水军统领唐正才又运用他长期在湘西流放木排的经验，设计一座更加新颖的浮桥。当时曾经目睹的陈徽言在《武昌纪事》中描述："以巨缆横缚大木，上复板障，人马来往，履如坦途。"建成后数日，这座新桥被风浪冲毁。唐正才设法在两侧加系许多重三四十斤的大铁锚，终于战胜风浪，安稳横卧在江上。惜乎不到一个月，随着太平军主力东下，武昌又被清军攻陷，留守的太平军亲手焚毁了这座奇特的浮桥。有趣的是，这座浮桥的位置在汉阳晴川阁和武昌汉阳门之间，凭借龟山和蛇山地形锁钥大江，恰与今日的长江大桥位置相同，反映了古今桥梁工程师相同的见解，岂仅是历史的巧合。

除此以外，是否尚有更加古老的长江桥？

我阅读了以下记述，看出了一些端倪。

《竹书纪年》记述："周穆王……三十七年（公元前940年），

大起九师。东至于九江，架鼋鼍以为梁，遂伐越。"鼋是团鱼，鼍是扬子鳄，驱使它们作战自然不可信。但是远古历史往往蒙罩着浓烈的神话色彩，有无可能使用象征这些水生动物的船舶，调集一处修建同样的浮桥，值得仔细研究。

《水经注》卷三十三，有云：江水"东迳阳关巴子梁。江之两岸，犹有梁处。梁者，桥梁也。"两岸尚存的"梁"处，是天然石梁，还是古时巴国时期的古桥遗迹，也值得进一步推敲。

通过古史发掘与野外考察结合，我获得了许多关于长江古桥的资料。这些资料非常重要，可以作为古代科学技术的补充，我把这些内容写进了《讲给孩子的中国科学》中。这样的例子还有很多，不在此一一赘述了。

科普创作必须联系科学研究，这就是我的一点创作体会。

作者简介

刘兴诗：地质学教授、史前考古学研究员、果树古生态环境学研究员，科普作家，科幻作家，中国科普作家协会荣誉理事，作品曾荣获国家科学技术进步奖二等奖（科普类）。

材料是文章写作的物质基础。作者通过查阅资料、实地考察等方式获得的鲜活材料，为作品创作奠定了坚实的基础。

编者：邹贞

4. 《少年数学实验》写作后记

□ 张景中

【提要】

现实的强烈需求，是促成《少年数学实验》立题创作的重要原因。面向儿童的数学科普，对作者有综合性要求：一是要有丰富的基础数学教学经验，二是要了解老师和学生，三是要热爱数学教育。在素材选择上，多与校内课程内容有关联，但需着力启迪小读者的思维，引导学生发现屏幕上千变万化的图案和书本上抽象简洁的数学符号的内在关联，体会数学之美、数学之巧、数学之力、数学之丰富多彩。这样的创作比纯文字的数学科普要难得多。

数学从来就有实验。思考数学问题时，免不了算算画画，这本质上就是在做数学实验。广为流传的七巧板、九连环、华容道等数学玩具，以及剪纸、折纸游戏、立体模型制作与观察，都可以归入数学实验之列。两手空空地想问题，设想某种情景做推理，也可以叫做"思想实验"。爱因斯坦做研究，就得益于几个深刻的思想实验。

但数学实验获得教育领域的广泛认可，甚至成为大学课程内容，则是近二三十年的新鲜事。其驱动力来自现代信息技术的发展。电脑的普及和数学软件的问世，使数学实验脱胎换骨，被人们刮目相看。

中华人民共和国教育部于 1996 年启动了"面向 21 世纪非数学专业数学教学体系和内容的改革"研究项目，并在 2000 年正式发表《高等数学改革研究报告》，提出把"数学实验"作为非数学专业四项数学课程之一。而在 1999 年，李尚志教授等中国科学技术大学老师已经推出了《数学实验》教材。之后，好几个高校编著的《数学实验》教材相继出版。这些教材里用的都是国外开发的数学软件。

大学里要做数学实验，中小学呢？2011 年，我国《普通高中数学课程标准》里提到了数学实验；《义务教育数学课程标准》里更把"数学实验室"列为课程资源之一。

对于多数中小学的老师和孩子们，数学实验是个陌生的新事物。什么是数学实验？中小学的学生怎样做数学实验？用什么工具设备做数学实验？数学实验在学习数学过程中有什么积极作用？一系列的有关问题期待切实具体的回答。

现实的强烈需求，促成了《少年数学实验》的立题创作计划。

数学实验要有好的软件支持。自 1996 年以来，我和几位合作者就在努力研发适合我国基础数学教育的动态数学软件。经过十几年的磨炼，推出了广受老师们青睐的超级画板；它比从美国引进的几何画板多了智能画笔、符号计算、编程环境、自动几何证明等功能，能够为学数学和教数学提供更适宜的平台环境，自然成为《少年数学实验》配套软件的不二之选。

写这样一本书的作者，应当有丰富的基础数学教学经验，了解老师和学生，热爱数学教育。我在中学里只教过几年书，但我知道，王鹏远老师有四十多年的数学教学经验；并且十分热心于现代信息技术在数学教育中的应用。在我国推广几何画板和超级

编者语：

满足了读者的阅读需求，也就迎合了市场的需求。要把读者放在第一位。

广大的一线教师与孩子们朝夕相处，了解孩子，懂教育，善于沟通，是发展壮大科普作家队伍需要争取的人才。

画板的项目活动中，他都是重要骨干。果然，一提起此事，他高兴地答应了。全书初稿主要是他来执笔，我则参与讨论定稿，并在技术和资源方面多做支持。

使用超级画板，本来就可以快速准确地做数值计算和符号计算；方便快捷地做出运动变化的图形；对图形中的几何对象进行动态测量；对测量的数据做运算。在此基础上，我们还应用了国家数字学习中心基于超级画板开发的更为方便快捷的"方便面"。在"方便面"环境下，很多操作更为简化。"方便面"的命令，用汉语拼音首字母构成，容易记忆理解。例如，分别要做 3 个变量 x、y、z 的变量尺，只要在编程栏里键入"blc3（x, y, z）;"后按 Ctrl+Enter 键执行即可。这里 blc 由"变量尺"三个字的汉语拼音首字母组成。为了这本书的读者，我们在"方便面"里特别增添了一些命令。例如画齿轮的命令 clx，这里 clx 由"齿轮线"三个字的汉语拼音首字母组成；命令中可以直接设置齿数、半径、齿高等参数。这些工作使作图操作大为简化，便于读者把主要精力用于理解和探索实验涉及的数学事实、数学方法和数学思想。除了提供适用的技术之外，我们还设计制作了 180 多个可在计算机屏幕上演示的动态页面，供读者配合文字阅读、赏玩和操作。

书中数学实验的素材，虽然多与校内的课程内容有关联，但这里着力启迪小读者的思维，引导发现屏幕上千变万化的图案和书本上抽象简洁的数学符号的内在关联，体会数学之美、数学之巧、数学之力、数学之丰富多彩。

这里值得一提的是，书中有些看似浅显的例子，却有深刻的学术背景，甚至有研究发展的空间。例如第 8 节"两个点如何相加"的问题，深入讨论下去会引出一套有趣的处理几何问题的新方法。这方面的进一步讨论，并且已发展为科学基金课题和博士

重理趣而轻说教是科普图书引人入胜的法宝。启迪青少年科学思维就需要这样寓教于乐的好书。

厚积方能薄发，深入却要浅出，如此创作，才能驾驭科普作品之通俗易懂的要求。

论文选题；又如第9节"从面积到正弦"，不经意间回答了国际数学教育大师弗赖登塔尔在其名著《作为教育任务的数学》中提出的"能否提前两年学习三角"的问题，也就是寻求三角知识在小学数学知识基础上的生长点问题。这个问题直到现在国外的数学教育研究者还没有提出可操作的方案。我们不仅提出了如这里所述的方案，而且已经进行了全程的教学实践，并取得了很好的效果。

有些常见于书刊的例子，收入该书时结合信息技术做了推陈出新的再创造。例如有关眼睛错觉的几个实验，充分显示了动态图像的特色，设计了错觉的量化方法，实验的味道更浓了。

回顾写作过程，感到写这样的书比起只有文字阅读功用的科普书，要付出更多的时间和精力，但这是值得的。读者的认可，使我们感到极大的欣慰。

从《少年数学实验》出版到现在，这几年间信息技术又有了长足的发展。继承发展了超级画板功能的网络画板问世了。它具有跨平台、多终端、上网能用无需下载安装等特色，在手机上或平板电脑上也能做数学实验了。我们热切地盼望，并且相信，更多更好的有关数学实验的科普读物将会面世。

作者简介

编者：张志敏

张景中：计算机科学家、数学家、数学教育家，中国科学院院士，中国科普作家协会名誉理事长，编著的科普图书曾两次荣获国家科学技术进步二等奖。

5. 《天外天》传奇

□ 李杰信

【提要】

　　科技的发展、重大科学事件的发生是触发科学家进行科普创作的重要契机。《天外天》的写作灵感就起源于近代科学事件的出现对人类文明造成的强烈震撼。对科普读物来说，"科学精神"必须从头至尾贯穿其中，同时要把最新的科学知识传达给读者，比如人类获取的关于宇宙的最新认识及中国载人航天科技取得的伟大成就。做科普创作，要持之以恒积累知识。在单本著作完成后，也可以进行关联性思考，衍生出相关的其他选题。

　　《天外天》是我写的第五本科普著作。其他还有《追寻蓝色星球》《我们是火星人？》《生命的起始点》《别让地球再挨撞》及《宇宙起源》，加上刚出版的《宇宙的颤抖》，共 7 本。从 21 世纪伊始——2000 年第一本《追寻蓝色星球》起算，两年多写一本。写作在繁忙工作的夹缝中进行，自知热情有余，勤奋不足，但雪泥鸿爪，勉强够得上捕获些我经历过的科学事件，其中有的可谓惊涛骇浪，钻光闪烁，自认生而逢辰，有幸见证了人类科学文明热火朝天的推展过程。

　　这几本拙作大致可分为两种类别：科普散文集和专题著作。

　　一般来说，我的投稿和约稿，基本上是针对某个时效性和突破性特强的科学事件，发表我个人的综观。这些单篇文章发表过后，便在稍后时段分门别类，集结成科普散文集。

专题著作的能量皆来自人类科学文明上某项重大突破事件，如侦测到宇宙初生大爆炸的荡漾余音和引力波等。耀眼成就的光芒，激起了我强烈的写作意愿，于是就通过自己的视角去解读这些惊天地泣鬼神的科学故事，写成完整著作。

散文集在我写作的进程中，担负着另一项重大功能，即它是我未来专题著作第一时间的能量储存库。从我写作的轨迹可寻得清晰脉络，第一本散文集《追寻蓝色星球》是《我们是火星人？》和《生命的起始点》两本专题著作的能量来源，而《天外天》散文集毫无疑问牵引出了《宇宙起源》和刚出版的《宇宙的颤抖》。散文集是我写作中"点"的知识库存地。"点"的知识继续累积就能成"线"，结晶为一本专题著作（下文详述）。

一、灵感起源于震撼

《天外天》散文集在我的 7 本书中占有一个特殊的位置，因为写作灵感起源于近代科学事件的出现对人类文明造成的强烈震撼。

第一个巨大的震撼，来自现代人类对宇宙数目之"多"和体积之"大"的理解。

自从掌握了望远镜科技后，人类已被天上数不完的"星星"（有些星星其实是位于遥远的星系）镇吓住，但几百年来，还是认为能够数出一个数目的。1998 年发现"暗能量"后，新的理论出现，数学和物理两面夹攻，已把宇宙的数目推到一个巨大的天文数字，而我们能观测到的 930 亿光年大小的宇宙，仅是其中微不足道的成员之一。至于这些宇宙所占的空间，以理论推算，更是大到不可思议。在《天外天》中，我要把这些知识内涵的精华写出来。

第二个巨大的震撼是中国载人航天科技的崛起。

中国历经了近150年的忍辱负重，终能在21世纪初以崭新的太空科技为"高铁车头"，带动中国现代化的经济军事等复苏大业，将中华民族在世界人类舞台上的贡献，再次推向历史新高。在《天外天》中，我记录下中国一步一个脚印的一系列正在开展中的载人航天进程。

第三个巨大的震撼是美国这个科技龙头大国，竟然以狂热的基督教教义，企图全面封杀人类智慧瑰宝的达尔文演化论。在《天外天》中，我说出对这个正在上演的事件之看法。

在《天外天》中，"科学精神"是把这三个震撼串连起来的金链子。科学精神的基石是实验、观察和重复实验。21世纪后，人类开始铺天盖地使用网络科技，宣扬自家思维理念，各有各的"真理"定义，好像都言之有理。但宇宙中唯一经得起检验的真理，就是完全符合"科学精神"的真理。

和我写的所有科普书籍一样，"科学精神"从头至尾，贯穿在《天外天》中。这为我个人以写科普书籍来"提升中华民族科学文化素养"的信念做出些微薄的贡献。

科学精神是人们在长期的科学实践活动中形成的共同信念，也是科普创作中由始而终需要贯彻的精神准则。

二、以独立散文形式集中讨论一个课题

在《天外天》中，我要把目前人类获取的崭新宇宙知识说个清楚。每篇以独立的散文形式出现，集中讨论一个重要课题，如宇宙起源于大爆炸和原初等离子体经暴胀后产生的声波振荡。而就是这个声波振荡在宇宙中留下了"视界"和"平直"的胎记。"暗物质"和"暗能量"的出现，造成了目前人类无法理解的

"黑暗"宇宙，使人类智慧在此遭遇瓶颈，被卡住、搁浅。

人类目前模糊理解"暗能量"是推动宇宙加速膨胀最大的力量，《天外天》一书中以图标出"真空能量"扮演"暗能量"的可能性。

丘成桐先生使用强大的"真空能量"，以多维几何流形"数学"理论推演，认为宇宙的总数目可达 10^{500} 之多，即 1 后面有 500 个零。而我们能观测到的宇宙，仅为其中的一个小小宇宙。在《天外天》中，我只保守地把我们目前以"物理"理论计算出的宇宙数目定在 10^{23} 之多，比丘先生标出的 10^{500} 的数字小了很多，但已大到惊人。

更有甚者，宇宙学家以这类"无边界建议"的"真空能量"量子物理的力度估计，能计算出宇宙的大小可达直径 $10^{10^{10^{122}}}$ 光年。在《天外天》中，以广义相对论膨胀的宇宙为依据，我们曾经能观测到的宇宙大小为 930 亿（约 10^{11}）光年。如这样大小的宇宙有 10^{23} 个，那整个天外天宇宙的大小至少为 $10^{11+23}=10^{34}$ 光年，即 100 亿亿亿亿光年。这个数字看起来好像很大，但和 $10^{10^{10^{122}}}$ 光年简直完全无法相提并论。所以《天外天》中虽然使用了许多巨大的数字，但是和最前沿物理理论导引出来的宇宙大小相比，仍是保守到难以形容。虽然这个数字已是我此生见到最大的，但在宇宙天文学中仍算是有限的，而更难能可贵的，它竟然还具有桃花潭水深不见底的物理意义。对我而言，它是深藏在《天外天》中最大的震撼弹。

中国载人航天科技的崛起，是中华民族历史上千年难遇的成就。在《天外天》中，我要把载人航天几项重要科技讲解清楚。其中最基本的，当然就是处理航天员"太空失水"的生理科技。航天员太空失水的生理关卡如不妥善处理，小则造成短期贫血、骨骼疏松等症状，大则影响航天员和航天器返航时的安危。

载人航天另一项关键任务，就是要发展出纯熟的航天员吸氧排氮技术，保证航天员出舱活动时的生命安全。当然，两艘航天器如何在太空对接，也是载人航天必备的科技基本功。载人火箭价格昂贵，中国未来必定会登陆月球和火星，这方面的投资，也应是中国发展载人航天策略整体的一环。

美国和中国都有再次登陆月球的计划。月球的南北极储存着大量的"水冰"和最原始的太阳系形成数据，当然由太阳风带到遍布月表的氦3的蕴藏量也极为丰富。在月球开采氦3非常昂贵，但如果人类哪天掌握了核聚能科技，月球上的氦3将是取之不尽用之不竭的绿色能源。

回顾载人航天的历史，呈现出来最明显的航标灯是人类会在这条颠簸不平的路上继续走下去。中国是拥有载人航天科技的后起之秀，未来，我期许中国能承担人类载人航天领头羊的角色，参与人类再回月球计划，然后更上一层楼，带领人类登陆火星。

中华民族一向以指南针、火药、造纸和印刷术四大发明自豪，但那些发明已是好多世纪前的久远成就。中国的哲学思维，近千年来由儒道佛等家主导，除了继续缅怀四大发明的光环，好像走上了与科学创新理念不再有交会的轨道。

中国近年载人航天科技急遽发展，并将人类第一颗量子通信卫星"墨子"号送上了太空，已渐展露出中国正在铺建一条现代科技思维创新的"高铁"，以这个高大的平台，中华民族将恢复对人类科技创新的贡献，并再创新高。

居住在黄土地上的龙的传人，也是由非洲传种过嗣来的吗？最近在中华大地出土的一连串人类智人骨骼化石考古证据，和西方的线粒体基因证据已达可分庭抗礼的力度。"许昌人"是为我个人兴趣而写，和"人的审判"一样，好像很难融入其他以太空科技为主题的篇章。其实在我成长的过程中，如序文中所言，常想象穴居人类的祖先，每晚在夜幕苍穹下，蹲坐于原古洞口，敬畏无知地仰望着点点繁星，画面充满了人类缓慢演化的步调，和那化解不开的梦幻色彩。穴居人类每晚看宇宙中坚固美丽的星星，早已把要理解宇宙的滚热祈望，深植到人类的血液基因中。所以，在我的心中一点也不勉强做作地认为，古老的智人本来就和宇宙有着密切的关联。

所以，这两篇文章要和宇宙太空散文篇一起阅读，好随时提醒和提供读者符合"科学精神"定义的参考坐标。

三、把知识点连成线

在《天外天》中，我还隐藏着另外一个愿望。

知识的累积，要持之以恒。一天没有新知进来，就会觉得自己荒废了时间。学到以"点"呈现的知识要常深加思考，同时努力使用新获取的思维检验。今天加三钱，明天添一两。坐看云涌，顿有所悟，突然有天就会首尾相通，连"点"成"线"。人类"面"的知识，浩瀚无涯。但在学习的过程，可以找到几个重大的宏观支柱，把点和线的知识挂上去。以我的经验，单一课题是点，一本书可以把点的知识连成线。至于线的知识是否能连成个人所需的、一小片两度空间的面，就看能否找到为自己量身定做的宏观架构，系统地库存已融会贯通的知识。库存中的点和线知识量多了，心有灵犀一点通，库存外的新知识似乎就会向您招手，让您很快能找到所需要的点线成面知识的捷径。人生苦短，一个人一生不可能什么都懂，但如果通过点和线的努力，学到如何随时能寻获提取到面上所缺的崭新知识的方法，也就心满意足了。

碎片化的知识，往往只是"过眼云烟"，称之为"谈资"似乎更合适。而系统化的知识，即使海量，也往往在某种规律和规则的约束下脉络清晰、结构明了，这一类知识才是对人生真正有用的知识。它可以强化或者改变你的人生观和世界观，也可以为你更好地理解这个世界创造条件。

阅读，是我终身的承诺。对知识点和线的累积，更是我一生的追求。点和线中的知识，要在我个人宏观面的架构中，找到定位，才能持续不断地归档累集，以供不时温故知新，并在需要时能迅速找到库存外的新知识，更上一层楼，点线成面，点石成金。

科学知识的持续累积，应是件好玩的事情，但从事科学研究的学者们，却常借严谨之名，在不知不觉中，把有趣的科学知识飨宴变得索然无味，如同嚼蜡。《天外天》提供了大量的点和线的知识。我希望这些知识有一天能帮助您连成一幅广泛有力的面的知识。作为作者，我热情地和大家分享点和线的科学知识，但有一个主观期许的标准：这些点和线知识的色彩一定要缤纷，它的内容一定要超酷。

四、书名及其他

《天外天》还有个重要的延伸含意。人类和人类居住的地球及太阳系，在 10^{23} 个宇宙数目和 10^{34} 光年宇宙大小相比之下，实在连"微不足道"的、极渺小的形容词都配不上，人类本该如蝼蚁般谦卑地在宇宙中苟且存活，但实际上大相径庭，那是因为人类的聪明睿智竟然能创造出如此伟大的理解能力，我们也该为人类超级的智慧骄傲一下。

《天外天》的书名本来是《天外还有天外天》，为的是加强第一个震撼引出的"多"和"大"的内涵。聪明的编辑将其改为《天外天》，书名依然响亮，又留些空间给我加上个小标题——人类和黑暗宇宙的故事，画龙点睛，给作者我一个重要的提示，就是，故事还没讲完呢！

于是，在《天外天》出版后 3 个月内，快马加鞭，我又写出了《宇宙起源》，把《天外天》这本书的后面几章点的知识连成了线，以完整的专题科普书籍形式，与读者更深入地切磋共享。《宇宙起源》是我一生写得速度最快的一本书，业余周末常因长坐在计算机前，写得头昏眼花腰酸背痛。后又因风云际会，幸运地赶上了人类侦测到引力波的重大成就，我又继续写了一本《宇宙的颤抖》。这两本书都是《天外天》一书牵引出来的，人生难得有如此环环相扣的机缘，令我感恩不已。

《天外天》还可能酝酿出其他的专题著作。过去3—4年中，我受邀在海峡两岸中学、大学和社会团体以与《天外天》有关的其他讲题，做了不下30场的科普演讲，反应热烈。

《天外天》还在继续给力。

作者简介   编者：姚利芬

李杰信：博士，美籍华裔科学家，科普作家。

6. 在环球旅行中思考人类的起源和迁徙

——《沿着人类祖先迁徙的脚印旅行》创作手记

□ 褚嘉祐

【提要】

　　科研人员从事科普创作具有得天独厚的条件，如果再结合自身兴趣，将旅行和摄影结合起来，就能产生别开生面的好作品。通过几年的行走积淀，基本走完了人类祖先大迁徙的主要路线，这为作品创作奠定了重要基础。考虑到读者主要是青少年和普通群众，因此，将写作风格确立为以旅行游记为经，以人类祖先迁徙的研究和相关知识为纬，尽量体现作品的科学性、知识性、实用性及艺术性。

一、科学研究为创作奠基

　　"我们是谁，我们来自哪儿？"人类的起源和迁徙不仅是科学家的研究焦点，也是普通人关心的热门话题。我有幸参与中国人类基因组的研究工作。我的工作领域主要是不同人群的遗传多样性，研究的最主要目标之一是人群遗传多样性与疾病和健康的关系。人群的多样性必然涉及人群的起源和迁徙，于是我和一些同人开展了东亚人群起源历史和迁徙过程的研究。

人类起源的 3 种假说，分别是：①"多地区起源"假说，认为世界上的主要人种均是从当地的直立人经过上百万年漫长的独立演化而形成的；②"单一起源"假说，即"走出非洲"假说，认为现在生活在世界各地的人群（现代人）均起源于非洲，在距今 10 万年前左右开始从非洲迁出，逐渐扩散到世界各地，完全替代了当地早期的直立人；③"融合起源"假说，不否定"走出非洲"假说，但认为人类走出非洲后，与世界各地的直立人发生交配，基因融合形成现代人类。

　　在我们开始研究的 20 世纪 90 年代早期，由于分子遗传学的发展，欧洲、大洋洲、南北美洲的人群来自非洲已经有了充分的研究证据得到公认，而关于东亚地区，包括中国人群是否来自非洲尚无分子遗传学的研究。

　　我们的研究应用微卫星标记（STR）分析了中国 28 个民族群体和国外 15 个群体，这是国内通力合作的结果。金力团队、陈竺团队、李璞团队都是参与者，吴旻、谈家桢先生更是给予了指导和支持。1998 年，我和 13 位合作者的论文《中国人群的遗传关系》，在《美国科学院学报》（*PNAS*）上发表，在国际上首先提出现代亚洲人类可能起源于非洲。该论文的主要结论是：世界各人群遗传谱系树与现代人类单一起源说相符，至今未能找到支持亚洲人类独立起源的证据。当今亚洲的人类基因库主要源于非洲起源的现代人；现代人可能首先从南部进入亚洲，随后向北扩展。这一结论推翻了长期以来认为东亚地区存在着从直立人到现代人的连续进化过程的说法，这是第一次从遗传学上证明东亚人群与非洲人群的关系。2001 年，金力等人又在《科学》（*Science*）上发表论文《东亚现代人的非洲起源：12000 个 Y 染色体的故事》，经过多年的研究，"单一起源说"得到我国进行基因研究学者的普遍支持，也得到国际科学界的认可。但我国的考古学者仍大多持"多地区起源说"。

该论文发表后立即引起国际学术界极大关注,《美国科学院学报》(PNAS)发表国际上著名人类遗传多样性研究权威、美国斯坦福大学卡瓦利·斯福扎的长篇评论,评论说:"褚及合作者得出若干结论,最主要的是'现在可能能够可靠地说,当今亚洲的基因库主要源于非洲起源的现代人',这将有助于驳斥多地区起源假说的支持者所持观点——东亚地区存在着从直立人到现代人类的连续进化过程。"评论称赞"看到在当今最重要的国家——中国,团结合作的努力有了重要的开端,令人振奋,应当受到热烈祝贺"。本研究成果入选 1998 年中国医药科技十大新闻之一。

我本来就酷爱旅行和摄影。从事人类起源和迁徙的研究后,突发奇想,在可能的情况下将人类走出非洲的主要节点走一遍。

我们的祖先走了几万年,我当然走不了那么久,但现代的交通便利多了。作为国际人类基因组组织(HUGO)的成员,HUGO 每年在各大洲不同地方举行一次会议,我会尽量参加 HUGO 的会议和其他与我研究项目相关的国际会议,许多时候还会因为特邀报告或国内有相应项目而得到资助。于是每次开完会,西服一脱,背上背包走几个地方,日积月累,再特意设计一些行程只身自费穷游,这样几年下来,从人类的发源地东非到各大洲,我基本走完了人类祖先大迁徙的主要路线。

2010 年,上海科学技术出版社筹划出一套"科学之旅"科普丛书,约我写其中的一本,于是我想到了书名《沿着人类祖先迁徙的脚印旅行》。

二、把游记和科普结合起来

我发表过不少学术论著,也写过科普文章和游记。但把游记

编者语:

为科普而科普,常常难以引起读者的阅读兴趣。以游记为切入点,将其和科普结合起来,能让科普图书别开生面,给读者带来耳目一新的阅读体验。

和科普结合起来，这是第一次尝试。

创作过程中，我给自己提出了四点要求。

第一，由于读者主要是青少年和普通群众，虽然有科普著作的主题"人类的起源和迁徙"，但旅行不能只写考古和研究，应当是一本名副其实的游记，而且得让游记部分具有一定的生活情趣和实用性。每个旅行的地方有人文知识和地理历史内容，但更多的是我的亲身经历和旅途中的感受，这样读者会感到亲切。我也是一位资深的摄影爱好者，书里加入了我在全世界拍摄的170多张彩色照片。这样，读者会从这本书中分享作者与人类祖先迁徙相关路线的全球七大洲旅行经历，让读者和我一起，从东非到西非和北非（埃塞俄比亚、肯尼亚、坦桑尼亚、马里、埃及），经过漫长的大陆行程到中东（以色列、伊朗、叙利亚）；穿越航海路程到大洋洲（澳大利亚、新西兰）复活节岛；再到色彩缤纷的北美洲和南美洲（美国、墨西哥、巴西、秘鲁），到达尔文顿悟的巴塔哥利亚和火地岛（智利、阿根廷）。然后来到欧洲（法国、英国、挪威和冰岛），通过欧亚大陆（土耳其）回到亚洲（日本、印度、柬埔寨和中国）。当然还有北极（芬兰）和南极的冰封之地。书里还包括了非洲的动物大迁徙、作者的历险经历等，这样，只对旅行感兴趣的朋友甚至可以略去本书中的旅途思考部分，只把这本书作为游记来看。

第二，这同时也是一本科普著作。该书的主题是人类走出非洲，因此在讨论部分给读者关于人类起源和迁徙研究领域的概貌，包括：为什么说现代人来自非洲？人类为什么要迁徙？人类祖先大迁徙的路线是什么？谁是最早的欧洲人和澳洲人？北京人是不是我们的祖先？为什么北极有人类而南极没有人类居住等问题。

而科普著作，回答上述人类走出非洲的概貌时，必须告诉

科普图书固然承担着传播科学的重任，但是，作为一本游记与科普相结合的科普图书，应在科普要素的基础上，做好"游记"工作，让生动有趣的游记内容给读者带来愉悦的观感，同时激发读者科普的阅读欲望。

科学知识是科普图书的重要内容。虽然该书以游记为切入点，但本质上仍是一本不折不扣的科普读物，因此在内容安排上必须融入科学元素，确保图书的科学内涵。

读者一些相关的基础知识，如基因和染色体；遗传学家研究人类迁徙与起源使用的工具；线粒体、Y 染色体、短串联重复序列（STR）和单核苷酸多态性（SNP）；人种、种族、民族的概念；什么是人类遗传多样性？遗传多样性在人类健康的研究中具有什么么意义？

这样，对人类迁徙感兴趣的朋友在阅读完本书后可以得到有关人类走出非洲的相关知识，了解研究状况，了解人类遗传学的一些基本概念。

第三，科普著作可以根据不同的读者要求有知识的深浅之分，但一定是得到公认和经过时间考验的正确内容。通俗点说，好的科普作品应当是外行看得懂，内行挑不出错误。因此，我在书中尽力做到语言浅显易懂，不用过多的专业术语，但文字概念力求准确，经得起推敲。

第四，作为严肃的科普著作，除了介绍自己的研究和观点，也应当包括现代人类起源的不同学说争议。因此，我在书中较详细地介绍了中国考古学家的不同观点。并阐述了我对科学争论的理解：人类的科学进程是以求是的精神不断探索，以更翔实的论据说服大家，不断接近真理，但永远不会穷尽真理。

我确定的写作风格是，以我的旅行游记为经，以人类祖先迁徙的研究和相关知识为纬。具体写法是按七大洲不同国家和地区排列章节，每一章节写一个地方，我会介绍旅游点的背景知识，但更多的是我的亲身经历，所见和所想。而在每一章后以"旅途思考"的方式，紧扣本书主题，结合章节的内容介绍相应的科学研究内容和背景知识。每一个"旅途思考"是独立的小知识，全书所有"旅途思考"加起来，就是完整的、关于人类祖先起源和迁徙的科普知识。而这些科普知识，会以并不枯燥的普通的语言呈现，有时甚至用一些小故事来说明，如线粒体夏娃的故事、人

科普图书需要用通俗易懂的语言向公众传播科学，因此，创作者需要在"科学"与"通俗"之间做好平衡工作，既不能为了"科学"，让文本艰深晦涩难懂，也不能一味追求"通俗"，让科学性大打折扣。

科普图书在传播科学的过程中要强调客观性，对于有争议的、尚未形成统一认识的问题，应当全面客观进行介绍，以免给读者带来片面甚至错误的认识。

类直立人的祖先露西的故事等。

《沿着人类祖先迁徙的脚印旅行》一书出版后受到读者热情欢迎，获得 2014 年中国科普作家协会优秀科普作品银奖，2015 年入选国家新闻出版总局向全国青少年推荐的百种优秀图书之一。我受邀对中学生到博士研究生的不同群体做过讲座，书店和网店的书籍也已售罄，上海科学技术出版社将在 2019 年内对该书再版。在审视该书再版稿件时我注意到，科学界对于尼安德特人的对现代人类的基因影响有了一些最新研究进展，我将这些新的进展写在书里。翻看照片时我发现，当年（2011 年）使我们流连忘返的叙利亚世界遗产巴尔米拉，在 2015 年 10 月 6 日，古城的标志性建筑凯旋门被炸毁，古城中宏伟的贝尔神庙如今只剩下两根石柱。这大概是巴尔米拉历史上最黑暗的岁月。消息传来，在感到刺心疼痛的同时，对人类的历史就是野蛮与文明的斗争史的体会更加深刻。

三、今后的创作构想

《沿着人类祖先迁徙的脚印旅行》一书的成功使我将个人旅行经历和主题思考的写作风格尝试深受鼓舞。在以后的旅行中，我需更注意几方面：一是在选择旅行路线中融入一定的主题；二是在旅行途中更多地关心相应的主题，参观更多的博物馆；三是旅行前后阅读大量相关资料。

按照这样的写作思想，我接下来关注的主题是达尔文长达 5 年的环球航行对达尔文学说形成的奠基作用。达尔文的航行本身也充满魅力。于是，我又有意识地设计了一条追寻达尔文航行足迹的旅行路线，并用近 10 年的时间断断续续地完成了这一旅行。今天，已经不可能像达尔文时代那样用一条船航行几年了，利用现代化的交通工具，既可以涉猎达尔文环球旅行的主要登陆地区，也可以在一部分旅程中用船舶体会达尔文的航海历程。该书主要呈现了我的旅行经历，并将自己有关达尔文学说的相关思考贯穿在旅行之中。书里对达尔文学说的介绍只是科普性质的，重点仍然在探索他的五年环球航行对形成进化理论的奠基作用。我的新书《沿着达尔文环球考察的足迹旅行》2019年将由上海科学技术出版社出版，新书保持我自己的旅行经历和我对达尔文进化理论的思考这一写作风格，也有本人拍摄的大量照片，再次呈请读者指正。

作为一名科学工作者，撰写科普文章是我的工作责任，也是我的兴趣爱好。从临床医师开始，我从事科普写作已经多年，但把自己的旅行游记和科普结合起来，是这几年的尝试，我将继续努力，也希望得到大家的批评指正。

编者：邹贞

作者简介

褚嘉祐：中国医学科学院医学遗传学教授，曾两次获国家自然科学奖二等奖，发表200多篇医学论文，主编、参编专著10余部，并著多部科普图书。

7.

难忘乔布斯

——《可怕的微机小子乔布斯》写作感言

□ 松　鹰

【提要】

　　科普创作的选题应抓住良好契机,《可怕的微机小子乔布斯》瞄准市场缺少适合少儿阅读的乔布斯故事,选在 2012 年 10 月乔布斯周年祭时推出,取得了很好的效果。在创作时需大量阅读相关材料,做到胸有成竹,信手拈来。整书设计时应有一条明确的主线,人物和故事均围绕主线展开。在创作手法上,注重对比和细节描写。

一、为中国少年读者写一本乔布斯传

　　2011 年 10 月 5 日,苹果公司创始人、前首席执行官(CEO)乔布斯与世长辞,享年 56 岁。苹果公司当天发布声明,称乔布斯"在家人的陪伴下平静地离去"。消息传开,全世界为之动容。网上大量媒体在显著位置报道了对乔布斯的悼念。

　　乔布斯的英年早逝,令人震惊和惋惜。一时间有关乔布斯的图书备受追捧,很受欢迎。中信出版社仅用了一个月时间,就翻译出版了乔布斯的官方传记《史蒂夫·乔布斯传》中文版。这本大部头书厚 646 页,58 万字。其他有关乔布斯的图书,各出版社也纷纷再版加印。我留意了书店和网上热销的书目,大都是翻译引进的，而且专业性比较强，由国内作者撰写的图书不多，而面向中小学生的乔布斯图书还没有。我意识到，在这个时候推出少儿版的《乔布斯》非常及时，也很有必要。

当时，我刚给希望出版社写完《科学巨人的故事》（共10册），已和社里商定《科学巨人的故事》(第二辑)10本书的选题，它们是：乔布斯、比尔·盖茨、贝尔、马可尼、爱迪生、居里夫人、诺贝尔、瓦特、麦克斯韦、莱特兄弟。

于是，我向希望出版社强烈建议，应该抓住这个契机，在《科学巨人的故事》（第二辑）之前主打《乔布斯》，在2012年10月乔布斯周年祭时隆重推出，以占领先机。我的初衷是为中国的少年读者写一本乔布斯传。它应是一本引人入胜、好看的书，一本令人奋发、励志的书。

希望出版社的杨建云副总编辑和谢琛香编审反复商榷，采纳了我的建议，决定先期推出《乔布斯》，重新调整了出版计划和出版次序。

于是，我抓紧时间处理完手里的活，立即投入《乔布斯》的写作准备中。

从2012年春节开始，我研读和查阅了大量有关乔布斯的图书和资料，主要有两类：一类是乔布斯的传记和相关资料，另一类是电子计算机发展史料。前者包括乔布斯的官方传记《史蒂夫·乔布斯传》等20多本，还有《禅者的初心》《苹果禅》，以及美国著名民谣歌星鲍勃·迪伦的资料，我从中获得许多启发和灵感。尤其是乔布斯官方传记《史蒂夫·乔布斯传》（中信出版社，2011年11月推出），作者沃尔特·艾萨克森是《时代》杂志前总编辑，曾访谈病中的乔布斯40多次，并采访了乔布斯的家庭成员、朋友和竞争对手100多位，书中有大量第一手资料，很有参考价值。后一类图书，包括《激动人心的电脑史话》《IT史

编者语：

作家的心中应时刻装着读者，竭尽所能地要把最好的献给孩子们。

这是"编创"一体化的另一种实施路径，作家与出版社良好互动，抓准市场与时机。

有科学研究支撑的科普创作在科学性上更站得住脚，也更经得起推敲。从这方面讲，科学家写科普作品有天然的优势。

记》《电子英雄》《硅谷传奇101》《图说电脑史》《电脑英雄——改变世界的计算机天才》等，它们为了解苹果公司的创立提供了宝贵的IT史背景。

2月底，拟完《乔布斯》详细提纲，包括各个章节的目录。

接下来的日子，思绪完全沉浸在乔布斯的故事里。

4月底，正式动笔写《乔布斯》。这是一次愉悦的写作经历。在写作过程中，乔布斯的音容笑貌时时在眼前浮现，仿佛他就在我身边。潜心写了3个月，到7月31日凌晨2点，终于完成书稿。书名最初拟为《乔布斯——苹果的故事》，后来出版时定为《可怕的微机小子乔布斯》。我把书稿用邮件形式传给谢琛香责任编辑，同时写道："这是国内第一本写给青少年读者的乔布斯传（或称'中国作家写的乔布斯传少年版'），现将稿传上，请审。"

谢琛香女士是位资深编辑，眼光独到。她对乔布斯书稿很满意，并很看好。她在邮件里建议："如果在乔布斯之后，再做一本比尔·盖茨，作为姊妹篇，满足青年人的阅读需求，不知您的意见如何？"我觉得这个主意很好，于是一拍即合。当天即回复说："这是一个好主意，我赞成。两本都单独出，做成一个风格。第二辑的传主可另补充两位，这没问题，只不过要多写两本辛苦些了。下周我就动笔写《比尔·盖茨》。"

为了给这两个人物、两本书找到一个最佳的结合点，我想到美国《时代》杂志记者采访他们说过的一句话，就是调侃他们两个是"可怕的微机小子"。这个比喻非常经典。作为软件巨头，比尔·盖茨的"可怕"，在于他的胃口极大，想鲸吞所有的竞争者。乔布斯的"可怕"，在于他屡战屡败，屡败屡战，永远不会趴下。这样一来，两本书就紧扣在一起，"珠联璧合"了。

巧用经典比喻勾联人物关系，让两个人物自然地走在一起。

二、一个硅谷少年如何重塑自己及改变世界的故事

我给《乔布斯》设计的主线是：一个硅谷少年如何重塑自己及改变世界。全书的人物和故事，都围绕着这样一条主线展开。

在该书开篇的引子里，我用了一段简洁精练的话对此作了概括：

这个比喻很精彩。

乔布斯，一个被遗弃的私生子，所幸被一对善良的夫妇养大。

21 岁时，他和沃兹一起在车库里创办了苹果公司。

25 岁成为全美最年轻的亿万富翁。

30 岁时，他被自己的公司扫地出门。此后他创办新公司，屡战屡败，屡败屡战，经过 11 年的颠沛和奋斗，终于浴火重生。《财富》记者称他和比尔·盖茨是"两个可怕的微机小子"。作为软件巨头，比尔·盖茨的"可怕"，在于他的胃口极大，想鲸吞所有的竞争者。乔布斯的"可怕"，正是在于他屡战屡败，屡败屡战，永远不会趴下。

他回归苹果，不仅拯救了濒临破产的公司，而且开创了一个新的时代。

他把技术和艺术完美地融合在一起，创造出一个个革命性的产品：

iMac 电脑、iPod 音乐魔盒、iPhone 手机、iPad 触屏平板电脑……

他让人们把互联网放进口袋。

他颠覆了人类的现代生活方式。

有人评点乔布斯到底给我们带来了什么，他被比作这个时代的达·芬奇、古滕堡、爱迪生、毕加索……

他的强大人格魅力、远见卓识和超凡品味无可复制，世上永远不会再有第二个乔布斯。

本书讲的就是乔布斯跌宕起伏的传奇一生。

这是一个硅谷少年如何重塑自己及改变世界的故事。

全书共分八章：第一章"硅谷少年"、第二章"人生起步"、第三章"创立'苹果'"、第四章"一鸣惊人"、第五章"被逐的英雄"、第六章"生命的下一站"、第七章"重返'苹果'"、第八章"辉煌"。

三、时势造英雄：苹果传奇

乔布斯的成功离不开他所处的时代，正所谓时势造英雄。

在《乔布斯》中，我用了相当篇幅描写他所处的时代和环境条件，力图在历史潮流的大背景上，展示他如何创造苹果改变世界的奇迹。这样，少年读者能够从中获得启迪，起到励志的作用。

1955年乔布斯出生在旧金山，是个非婚生子，被保罗夫妇收养。5岁时全家搬到湾区南部的山景城。这个地区的中心地带不久后发展成为举世闻名的"硅谷"。山景城得天独厚的地理位置和人文环境，对乔布斯的成长产生了很大的影响。这里紧邻硅谷的发源地，也是乔布斯人生起步的摇篮。

山景城北边的帕洛阿尔托市，是斯坦福大学的所在地。大学副校长特曼教授在研究园区办了两件事，催生了美国微电子工业

写给青少年的科学人物传记，时刻将读者装在心中，给他们科学思想的启迪，科学精神的激励。

中心"硅谷"的诞生。第一件事,是他鼓动两个得意门生休利特和帕卡德在研究园区创办了惠普公司。第二件事,就在乔布斯诞生的这一年,特曼教授游说晶体管发明人肖克莱"下海",回到家乡帕洛阿尔托成立了"肖克莱半导体公司"。这是当地的第一家半导体公司,聚集了许多科技精英人才。第二年,肖克莱和他的两位同事巴丁、布拉坦因为发明晶体管,共同获得1956年年度的诺贝尔物理学奖。肖克莱在帕洛阿尔托"下海"办企业这件事,像磁铁一样吸引着美国和世界各地的人才来研究园区创业,后来导致了一系列轰轰烈烈的发明和大裂变,触发了半导体工业的连锁反应,并因此引发了美国加州硅谷的崛起。

如果把肖克莱"下海"创办半导体公司算作硅谷起步的话,乔布斯恰好和"硅谷"同一年诞生。尽管乔布斯的身世有点不幸,但他在地缘和时间上都遇到了机缘——硅谷诞生地和与硅谷同时诞生。

可以说,乔布斯是一个幸运的硅谷少年。他的梦想就是从硅谷开始起飞的。在这里,他爱上电子器件,并在邻居惠普工程师拉里·朗的影响下,成了电子发烧友。也是在这里,他结识了电脑天才史蒂夫·沃兹,成为创新创业的最佳搭档。

到了1975年1月,电脑领域发生了一件激动人心的大事。

这一期的《大众电子》杂志封面上刊登了一则惊人的消息:"世界上第一台微型电脑——牛郎星8800诞生,堪与市场上的商用电脑相匹敌!"这个消息一经传出,就像夜空中闪亮的牛郎星一样,迅速照亮了计算机行业的天空。热心个人电脑的发烧友们,奔走相告,如醉如痴,立即掀起了一股研究的热潮。"牛郎星"的名字像野火般传开来。乔布斯立即意识到了这是个大好机会,一个"人人都有电脑"的时代就要来临。沃兹也茅塞顿开。

两人把握住了这个千载难逢的机遇,立即行动起来。

3个月后，沃兹成功地组装好第一台苹果Ⅰ电脑。接下来，乔布斯和沃兹成立了苹果电脑公司。刚问世的苹果电脑公司打了一个漂亮仗。乔布斯全家总动员，与沃兹夜以继日地在车库里组装出50台苹果Ⅰ电脑。

车库里终于飞出了凤凰！

苹果Ⅰ是乔布斯创业的第一步。就这样，乔布斯开始了一生追逐完美的梦想，踏上了改变世界的人生旅途。

四、性格决定命运

除了时势造英雄，乔布斯的性格也决定了他的命运和成败。乔布斯有这么传奇的人生，就是因为他的性格。

乔布斯是个被遗弃的私生子。童年的心灵伤痕，对他日后独立性格的形成产生了很大的影响。"被遗弃"这三个字渗透了他的灵魂。乔布斯后来的一位事业上的朋友曾说，乔布斯的叛逆性格、强烈个性和一些失控的超常行为，"都要追溯到他一出生便被遗弃这件事上。真正的潜在问题是，乔布斯的生活中，永远有'被遗弃'这样一个主题"。他一直在寻找安全感，于是自卑自恋，掌控欲极强，为了让自己感到安全而不断壮大自己的力量。乔布斯心中有个潜意识，就是想尽量表现自己，将来出人头地，以便证明给人看自己是不该被遗弃的。所以他争强好胜，心比天高。

所幸的是，乔布斯遇到了保罗夫妇这样的好人。保罗夫妇淳朴善良，是一对典型的美国模范家长。他们多次向乔布斯强调，"我们特别挑选你，领养你"。保罗从小教育乔布斯如何才能把工作做到完美。他对乔布斯说："木柜和围栏的背面虽然被人看不见，但也要做得好，这样才完美。这件事乔布斯终生难忘。"乔布斯日后不懈地追求产品的完美，就是源于父亲的这个教诲。父亲还教会乔布斯讨价还价的本领。保罗在经营二手车时，低价买进，自己动手修好再高价卖出，获利颇丰。买零件他也善于把价杀到最低。这些本事让乔布斯终生受益。

为了实现改变世界的梦想，乔布斯执着地追求完美、创新，不断地攀登 IT 的高峰；他又偏执，主观，独断专行，苹果公司就像一个专制帝国，乔布斯就是这个帝国的暴君，这导致他被逐出自己创立的苹果公司。但是，乔布斯并没有一蹶不振。在生命的下一站，他屡战屡败，屡败屡战，永远不会趴下。直到最后，王者归来，重振雄风，再塑苹果公司的辉煌。

五、双星辉映

乔布斯和比尔·盖茨同岁，两人都是 1955 年出生（一个西雅图，一个旧金山），两个 IT 业金童。比尔·盖茨生在一个富裕的律师家庭，条件优越。乔布斯却是私生子，后被一对善良的蓝领夫妇收养。两人的出身、经历、个性迥然不同。但对电子技术都很痴迷，而且都是从大学退学创业，后来成为叱咤电子风云、改变世界的人物。

我在《乔布斯》和《比尔·盖茨》两部姊妹篇中，特别把两人对照着写。在碰撞和对比中，展现出两个微机小子的人物风采和精彩人生。

在《比尔·盖茨》中，写了两人第一次见面的"碰撞"，很有戏剧性。1977 年 4 月 17 日，在旧金山举行了美国有史以来第一次电脑展览会，乔布斯带着苹果 II 在展会上亮相，取得巨大成功。比尔·盖茨在会上与乔布斯首次相遇。两人都是 22 岁。乔布斯当时像明星一样光芒四射，被媒体追捧。比尔·盖茨不过是

让两个有着相同之处的人物在同一场合出现，同中见异，异中有同，很好地刻画人物，加深读者印象。

IT 业界的新毛头，知道的人不多。当时有一张两人的合影，两个同岁的电脑金童，左边的苹果老总像个影视明星，右边的微软老总却像个中学生。乔布斯一副成熟企业家的模样，潇洒自信，旁若无人地侧视着画外，根本没有把比尔·盖茨放在眼里。比尔·盖茨虽然被冷落，但端坐着，下颚微扬，眉宇间透着一股傲气。两人风格和个性的差异，一目了然。当时谁也没有料到，这两个微机小子，日后竟掀起了全球 IT 业的狂澜，并改变了世界。

14 年后两人又一次见面，已是一副英雄相聚的情景。《财富》记者在乔布斯的家中采访了他俩（两人同上了《财富》杂志的封面）。我在《乔布斯》和《比尔·盖茨》中，从不同角度描写了两人见面的场面。这次比尔·盖茨与乔布斯的历史性相会，留下两张照片。一张是在大厅里拍的，屋里的陈设很简朴，只有地毯和两把椅子。乔布斯一身牛仔裤、紫红横条 T 恤，赤着脚；比尔·盖茨是西裤革履，白衬衫，戴着圆框眼镜。两人的装束和风格迥然不同，相映成趣。另一张是两人坐在楼梯上拍的，有趣的是这时乔布斯脚上穿着旅游鞋。不知道这家伙是什么时候脱掉鞋的。乔布斯从少年时起，就赤脚惯了，不过当着客人比尔·盖茨的面脱鞋，也是要有勇气的。或者说他根本不在乎，这就是乔布斯。相比而言，比尔·盖茨穿戴得中规中矩，其肢体语言也比乔布斯庄重，一副老谋深算的模样。相比 1977 年两人在西海岸电脑展上初次见面，比尔·盖茨已经修炼成佛了。

六、鲍勃·迪伦的歌

在《乔布斯》中，我比较注意细节描写。这对人物刻画常常有画龙点睛的作用，给读者留下难忘的印象。

例如，在"电子发烧友"一节里，写 13 岁的乔布斯不知天

没有细节就没有艺术，抓住细节写人物，绘声绘色地"再现"人物，让读者如见其人，如闻其声。

高地厚地给惠普总裁休特利打电话要电子元件，很有趣。他一口气说了好几样元件，休特利都答应了。这个小毛孩居然和休特利谈起自己的电子梦来。55岁的休特利此时已是硅谷举足轻重的电子巨头，但他很有涵养地和乔布斯聊了20多分钟。乔布斯不但如愿以偿地得到了他要的电子元件，休特利还特别准许乔布斯暑假到惠普打工。地点就在惠普制造频率计算器的工厂。

这个细节，充分表现出少年乔布斯不拘一格、大胆敢闯的精神。难怪这样的小子将来会有大出息！

再如，在"车库里飞出凤凰"一节里，写乔布斯开车送第一批12台电脑，店主看见送来的都是光胴胴裸机，没有外壳，没有键盘，也没有显示器。看上去就像是12只拔毛开膛的雏鸡。"我们说好的是电脑，怎么只是主板？"他惊讶。"这就是电脑呀！"乔布斯却认定这是12只凤凰。"顾客只需配上键盘，插在电视机上，就能操作自如啦。而且，只有我们苹果电脑才有这种创新功能，连牛郎星都望尘莫及。""总得配个外壳吧！这像啥？"特雷尔哭笑不得，但还是作了让步，同意收货付款，给乔布斯开了一张6000美元的支票。

一个小细节，乔布斯的机智诙谐，游说对方的公关能力，展露无遗。这也正是乔布斯促销产品，征服对手，在IT领域一路高唱凯歌的优势和本领。

乔布斯很喜欢鲍勃·迪伦的音乐。他曾说："我从小就把鲍勃·迪伦视为我学习的偶像。我年龄越大，越能体会到他所有歌曲里所蕴含的哲理，并且发现他从来不会在原地踏步。"这位美国著名的民谣歌手、音乐家和诗人，具有叛逆精神，是乔布斯心中的偶像，对他的成长影响很大。鲍勃·迪伦的音乐和歌词寓意深刻，在美国家喻户晓。我也喜欢鲍勃·迪伦。后来鲍勃·迪伦获2016年诺贝尔文学奖，我是举双手赞成的。有人质疑，一个歌手怎么能得诺贝尔文学奖。要知道，英国首相丘吉尔也获得过诺贝尔文学奖，就因为几卷《一战回忆录》。

《乔布斯》的好多章节，我就是一边听着鲍勃·迪伦沙哑的歌声，一边写成的。我时时感觉到，乔布斯的心和我是相通的。

在书中，鲍勃·迪伦的《在风中飘荡》，前后出现了两次，每一次都有不同的寓意，为描写人物的处境和内心世界，起到了很好的烘托作用。第一次，是乔布斯全家总动员组装苹果电脑 I，在那难得的小憩片刻，乔布斯和沃兹坐在屋前的草坪上，他们弹起吉他，哼唱鲍勃·迪伦的曲子：

> 一个男人要走多少条路，
> 才能将其称作男人？
> 一只白鸽要飞越多少海洋，
> 才能在沙滩上入眠？
> 大炮要射出多少炮弹，
> 才会被永久封存？
> 朋友，答案在风中飘荡，
> 答案在风中飘荡！
> ……

歌声充满着对未来的憧憬和遐想。

第二次听到《答案在风中飘荡》，是乔布斯被赶出自己创立的苹果公司后，独自一人躲在家里舔舐伤口。晚上，乔布斯打开录音机，反复听着鲍勃·迪伦的这首歌，不禁泪流满面。当年他和沃兹一起弹着吉他唱过的歌，此刻听来，如泣如诉。英雄落寞的内心世界表露无遗。

七、永远的乔布斯

乔布斯是不朽的。他的音容笑貌活在人们心中；他的事业和成就在延续；他的精神长存。

美国总统奥巴马说："史蒂夫很喜欢说，他过的每一天都像是最后一天。正如他所做到的，他改变了我们的生活，重新定义了整个科技产业，并取得了历史上罕有的成就：他改变了我们每个人看世界的方式。"

微软创始人比尔·盖茨说："世界上很少有人拥有乔布斯那样的影响力，他将继续影响今后几代人。对于我们这些人来说，很荣幸曾经与他合作，这是无上的光荣。"

创新工场 CEO 李开复说："这个时代有不少伟大的创新创业者，但是能够在多个领域（电脑、操作系统、电信、音乐、动画）都有突破性创新的，过去一百年间，除了乔布斯，没有第二个人。"

正如我在书中引子里写的：

他把技术和艺术完美地融合在一起，创造出一个个革命性的产品：

iMac 电脑、iPod 音乐魔盒、iPhone 手机、iPad 触屏平板电脑……

他让人们把互联网放进口袋。

他颠覆了人类的现代生活方式。

有人评点乔布斯到底给我们带来了什么，他被比作这个时代的达·芬奇、古滕堡、爱迪生、毕加索……

他的强大人格魅力、远见卓识和超凡品味无可复制，世上永远不会再有第二个乔布斯。

作者简介

　　松鹰：国家一级作家，科普作家，著有科学小说集《心之恋》；出版科学家传记《电子英雄》《可怕的微机小子乔布斯》《可怕的微机小子比尔·盖茨》等36种。其作品多次获全国奖项。

编者：张志敏

8.
知识与思想交融，
科学与童话齐飞
——《苍蝇和火车赛跑》
创作琐思

□ 张　冲

【提要】

　　创作科学童话需要既异想天开又合情合理的想象。变幻莫测的故事情节是建构科学童话的骨架，更是吸引少儿读者们愉快阅读的无形的磁场和神奇的魔方。

　　科学童话是科普作品的一个重要类别。在我国科学童话的创作中，有相当长一段时间，表现的题材大都是适应当时社会现实和科学认知的动植物，而且主要是动物的生活习性。开始，这方面的题材还能让人们感到新鲜有趣。但久而久之，内容大同小异，而且越来越趋向于去发掘一些枝微末节的奇闻逸事，这就不免让人感到题材重复，手法单调，好像科学童话的创作已经黔驴技穷了。

　　创作科学童话需要既异想天开又合情合理的想象，如此才能既适应少年儿童喜爱奇思异想的生理特征，又适应他们探索未知的阅读心理。变幻莫测的故事情节是建构科学童话的骨架，更是吸引少儿读者愉快阅读的无形的磁场和神奇的魔方。

2012 年 1 月，由湖北少年儿童出版社出版的《少儿科普名人名著书系》收入了我的科学童话集《苍蝇和火车赛跑》。该图书出版后即被列入"2013—2014 年农家书屋重点出版物推荐目录"。两年后，该书获得了中国科普作家协会颁发的"第三届全国优秀科普作品"银奖。《苍蝇和火车赛跑》共计收入 59 篇短篇科学童话，其中有 18 篇是我与他人合作的作品。回想当年创作这些作品的情景，至今仍然历历在目。

一、生活，是童话创作的源泉

生活，是艺术的源泉。当然，也是科学童话创作的源泉。

一天，我乘坐汽车到农村采访。一只苍蝇落在我对面的座椅背上。我刚去拍打，它却"嗡"的一声飞走了。就在这一刻，我忽然想到苍蝇飞行的速度并没有汽车快，它为什么能在车厢内飞来飞去呢？这让我想起了在中学学到的物理知识——相对运动。一个让苍蝇和汽车比赛的念头在我脑海里油然而生。随之，为了让矛盾冲突更尖锐，我便写了篇《苍蝇和火车赛跑》的科学童话，发给了《我们爱科学》杂志。

在时任编辑部主任郑延慧老师的高度重视和亲自修改下，这篇童话很快刊登在 1982 年第 9 期《我们爱科学》上。

在这篇科学童话中，我抓住相对运动中速度的加与减、快与慢这一矛盾，通过两场不同环境的比赛，把知识融入情节的发展过程中，用情节表明相对运动的道理。

《苍蝇和火车赛跑》的发表，一下子冲破了科学童话以表现动植物生活习性为题材的窠臼，顿时使人耳目一新。1985 年《科普创作》第一期作了专栏介绍，认为这篇作品"跳出了以动植物知识为主的题材范围""跳出了这种（指曾经流行过的所谓'三

编者语：

现实生活中各式各样的物象，为艺术创作提供了取之不尽、用之不竭的素材。善于观察生活、体悟生活、提炼生活是创作者应具备的基本素质。

段法'‘反复法'‘误会法'‘演说法')创作程式""大大增添了科学童话的生气，显示出科学童话本身的艺术感染力"，为科学童话的题材创新"开辟了广阔的创作道路"。

我们常常听到一些作者感叹选材难，选择创新题材更难。其实，在我们的生活中和身边，缺少的不是题材，而是发现。只要做一个有心人，善于用猎人的眼睛去捕捉，勤于用智慧的大脑去思考，那么，我们就一定能无时不左右逢源，无处不得心应手，即便是一只在汽车中伴飞的既司空见惯又微不足道的苍蝇，也能引发一篇让旁人看来具有突破性题材的科学童话。这篇《苍蝇和火车赛跑》让我切身感悟到：五彩斑斓的生活，永远是科学童话创作取之不竭用之不尽的源头活水。

是的，时间就是一条奔腾不息的长河。生活就是与时俱进的活水。随着时代的发展，社会的进步，科学童话的题材也必然随之水涨船高，适应新的生活需要，突破原有的范围。

于是，勇于创新，不断开拓，许多人们关心的新知识、新技术、新思想、新题材，便顺理成章地从沸腾的生活浪花里被我一一发现和采撷，纷纷走进并丰富了我的科学童话王国。像《金球赛上的特别冠军》(关于力的合成和分解)、《皮皮飞天》(关于动能和势能的转化)、《白跑一场》(行程和位移的区别)、《小铁蛋当上大国王》(防锈)、《三个小妖怪》(保护臭氧层)等一系列普及理化基础知识的科学童话创作出来了。一些以高科技为题材的科学童话，如《米粒大的城市》(集成电路)、《魔盒》(微波炉)、《棒棒纪念碑》(生物工程)、《鼠猫吱咪》(胚胎移植)、《新来的"白胖娃"》(人造血液)、《垃垃圾斯覆灭记》(环境保护)等也陆续与小读者们见面了。

凡此种种，无不雄辩地证明了一个道理：生活，是科学童话创作的源泉。

二、想象，是童话腾飞的翅膀

鲁迅先生早就说过，孩子是最富有想象力的。

确实，面对未知世界，孩子们充满强烈的好奇心。他们敢跟大鹏展翅，可上九天揽月，他们敢与蛟龙共舞，潜入五洋捉鳖。

不可回避，科学童话创作需要充分发挥想象，就像鸟儿离不开强劲的翅膀。唯有既异想天开又合情合理的想象，才能既适应少年儿童喜爱奇思异想的生理特征，又适应他们探索未知的阅读心理。

但是，如果将一些高新科技知识和数理化方面的概念引进童话王国，不是形象地加以展现，而是勉力为之，让童话中的主人公成为作者的代言人，在那里连篇累牍地化装演说新名词、新术语；或者是简单的图解知识，那么，童话的想象力、角色的性格、童话的意境和情趣，都势必被大大削弱，甚至消失得无影无踪。用小读者的话来说，这样枯燥无味的"通话"，读起来"没劲"。

所以说，科学童话应是具有想象力和幻想性的故事，想象和幻想无疑当是科学童话的主要特征。

20世纪80年代，基因重组技术传到我国，我一下子被吸引住了。如何把这一新技术传授给孩子们呢？童话离不开幻想，只有毫无拘束地张开幻想的翅膀，自由地翱翔在童话世界中，才能编织出有趣的故事。我首先想到了孩子们最喜欢的小昆虫——萤火虫，能不能设计一个让萤火虫丢失发光遗传密码，然后失而复得的故事呢？我设想，由于科学家爷爷研究的需要，悄悄偷走了萤火虫身上的萤光素密码。失去发光功能的萤火虫在昆虫医院知道了这一情况，决心去科学家爷爷那儿要回自己的"宝贝"，最终它在发光城（一个用发光遗传密码重塑的城市）找到了科学家

"知识硬块"能否通过艺术化创作化解，是科学童话创作是否成功的重要标准。科学童话的幻想可以突出被描绘事物的特征，渲染情节，增加故事趣味性。好的科学童话，不仅给予小读者以科学知识，还能发展他们的想象力。

爷爷。但由于自己的粗心大意，它拿到的却是萤鸟的遗传密码，结果让自己变成了一只萤鸟。这篇题为《亮亮的"密码"》的科学童话，既介绍了新鲜的基因科学知识，又着力塑造了一个天真活泼、粗心大意的萤火虫形象。作品发到《我们爱科学》杂志很快就被刊用了。责任编辑在写给我的信中这样写道："《亮亮的密码》故事题材及构思都比较新颖。其中有些离奇的情节，诸如萤火虫的萤光素基因被偷，神奇的探测棒等，富于较强烈的幻想色彩。从近期来稿中看得出你在童话创作中的努力与追求。祝你不断取得新的突破。"

　　《金球赛上的特别冠军》是介绍物理学中的平行四边形法则的科学童话。这个知识对少年儿童来说，应该是比较抽象和艰深的。我起初构思这个作品时，只是通过主人翁"平四叔"的嘴巴，像教师讲课似的说了一通。这自然就成了一个"知识硬块"夹在童话故事之中。后来，我与合作者黄显宇在研究如何消除这个硬块时，忽然想起了克雷洛夫的寓言。这篇寓言说的是天鹅、龙虾和梭鱼合伙拉板车，因为不齐心，力量抵消了，很轻的车子也没有拉动。我们就把这则寓言故事借用过来，通过它来阐明平行四边形法则中的合力知识，情趣迥然不同。这则寓言故事不仅丰富了童话的情节，更把本来看不见、摸不着的抽象知识、深奥术语，转化成了饶有情趣的艺术形象，既消除了可能产生的"知识硬块"，又增强了作品的趣味性和可读性。这篇童话在《我们爱科学》发表以后，被收进了由鲁克主编、科学普及出版社出版的《科学童话选（续集）》中。

三、情节，是童话迷人的魔方

　　变幻莫测的故事情节不仅是建构科学童话的骨架，更是吸引少儿读者们愉快阅读的无形的磁场和神奇的魔方。

《小行星来的大力士》说的是 M 星球上的少年大力士奇奇到地球上来表演举重绝技。听说，他能举起 250 千克的物体，这对地球人来说是不可想象的，人们的好奇心大大地被激发。少年体育馆里人山人海，大家都慕名前来，想一睹奇奇大力士的风采。可是，谁也没有想到，奇奇竟发生了"意外"状况：不要说 250 千克的杠铃，他三番五次地挣红了脸蛋，挣破了裤衩，甚至挣得放出了响屁，也未能举起来，就连拿只苹果都像拿了一只铅球那么沉重费劲。哟，原来他不是想象中的什么巨人呀，明摆着不就是一个不折不扣的手无缚鸡之力的"小老头儿"吗？！

难道有什么魔方般的神秘力量在捉弄他？！

原来，由于 M 星球的质量比地球小得多，所以重力也小得多。奇奇受到比 M 星球大 10 倍的地球引力的作用，他怎能不在异常热烈的体育馆里暴露出了意想不到的"洋相"？！

故事就这样一波三折，引人入胜。通过生动有趣的魔幻般的情节，让读者认识到"人外有人，天外有天"。如果故步自封，自以为是，不去放眼世界，就难免成井底之蛙，贻笑大方。从而引领小读者们不知不觉地走进科学的殿堂，领略宇宙的无限与神秘。

《垃圾圾斯覆灭记》以环境保护知识为题材，叙述了垃圾王国臣民进入"黑洞"，获得再生的故事，情节生动曲折。在"黑洞"里，垃圾国的居民变成了有用之才，他们被做成纸、家禽家畜的饲料、上等的好肥料、石油……就这样，令人讨厌、肮脏不堪的垃圾，已经不是废物，而成了宝物了。短短一篇童话，把人类的聪明才智，改造自然的能耐，活灵活现地表现出来。这篇童话发表后，责任编辑给我来信说："《垃圾圾斯覆灭记》的确是一篇不错的作品。""首先，此稿知识内容较新；其次，情节构思较

创作者应该努力设想一个寓科学于故事之中的巧妙结构，随着情节的发展，让小读者通过生动的情节，自然而然地接受所赋予的科学知识。

有特点，有一定童话意境，人物形象较生动。""在刊物上登出以后，受到了编辑部里同志们的好评。我刊去年没有能进行好作品评选活动，如果选的话，我相信这篇作品一定能名列前茅。"果然被他言中，该作品获得江苏省 1989 年优秀科普作品奖，并被收入《中华儿童文学作品精选——科学文艺卷》《中国科学文艺大系科学童话卷》和《中国儿童文学大系·科学文艺（3）》等多本选集中。

过去曾有一种理论认为，出现在科学童话中的角色，它的行为举止都必须符合它本来的生活习性，否则就是知识性错误。这实际上是把科学童话的知识推到了与科学童话想象相冲突的对立面。甚至以知识必须要遵从所谓严谨的科学性，而有意无意地在客观上扼杀了科学童话必不可少的想象和幻想。显然，这是摆错了科学童话的知识和科学童话的想象两者的主从关系。

其实，正如爱因斯坦所说，想象力比知识更重要，因为知识是有限的，而想象力概括世界上的一切，推动着进步，并且是知识进化的源泉。

时至当今，我们已步入了新时代，比以往任何时候都需要想象和幻想。事实上，与知识水乳交融的想象，不仅能更形象地普及知识，还可以更能动地帮助寻找知识，建构知识。

因此，我以为，如果不是专门介绍某种动植物生活习性的科学童话，就不必去苛求它的细枝末节。对在典型环境下出现的科学童话中的主人公，只要求它在想象中的情节演绎下，符合这一典型环境下的典型性格就可以了。

例如，《苍蝇和火车赛跑》这篇科学童话，按照原先的理论，苍蝇、火车、空气，它们之间怎么能对话甚至进行比赛呢？空气姑娘又怎么能充当裁判呢？这样一推论，这篇科学童话就无法写了。但是，如果通过神奇的想象，将这三者放在了一个特定的童话情节和意境里，充当各自的角色，展开符合各个角色的思想感情和行动表现，有了这样一个引人入胜的魔方般的情节，便很自然、生动地通过他们之间的一场比赛，将物理学中关于相对运动的概念展现得一清二楚，明明白白！在这里，苍蝇已不是生物学意义上的苍蝇，你不必去追究他为什么不去叮着乘客的食品嗡嗡地飞，而竟想和火车比一比速度；他是这一科学童话世界中的一个自以为了不起，不自量力的角色；火车也不是机械学意义上的火车，在这里不涉及介绍火车的构造、动力来源之类，而是充当这篇科学童话中不屑与小人计较长短的庞然大物。至于空气姑娘当裁判，也还符合一个年轻好学而又力求主持公道的小姑娘性格。她出现的目的也不是为了介绍关于空气的某个特性。这样的科学童话，小读者读起来是能够理解它的知识含义，也能理解童话中主人公的所作所为所蕴含的思想内容的。无疑，只有允许对科学童话的科学性做富有想象力的情节安排，科学童话的创作思路才会更加宽广。

四、智慧，是童话发出的光芒

人们常将科学普及看作一种简单的知识传授，解释科技原理，回答"为什么"。其实，这只是科学普及的一个重要方面。科学普及还应包含更丰富的内涵，那就是普及科学思想、科学方法、科学精神和科学品格。对于小读者来说，从小培养这样的认识，有助于一种科学意识、科学观念的形成，更加有利于科学素质的提高。

科学童话作为一种特定的文艺形式，出现拟人化的童话角色，他们就被赋予了人的性格。因此，将科学童话中的主人公塑造成具有什么样的心理素质，能不能将培养科学思想、科学方法、科学精神和科学品格等融进科学童话的主人公中去，让故事发出智慧光芒，使读者从中得到启发，这是值得科学童话创作重视的问题。

我在创作科学童话时，比较注意着力塑造童话主人公好奇、求知、找规律、想办法的典型性格，凸显他们的智慧和品质。

就拿《大森林洗劫案》这篇童话来说，大森林中的伐木工人大猩猩，发现大森林遭劫难是一种"小灰伞"真菌腐蚀木质的结果，又发现有一种"小白伞"大笋革菌，是小灰伞的克星。于是他向啄木鸟警长建议：利用"小白伞"菌去克制"小灰伞"菌的生长，利用"小灰伞"菌去清除伐木后遗留在林道上的树桩，以保护森林。通过伐木工大猩猩和警长啄木鸟在大森林中的"办案"，向读者展现出一种辩证的思想方法。

《木屑山人的故事》描写了一直沉睡在伐木场上的"木屑山人"，被迫到"木屑研究所"里走了一遭，经过几番奇遇，竟可变成"腰板比木头人还硬朗"的木屑板；也可"饮上几口茶水"变成糖、变成酒、变成蛋白质；沉睡多年的木屑山人长本事了，成为有多种能耐的"木屑巨人"。其实，木屑人的奇遇表现的正是对木屑的综合利用、变废为宝的一种新观念。

《可爱的小黑人》说的是小铁钉、小银圆和小金笔聚在一起做了一场"纳米梦"。谁知，他们经过"熔炼炉"的锤炼，全都成了黑乎乎的纳米小人。不过，就是这样的小黑人却具有了令人刮目相看的"特异功能"：纳米"小铁人"的拳头能一下砸坏普通"小钢人"；"小银人不再是接线员，而是绝缘能手"；"小金人"更奇了，一伸胳膊就"能绕地球好几圈"。故事歌颂了勇于探索的精神和光明的前景，让人读了后对高科技的发展充满了信心和力量。

《不该发出的通知书》讲的是能源公司总经理鲁莽通知"耗

科学童话不仅有普及科学之功效，同其他文学作品一样，还承担着文学能承担的所有美学的思想价值与意义。

电大王"金属铝不整改就停产开头，到结尾盛赞金属铝是"节能巧手"而收回通知。这种戏剧性的变化不是按常规思路直接由金属铝头头是道地为自己辩解，振振有词地驳斥对方来实现的，而是间接地换个角度，让金属铝不动声色地随着总经理在"铁人国"参观取经，一路让总经理在善意的折腾中和反复的不断比较中，终于认识到只看表面，不看实质而错怪了金属铝，从而收回了不该发出的通知书。

以上科学童话中主人公的言行思想，经过这样的安排，不仅介绍了知识，同时还传播了科学思想、科学精神、科学方法和科学品格。

总而言之，让知识和思想水乳交融，使科学和童话比翼齐飞，这是我创作《苍蝇和火车赛跑》最深刻的体会和收获，也是我毕生永不舍弃的追求。

作者简介   编者：姚利芬

张冲：科学童话作家，曾任中国科普作家协会少儿科普专业委员会委员，作品荣获"优秀科普作品奖""冰心儿童图书奖"等。

9. 写书话的快乐

□ 金 涛

【提要】

　　书话是伴随图书出现应运而生的一种文体。书话作品，一般来说文章很短，容不得废话连篇，必须三言两语，直奔主题。所以写书话看似容易，千把字的文章，其实要看很多书，平时还要多留心，有积累，才能到时候提笔成文。写出新意，挖掘他人未曾道及的内容，是我写书话的一个重要法则。

一、写书话的勇气

　　岁月如歌，转眼间进入人生的退休期。以前，为稻粱谋，为事业，为这为那而忙碌的日子，突然像火车到了终点，一切都戛然而止。这时，除了轻松、愉快之外，突然意外地发现，我变成了时间的富翁，每天可以支配的时间太多太多，再也不必匆匆忙忙赶公交车去上班，也不需要心急火燎赶去参加那些乏味的会议，正如有人形容，除了闲暇、闲暇，还是闲暇，我也成了三闲人物了。

　　有了闲暇，总得找点事儿消磨这漫长的时光吧。我这个人很笨，很低能，既不会跳舞，也不会打麻将，就在这时，两个因素促成了我的书话写作。

　　一是退休后有了闲暇，使我能够隔三岔五地逛潘家园旧货市场。我对那儿琳琅满目的珠宝古玩红木家具并不太感兴趣，倒是那些摆在地摊上的一堆堆破烂的旧书吸引我的眼球。大概是读书人的呆痴症吧，一到那儿，双脚就挪不动窝儿了，蹲在那儿翻呀找呀，偶有所获，则大喜过望，忘了腰酸背疼，忘了口干舌燥。后来迁居到昌平乡下，离潘家园太远，所幸小区附近的农贸市场，居然也有两三家旧书摊，虽说比不上潘家园，但有时也能拾得遗珠几颗，令人喜出望外。于是乎，冬去春来，我的几个书架渐渐拥挤不堪了。

另外一个重要的因素，却是至关重要的，当时《科学时报》的老友、热情的杨虚杰主编邀我为副刊写文。这张报纸后来易名为《中国科学报》，编辑也换了几茬，变来变去，报纸的风格不变，坚持办副刊的方针不变，特别是"读书"和"作品"两个副刊始终保持特色，越办越好。这是很不容易的。

这两个因素的碰撞，促成了我写书话的勇气。几年下来，竟然一发不可收拾，写书话便成了我退休后晚年生活不可或缺的内容。这些零零碎碎的小文章竟然被出版社看中，重新编排出版，而且有幸获得大奖，这倒是我没有料到的。总之，能够读书，写书话，是我很喜欢做的事，它鞭策我去买书，读更多的书。书读多了，可以比较，促我思考，于是我对书也有了新的理解，不会轻易地盲目崇拜，也不会被作者牵着鼻子走，辨别是非，扬弃谬误，汲取营养，从中获得一知半解，我写的书话多半也是由此而来。

二、书话古已有之

谈起书话，有必要扯上几句题外话。不知道你注意到没有，在纯文学界，书话这一类的作品是很多的。我们比较熟悉的某些作家，他们颇具影响的作品不是小说或者其他，恰恰是书话，比如唐弢、黄裳、姜德明、董桥、陈子善、冯亦代、董乐山等。书话的出版一直是图书市场的一个方面。

众所周知，书话是伴随图书的出现应运而生的一种文体。我国古代即有为书籍写跋、序的传统，内容涉及版本、装帧、购藏经过和读后印象，这就是最早的书话。过去对版本的梳理校勘是书话的一个重要内容，已经演变成专门的学问。现在的书话发展也比较成熟，随着出版业的发达，书话的范畴更加广泛而精深，它已经不满足于内容的评介，诸如版本的演变、作家的身世与写作背景的考证、出版的经历与波折、插图与装帧的演变、译本的演变与翻译的曲折遭遇，以及书籍出版的社会反响等。甚至与书籍有关的藏书楼、书店、国内外书展等也成为书话的特殊话题，台湾女作家钟芳玲专注世界各地的书店采写的《书店风景》，就是一本别开生面的另类书话。另外，不少书籍涉及特定时期特定环境的敏感话题，其问世后常常伴随时代的风雨，而作家的命运也因之受到这样那样的影响，这就从某个方面也丰富了书话表达的内容，例如苏联作家索尔仁尼琴的《古拉格群岛》。

因此之故，作为倡导学术研究、繁荣文化的一个重要内容，书话的出版一方面为作家所青睐，另一个方面出版社也很重视。在许多报纸的副刊上，书话由于短小精悍、言之有物，受到读者的欢迎。我所见到的书话出版物，有浙江人民出版社1998年出版的《近人书话系列》，收有胡适、叶德辉、梁启超、林语堂、刘半农、顾颉刚、郁达夫、王国维、蔡元培、林琴南、刘师培等学者的书话；北京出版社的《现代书话丛书》，包括鲁迅、周作人、郑振铎、阿英、巴金、孙犁、黄裳等人的书话。至于许多学者、作家的文集中，书话往往是不可或缺的一部分。

由于书话涉及范围极广，在传播知识、陶冶情操、倡导阅读

编者语：

除了出版社，读书类报刊杂志也是书话的重要阵地，如《读书》《万象》《文汇读书周报》《中华读书报》《世纪书窗》等，有的还开辟了"书话专栏"。

风气等方面可以发挥很大的作用，现代媒体如电视、广播和网站也很重视开辟形式更加活泼的书话栏目，包括作家、出版界与读者互动的节目。凤凰卫视的专栏节目《锵锵三人行》不少内容即是涉及书话。在各种期刊中，有不少专门的高水准的书话杂志，拥有特定的读者群。这在中外出版界皆是普遍现象。

不过话说回来，相对文学界，我国科普图书的书话作品似乎比较薄弱，虽然时而能看到一些科普图书的书评，但是从更加广泛的范围，去发掘科普图书背后的故事，衍生科普创作的引人入胜的内涵，这类书话还比较少见，当然也许是我的孤陋寡闻，具体原因我也不甚了解。

三、写书话的法则

写出新意，挖掘他人未曾道及的内容，是我写书话的一个重要法则。

书话作品，一般来说文章很短，容不得废话连篇，必须三言两语，直奔主题。所以写书话看似容易，千把字的文章，其实要看很多书，平时还要多留心，有积累，才能到时候提笔成文。比如老作家汪曾祺与科普的一段因缘，就是不大为人所知的"文坛佳话"。事情发生在1958年，汪曾祺被扣上"右派"帽子，下放到河北张家口的地区农业科学研究所。他被安排给土豆画图谱，"我的巨著是画了一套《中国马铃薯图谱》"，汪曾祺以黑色幽默的笔调描写了那个荒唐年月的荒诞事儿。人生路上这一段曲折的经历，让这位作家的生涯与科普结下了不解之缘，也为中国科普史添上了珍贵史科。我据此写成的《汪曾祺的科普缘》发表后，很快就被几家报刊转载，可见很受关注。

"僵卧孤村不自哀，尚思为国戍轮台。夜阑忽听风吹雨，铁

这一状况值得关注。从书话的角度开展创作，可以将更宽阔的内容纳入写作视野，发掘出更多有意思的话题，同时，也能引发更多的人关注科普领域的创作。

书话写作如此，其他的文本创作亦如是。好的作者、好的作品永远在创新的路上，书写自己的独到见解。没有新意的写作，成不了上品。

马冰河入梦来。"宋代大诗人陆游 68 岁写的这首诗，幼时即印入我的脑中，于今暮色苍茫之际，我虽没有放翁如此豪情，但家国情怀并未淡忘。我写的《来自乌苏里大森林的报告》和《契诃夫笔下的库页岛》，明眼人一看就知，不论是俄国作家阿尔谢尼耶夫的《在乌苏里的莽林中》，或是契诃夫的《萨哈林旅行记》，前者记述的黑龙江右支流乌苏里江以东至太平洋岸约 40 万平方千米的山岭，后者即是面积为 7.64 万平方千米的库页岛，这些地方以前都是我国的领土，后来被北方的强邻霸占，至今也未归还。我也多么希望后世子孙勿忘国耻，有一天，"王师北定中原日，家祭无忘告乃翁"（陆游《示儿》），那是多么开心的日子啊！《钓鱼岛的风波》和《731 细菌部队的罪证》这两篇书话，同样寄寓了我对日本侵略罪行的声讨和言之有据的清算。

四、写书话的意外收获

将零散的资料加以提炼，并且按图索骥去追踪相关的线索，然后系统整理，往往可以获得非常有趣的结果。这是我在书话写作过程中的意外收获。这里可以举《望远镜和中国最早的科学小说》为例。

《十二楼》是明末清初一位颇负盛名的戏剧家李渔的作品。李渔，又名李笠翁，他多才多艺，不仅创办戏班子，到处演出，还经营出版，《芥子园画谱》就是其中影响最广的出版物。李渔创作的话本小说集《十二楼》收有短篇小说 12 篇，其中的《夏宜楼》虽然沿袭传统小说才子佳人喜结良缘的老套路，但是穿针引线的却是当年一件高科技产品——望远镜！

值得一提的是，小说的第二回，还以词牌形式，详细介绍了望远镜、显微镜、放大镜等多种光学仪器的来龙去脉，用现代语

写作，原本是辛苦的，但是，在创作过程中，一些意外的发现却能给作者带来无限的惊喜与快乐。

言来说，即是科学普及吧！

要知道，李渔生于明万历三十九年（1611），卒于清康熙十九年（1680）。查史料，明天启六年（1626）德国传教士汤若望在我国出版了一本附有插图的系统介绍望远镜的书《远镜说》，并将一台望远镜带到中国，这是望远镜传入中国之始。以后望远镜进入宫廷，逐渐传播民间，这也是李渔创作《夏宜楼》的历史背景。经过一番考证，可以确定《夏宜楼》是我国第一部以望远镜为重要角色的科学小说。这是治中国科学小说史的学者应予注意的。

我的这篇书话一经发表，立即受到台湾科技史专家的兴趣，并收入海峡对岸的学术刊物之中，这也是我始料未及的。

写书话是快乐的，它成全了我的读书之乐。由读书而思考，也成全了我的思考之乐。偶有所得，虽是浅陋，也带来心灵的喜悦。这又是一乐也！

读者诸君，如愿分享我的快乐，不妨去看看我早已出版的《林下书香》和将要出版的姊妹篇《书林漫步》。

作者简介

金涛：记者，著名科普作家，编辑家。第一届"王麦林科学文艺奖"获得者。

编者：邹贞

10. 远忆传书雁 近观"北斗"星
——写作《天涯咫尺》的几点体会

□ 陈芳烈

【提要】

讲故事是当下科普创作的重要方式。如何选择故事，并把独立、发散的故事，用一条无形的"线"串接起来，是创作者落笔前需要认真思考的问题。以故事形式写科技，需要前后关联，彼此呼应，使之成为一个有明确主题的整体。好的故事不仅要有生动的情节，还应该是抒情性和说理性、逻辑思维和形象思维的完美结合。在写作通信科技的故事时，如何兼顾生动的故事情节和内涵丰富的科技内容，也是颇费思量的难点。

《天涯咫尺》是我第一部运用故事形式写作的科普书。初尝浅试，无经验可谈。我只能把自己写作过程中对一些问题的思考，照本实录，与科普界同人交流切磋。

一、一条主线与若干故事

人类通信的历史十分漫长，其中不乏扣人心弦的故事。如何选择故事，并把这些独立、发散的故事，用一条无形的"线"串接起来，这是我落笔前反复思考的一个问题。

俗话说，凡事要"顺理成章"。写书也是如此。回顾通信的发展史，我们不难发现，无数代人前仆后继的努力，都是围绕着一个目标，那就是不断缩短人与人之间的时空距离，延伸人的五官功能。我想，通信的故事应该以此为题材，并沿着这样一条主线展开。

今天，当我们拿起手机，与身处地球上任何角落的人说上悄悄话的时候，一定会为人类通信由昔日的"咫尺天涯"演变成而今的"天涯咫尺"而无比感叹。从这一沧桑巨变中，我们既能看到历史的履痕，又能感受到人类惊人的创造力和无穷智慧。《天涯咫尺》集中地反映了现代通信所创造的种种奇迹，以及把久远的梦想变成为现实的丰功伟绩。

以故事形式写科技，虽然很难做到像教科书那样系统，但仍然需要前后关联，彼此呼应，使之成为一个有明确主题的整体。我在写作《天涯咫尺》时，便力图沿着从"咫尺天涯"到"天涯咫尺"这一人类通信的沧桑巨变，寻找一个个独立故事之间的相关性。譬如，在写《烽火台的诉说》时，我便以"烽火台的启示"为题，为写作后面的现代光通信留下伏笔；在写《莫尔斯和他发明的电报机》时，在"延伸阅读"中便提到了"电报为什么淡出人们的视线"，为进入"电话时代"作了铺垫；在写有关无线电发明家的故事时，除了注意文字上的承上启下，还力求表达"一项伟大的科学成果从发明到真正为人类所利用，往往要经过很长的时间，需要倾注几代人前仆后继的努力"这样一个为实践所验证过的真理。

二、换个视角说故事

好的故事不仅要有生动的情节，还应该是抒情性和说理性、逻辑思维和形象思维的完美结合。电影《泰坦尼克号》便是一个很好的示例。我在写《天涯咫尺》时，也借题发挥，用了这个炙手可热、孺幼皆知的题材，只是换了一个角度。全文上下没有涉及那惊心动魄的爱情情节，而只是从当时船上发生的电报故障切入，把空前劫难与通信的关系作为描述对象。视角的切换也便赋予这个故事以新的内涵。它告诉人们的是，通信与人类的生命安全是何等的息息相关。由此，很自然地便引出了国际摩尔斯电码救难信号（SOS）以及全球海上遇险和安全系统（CMDSS）等有关通信安全方面的知识，想必这比一般的说理会更令人印象深刻。同样，在《星海沉浮——一个令人扼腕的科技童话》中，我虽然也介绍了全球卫星移动通信这一科技前沿，但却以铱星系列的"出师不利"为切入点，引出了科技产品的准确定位以及与经济发展相适应这一发人深思的话题。我以为，故事这种形式是可以赋予更多内涵的，没有必要也不应该把它作为单一传播科学知识的手段。

三、讲的不只是科技

写作《天涯咫尺》，就仿佛驾着被时光驱动的小舟，在那波光点点的通信历史长河中穿越。在那里，我既看到一缕缕从远古射来的文明之光，又窥见进入电信时代百余年来人类通信后浪推前浪的壮观场景。在奇迹背后，是人类无穷的创造力和智慧，是科学精神的闪光。

讲好科学的故事，本身需要理性与感性的结合，所以科普创作讲故事不同于一般的讲故事。

用小切口讲大主题的故事，则是见功力的事情。

《天涯咫尺》所写的，实际上便是在长途跋涉的科学征途上，科学家一次次不畏艰辛的接力。电报的发明拉开了电信时代的序幕；紧接着，以贝尔为代表的一批电话发明家又把人们带入一个彼此可以直接用语音沟通的时代；此后，由麦克斯韦预言电磁波开始，到赫兹证实电磁波的存在，再到波波夫、马可尼发明无线电报，一个使"天涯"成为"毗邻"，变地球为村落的无线通信时代便呼之欲出……。这一个个通信发明故事，无不生动地诠释了科学进步的道路上传承与发展的关系。

对未知世界的好奇和永不知足，是人类科技发展的原动力。旅途中观看一次"电磁铁"表演，萌发了莫尔斯发明电报的奇想；偶见铁片在磁铁前振动发出微弱声音，诱发了贝尔发明电话的念头；20世纪20年代发生在罗马城郊的一次大火，无意间成就了短波通信的峰回路转；1922年一次无线电通信实验的突然中断，使发明家获得发明雷达的灵感……在人类的通信发明史上，这类例子不胜枚举。它告诉我们，好奇的背后便可能是真知，对事物细心的观察可能会获得认知上的重大突破。

回顾通信的历史，我们也不时地会被一些科学家的默默献身精神所打动。而今，格雷厄姆·贝尔的名字家喻户晓，如雷贯耳，但谁又知晓，推动电话发明的还有格雷、李斯、梅乌奇等一大批科学家呢？他们何尝不是时代的英雄！其中，梅乌奇因无钱申请专利而痛失电话发明家桂冠的故事，更令人扼腕。曾经预言卫星通信、太空帆、太空梯及人类登月等一系列重大科学技术发明和科学事件的科幻作家克拉克，却一生中坎坷不断，直到82岁才获得姗姗来迟的荣誉。"光纤之父"高锟，在获得2009年诺贝尔奖时已是疾病缠身，在领奖典礼上由他妻子宣读的《一沙一世界》，便是他倾毕生精力追求科学真谛的真实写照……

一个个彼此独立的故事用电信科技发展的主线串起来，就组成了电信科技的历史，讲好故事，也讲好了历史。

四、借用和延伸

在写作通信的故事时，如何兼顾生动的故事情节和内涵丰富的科技内容，也是颇费思量的难点。如果刻意在故事中加入大段科技知识的阐述，势必会影响故事的连续性和完整性，为此，在本书中我便采用以故事为主线，辅以一定篇幅"知识链接"和"延伸阅读"的形式，以达到上述兼顾的目的。链接和延伸，要顾及与故事的相关性，尽量做到珠联璧合，遥相呼应。巧妙的搭配不仅有助于丰富书的科学文化内涵，还使读者能从多个视角和不同的层面上获取知识。

我认为，只要有利于拉近读者与科学的距离，有利于增加书的可读性，各种可以利用的元素和形式都是值得去尝试的。例如，在写作本书的头几个故事时，我借用了一些典故、传说和古诗词中的名句，来反映我国古代人们对信息传递的美好向往。把它与近代通信相比照，我们便可以看到古代文明的熠熠闪光，看到那些昔日的梦想成为当今科技先导的现实。

写作《天涯咫尺》一书已成旧忆，而精彩的通信故事还在当今世界中延续。但愿我这本书是抛砖引玉之作，期盼着有更多讲述通信故事的力作问世。

作者简介

陈芳烈：著名科普作家、编辑家，人民邮电出版社原总编辑，中国科普作家协会第三、第四届副理事长，工交科普专业委员会主任委员，2007年因策划《e时代N个为什么》丛书获国家科技进步奖二等奖。

一本书可读性强，体现在内容的吸引程度与阅读和欣赏的价值。科普书若要可读，一方面要生动有趣，另一方面还要给人以丰富的科学营养。

编者：张志敏

11. 天文与邮票的美丽邂逅

——《邮票上的天文学》创作谈

□ 徐　刚

【提要】

　　一个好的切入点是开展科普创作的重要开端。人们很难将邮票与科普联系起来，但作为"国家名片"的小小邮票包罗世间万象，以邮票为切入点开展科普，不仅能领略各国风情，还能收获百科知识。在创作时，要掌握好科普和邮票知识点之间的"度"。后者过多必然冲淡科普主题，过少又无法体现本书"邮"的特点。在素材选用方面，需要使用最切题的邮品来演绎主题，使读者体会到"故事"的真实性。除了内容的深入浅出，语言的风趣幽默，版面设计和排版也非常重要。

　　天文与集邮看似风马牛不相及，但偏偏有这样一些人既虔诚地仰望着神秘的宇宙，又痴迷于邮票的方寸天地。对我而言，将天文与邮票结合就有了双倍的乐趣和享受，30年乐此不疲地探寻着邮票中蕴涵的天文知识。人们很难将邮票这种收藏品与科普联系起来，但作为"国家名片"的小小邮票包罗世间万象，欣赏邮票不仅能领略各国风情，也能收获百科知识。如今最受年轻人喜爱的集邮方式"专题集邮"，就是通过邮品来演绎文史故事，讲

编者语：

　　科普创作的选题常常要斜目而视，侧身而入，做到小口径、大口袋。

述科学奥秘。科普要吸引大众，既要深入浅出风趣幽默，也要寻找一个理想的准切入点，让大家更乐于去了解。《邮票上的天文学》就是这样一部独辟蹊径的科普作品。它巧妙地借助邮票的视角来诠释天文学的方方面面，为读者展现了一个意想不到又独具魅力的奇妙宇宙。

一、选题：一蹴而就与厚积薄发

　　2011年，人民邮电出版社策划出版一套天文科普丛书，找到了天文科普的领军人物李元先生。平时酷爱收藏天文邮票的老先生，得知对方是邮电出版社时，当即提议在这套丛书中增加一本图文并茂的天文邮票图册，双方一拍即合。李元先生随即推荐著名天文学家李竞先生为主编，我与上海天文爱好者郭纲执笔来创作此书。后来，我与李元先生攀谈才知道，2002年英国数学家罗宾·J.威尔逊的《邮票上的数学》中文版面市，2005年国内又出版了《邮票上的物理学史》。老先生早就盼望有朝一日能有一本超越这些前作的天文邮票书籍呢！

　　李元先生兴致勃勃地为该书定名——《邮票上的天文学》，我和郭纲短短几天时间就初步拟定了提纲。万事开头难，但该书的策划与启动却异常顺利。一来，仰仗多位天文科普前辈的支持和提携，各方对这一选题的重视和期待。二来，我们已经有了足够的知识积累与邮品储备。我和郭纲都有近30年的天文爱好，对于一本面向青少年和集邮爱好者的入门级天文科普图书驾驭起来并不难。李竞先生在天体物理、天文学史等领域均有深入研究，虽已是古稀之年，但对天文科普仍笔耕不辍。该书最后由李竞老师审核，又为科普内容的准确性上了一道保险。

　　对该书至关重要的邮票，我们更是成竹在胸。受20世纪80

年代集邮热的影响，小学时我和郭纲就相继跨入了集邮的殿堂，中学阶段又几乎同时将天文邮票作为收藏重点。1990 年，我将天文集邮的方向进一步缩小为天文学史和太阳两个子选题，尤其将《太阳》邮集作为主攻方向，1997 年我的专题邮集《太阳》首次参加全国邮展，就斩获大镀金奖加特别奖，受到了国内集邮界的关注。1999 年，《太阳》邮集获北京世界邮展镀金奖。郭纲在天文邮品的收集方面更是涉猎广泛，凡与天文相关的题材无所不包，世界各国的重要天文邮品几乎被他一网打尽。全书展现的一千余枚邮品，仅是我们收藏的一小部分。

厚积薄发，是该书能够快速启动与最终获得各方好评的基础。

二、构思：邮票演绎科普故事

以"邮票上的某某"为题的书籍不在少数，其中也有不乏以科普为目的的。但这类书籍在创作中往往陷入两个误区，一是，过于强调"邮"的属性，造成科普内容不完整、不系统。二是，仍然按照一般科普书籍的思路进行创作，邮票仅仅作为插图使用，邮味不足又缺乏新意。

《邮票上的天文学》撰写伊始，摆在我们面前的首先就是如何发挥邮票的特点，创作一部与众不同的天文科普书籍。作为集邮者我们很自然地想到"用邮票讲故事"。这句是集邮者在编组专题邮集时常说的话，意思是专题邮集要减少不必要的说明文字，尽量选择合适的邮品，让观众从邮品的图案和主题上理解专题内容。这用在《邮票上的天文学》的创作中也非常合适。读者选择此书而非其他天文百科类书籍，不是因为书中有多少其他作品不曾涉及的知识，更不是作者文笔如何风趣幽默，而恰恰是邮

创造性地开发选题资源是科普创作成功的策略，故事化思维是创作必不可缺的能力，以此来发掘科普的核心内容，以人文关怀来升华科普信息，会有意想不到的收获。

票这一载体。我们必须将邮票作为本书的叙述主线，通过邮票串起整个故事。书中所有的知识点和内容都要以恰当的邮品来展现。这就是本书区别于一般科普书籍的灵魂所在。

当然在坚持"用邮票讲故事"的同时，该书编写中贯穿始终的还有邮票与文章的有机结合。一枚或一组邮票配一段二三百字左右的短文，文字不是邮票发行目的或图案的介绍，而是对邮票叙述主线的补充，起到串联与画龙点睛的作用。虽然为了邮文结合，本书文字段落之间是有分割的，但依然保持前后连贯，把文字单独抽出来同样是一篇完整的文章，阅读时自然流畅毫无割裂的感觉。在一般的集邮书中，常见"这枚某某国发行的邮票表现的是……""这枚邮票就是为纪念这一事件发行的"之类文字。这种写法无意中割裂了读者的思维，迫使读者从当前的阅读中跳出来，转而寻找邮票。但本书主体部分的前三章却很少有这样的描述，通过排版使邮票与文字一一对应，一扫传统邮票类书籍图文分离、阅读困难的弊病。邮与文结合为一个整体不是主仆关系，而是红花与绿叶，相映成趣。

集邮者总是希望做一些集邮方面的"科普"或将自己的珍罕藏品与大家分享，但在本书创作中必须掌握合适的度，过多必然冲淡科普主题，过少又无法体现本书"邮"的特点。本书前四章有个别集邮知识点的介绍，主要是让没有集邮常识的读者对书中所选某些不常见邮品类型有所了解，相当于名词解释。集邮内容集中在最后一章"天文邮票巡礼"中，这是郭纲一再坚持下增加的，于集邮来说它是本书的精华所在，就全书来说也是不可或缺的一部分，既强调了本书的主角儿——邮票，又不对前面的科普内容造成冲击。只可惜为突出科普主题，这部分内容作了大量删减，只保留了一半左右。

三、素材：精挑细选邮票说话

"用邮票讲故事"说起来容易做起来难，需要使用最切题的邮品来演绎主题，才能使读者体会到"故事"的真实性。很多阅读过《邮票上的天文学》的读者都会赞叹书中邮品使用的贴切，一些邮品与内容配合得天衣无缝。比如：书中写到"太阳位于距银河系中心 2.6 万光年的猎户座旋臂内侧，它率领着太阳系全体成员围绕着银心旋转"。所选波黑邮票和附票上就清晰的标注着太阳在银河系中的位置以及太阳系的八颗行星。介绍 1930 年克莱德·汤博在双子座中发现冥王星时，除选用一枚有汤博头像和冥王星的邮票外，还有一枚刻有双子座星图的纪念冥王星发现 50 周年邮戳。在南极天区一节提到可以通过南十字座与半人马座的两颗亮星寻找南天极，所配新西兰邮票上就明确绘制着书中描述的方法，等等不一而足。

要做到邮票与文字完美的匹配，除了拥有丰富的藏品，能够配合文字从相似主题的邮品中百里挑一优选最切题的邮品，更重要的是必须有"看菜做饭"的本事，扬长避短在保证科普知识点的前提下，针对所选邮票本身的图案和内容，适当调整文字使得邮文匹配相得益彰。比如，在介绍金星是夜空中可见最亮的行星时，根据所选邮票图案上同时出现了月亮与金星这一点，在这段文末增加了一句"当明亮的金星陪伴着一弯细细的峨眉月斜挂天边时，你会发现它是何等明亮与美丽，连月亮也要让其三分。"这些量身定做的文字使读者在阅读时觉得既真实贴切又自然有趣。

邮票的发行有特定的目的和规律，邮票图案所涵盖的天文内容有很大局限性，别说天文领域的最新成果，某些稍冷门的内容也很难在邮票上寻觅踪影，这就为本书的创作出了很多难题。比如矮行星这一内容，除冥王星外，我们废了九牛二虎之力才在一个国家的一枚小全张边纸上找到了阋神星。此外，还有一枚摩纳哥邮票上提到了柯伊伯带天体赛德娜。基于这些素材我们在介绍矮行星时剑走偏锋，先说赛德娜的发现让天文学家开始重新思考行星的定义，2005 年更大的阋神星发现，使得行星定义问题到了非解决不可的地步。随后用一枚冥王星邮票介绍 2006 年国际天文学联合会增加了一类新天体——矮行星，冥王星被降级为矮行星。最后用一枚冥王星和卡戎的邮票说明卡戎身份仍不明确。这样总算圆满地完成了矮行星内容的介绍。

创作的过程中难免困难重重，如何变被动为主动，需要惊鸿一瞥的灵感和深厚的积淀。

还有一些内容压根找不到合适的邮品，这就需要脑洞大开了。该书开篇第一段文字就煞费苦心：我们想在介绍地球时先说古人对大地形状的认识，但翻遍了中外各种目录也找不到一枚堪用的邮品。后来，我无意中发现了一枚古代钱币邮票，"方孔圆钱"内方外圆的造型不正是中国先民"天圆地方"宇宙观的体现吗？难题才迎刃而解。

除了被动地根据文章内容寻找邮品，我们更注意充分发挥邮票选题和图案的特点，展现天文邮票独有的魅力。如在介绍爱因斯坦时，根据邮票上的图案，向读者展现了天才科学家热爱音乐、坚持运动、诙谐幽默的另一面。类似的内容还有各国文化中太阳神的形象，2000 年与 2001 年的新千年之争，节日的天文内涵，音乐、绘画、文学、娱乐中的天文元素等，这些内容使本书有了区别于其他天文科普书籍的特色。同时，马克·吐温生卒年份与哈雷彗星的巧合、山西省灵石县得名由来、帕瓦罗蒂日食放歌、牛顿与哈雷的友谊、设计错误的天文邮品等，又提升了本书的可读性和趣味性。

四、排版：良好阅读体验的关键

曾有一位同事对我说，他上高中的孩子很喜欢看《邮票上的天文学》。我问他，孩子是喜欢天文吗？他说不是，我很好奇又问："那为什么会喜欢这本书呢？"他告诉我，孩子说这本书读起来很轻松，一点不累，段落分明又容易理解。我明白了，这本书给了孩子一段愉快的阅读时光。

良好的阅读体验对骨子里枯燥的科普书籍非常重要，除非真正的爱好者或出于某种需求，一般人是不会为一本只消随便翻看几眼，便令人头昏眼花的科普书买单的。要想让学习任务繁重的学生或工作压力巨大的都市白领花较长时间阅读一本并不是非读不可的书籍，就需要这本书能带给他们轻松愉悦的阅读感受。要做到这一点，除了内容的深入浅出，语言的风趣幽默，我认为版面设计和排版也非常重要。

为了拥有良好的阅读感受，除了大量精美的插图，国外出版社还会聘请专业的平面设计师进行版面设计。反观国内，传统的科普作者对设计和排版力不从心或重视不够。文章写好找些图片，就交给出版社去完成后续工作。出版社在设计与排版方面大多并不用心，很多细节没有引起足够的重视，而这些细节又常常是决定阅读体验好坏的关键。

《邮票上的天文学》从开始策划就十分重视阅读体验。我们在构思过程中就确定了排版的基本形式和开本尺寸。我在试写了"太阳"一节后，就用软件试着进行了排版，在确定了基本版式之后才进入全面撰写阶段。最终排版也是我和排版人员一张张共同完成的。每一段文字和每一枚邮票放置的位置，都是精心琢磨后确定的。排版工作前前后后历时两个月。

"人靠衣裳马靠鞍"，好内容还需要配上好的编辑形式，方能合力促成一本优秀的科普图书。

先说说开本，该书的开本很特殊接近正方形，这其实是经过反复论证的。前面说过该书是几枚邮票配一段文字，每段二三百字，这个开本高度适合三段或四段内容的编排，宽度稍大适合邮票和文字的同段混排，也有利于较大邮品的展示。这种图文相间的形似和言简意赅的文字都使阅读变得更加轻松。

该书五章22小节，每小节下又有若干小标题，每个小标题的内容占一整页，没有一页包含两个小标题的。这其实给我们出了一个难题，文字的多少，邮品的选择都需要仔细斟酌取舍。最终，为了版面美感和给读者在阅读时提供一个理想的停顿位置，在排版阶段很多小标题之下删减或增加了内容。

该书对邮票的说明仅仅是在邮票下方标注了发行国家与时间，没有一般插图较多的书籍常采用的图1、图2之类的标注。正文中也没有任何与文章内容对应的邮票在哪里的注释，借助排版处理，读者在阅读时却完全不需要寻找，就能看到与之对应的邮票，保证了阅读的流畅性和速度。

正是在这些看似无关紧要的细微之处的用心，不仅使本书获得了良好的观感，吸引了读者的眼球，更重要的是保证了阅读的顺畅和轻松，使读者在欣赏方寸间的宇宙之美时，就将天文知识了然于胸。

编者：姚利芬

作者简介

徐刚：供职于中粮集团，科普作家，主要从事天文科普美术创作，作品曾荣获"文津图书奖"等多个重要奖项。

12. 写作《少年数学实验》一书的回味与反思

□ 王鹏远

【提要】

　　写好一本书，除了创作激情，还要有鲜明的目标、新奇的创意、丰富的素材、深厚的学术底蕴。对于科普读物来说，还特别需要作者有感染打动读者的语言文字功夫。新时代的科普创作，可以将文字读物和网上资源进行有机配合。在选取、组织素材时，要设身处地的考虑学生，特别是家长的心理。对于写给少年儿童的科普作品，在表达时要让他们感到亲切，引发他们思考，不能等同于变相的教科书。可以选择略带文学色彩的方式描述一个个数学主题。

　　由于科技进步，当今世界的变化真的是太快了！我们真切地感受到人工智能正在改变世界。智能浪潮的未来已经到来，只是尚未流行而已。

　　"未来已经到来，只是尚未流行"。这是当代伟大的科幻作家威廉·吉布森讲过的一句话。普及尚未流行的科技成果不仅是科幻作家兴趣之所在，也应该是科普作家义不容辞的责任。对少年儿童，这项工作尤其有意义。我是一名普通的数学教师，不是科普作家，幸运的是有机会参与科普创作，在这个领域做了一点事。

编者语：

　　尚未流行意味着公众知晓度不高，对于这样的科技成果，科幻作家或科普作家有更明确的着力必要，同时也有更大的施展空间。

还是在 2011 年 7 月底，我接到了张景中先生的电话，邀请我与他合作撰写《少年数学实验》一书。那时，我已退休 10 年，面对这一任务，不太敢接受。我跟张先生说我已到了"古稀"之年，打算真正退休了。张先生说，你比我小，我还没退休，你怎么就打算不干了！正是张先生的热情、他对事业的执着追求和对我的信任打动了我。就这样，我们密切配合开始了这本书的创作。我在北京，他在广州。我写好了一段初稿在网上传给他，第二天马上就收到他的修改建议。通过近一年的合作，2012 年 10 月，这本书终于由中国少年儿童出版社出版了。出乎我们的预料，这本书很快就受到了读者的欢迎，并获得第三届中国科普作家协会优秀科普作品奖。作为数学老师，看到我们的作品使一些学生喜欢上了数学，这是比什么都令人感到欣慰的。时光飞逝，一转眼又过去了 6 年，现在我已经摆脱了纷繁的事务，可以静下心来回味和反思这一段难忘的创作经历了。

写好一本书，要有创作的激情、鲜明的目标、新奇的创意、丰富的素材、深厚的学术底蕴；而对于科普读物，还特别需要作者有能感染打动读者的语言文字功夫。在这本书初稿的创作过程中，我曾多次阅读张景中院士所写的《数学家的眼光》《数学与哲学》等读物，体会他作品的风格，看看他是怎样深入浅出讲述数学，怎样亲切地与读者进行交流的。所以，对我而言，这本书的创作过程确实是一个学习的过程，也可以说是"老有所学，老有所乐，老有所为"的享受过程吧！

一个好的科普图书创作者，除了具备科学底蕴，还需要具备良好的语言表达能力，要想办法用读者喜闻乐见的方式进行表达，不仅让读者看得懂，而且让他们喜欢看。

一、关于选题

之所以选《少年数学实验》，我认为这是由于我和张先生都有一种使命感。那就是通过信息技术融入数学，从而改变数学教学的面貌，为数学教育注入新的活力。

一般认为，数学是从定义到公理到定理到推论这样一个逻辑体系，而学数学就是单纯的解题训练。但这其实并不是数学的全部。数学的发现探究是更有价值的，其中包含着实验、观察、猜想、相互交流和动手实践。这是一种更加丰富的活跃学生思维的数学活动。学生学习数学的方式不应该仅仅限于听讲和做习题。丰富的数学学习必须包括数学阅读、数学探究这类活动。这本书创设了一种新的学习环境，让学生通过阅读和动手实践学习数学，从而激发学生学习数学的兴趣，更深刻地理解数学，潜移默化地培养他们的创新意识和动手实践能力。这正是当前我国基础数学教育所欠缺的。

技术在这方面能发挥什么作用呢？大家知道，我国杰出的数学家，第一届国家最高科学技术奖获奖者吴文俊院士，曾经以几何定理机器证明的研究成果蜚声中外。而张景中院士则将几何机器证明可读化，开发了紧密配合我国基础数学教改的数学工具软件"超级画板"，这在国内外无疑是领先的。我们想，应该让我国广大的青少年从这一成果中受益。

数学是支撑大数据、人工智能等当今前沿技术的核心基础学科，中国是"数学大国"，但学科整体水平与美国、法国等"数学强国"相比还有一定差距。当前，基础数学教育应当激发对数学的学习兴趣，重点培养学生创新意识和动手实践能力。

二、关于创意

本书与其他读物显著不同之处，是文字读物和网上资源的有机配合。全书定价30元、420页、21万字，与别的书比较，不贵，而且网上提供的免费资源也是别的书所不具备的。光是现成的课件就有上百个，读者可以拿来就用，这是一个丰富的资源库，其中有我们过去积累的，也有我和张先生编写此书的过程中制作的；至于免费的"超级画板"和"方便面"，就更有实用价值了。这是一个智能工具箱，人性化的智能超级画板可以作为便

将互联网和纸质图书结合起来，可以实现两种媒体的长短互补，实现不同内容的拓展联通，最大限度地满足读者的阅读需求。

捷的画图和计算工具：你要画垂线，把鼠标移动到适当位置，屏幕则出现"垂直"的标识；你要画线段的中点，鼠标移动到适当位置，屏幕便出现"中点"的标识……。所谓"方便面"是方便的界面，利用大家熟悉的汉语拼音字母输入命令。例如，画函数曲线，只需输入"hsx（ ）"，hsx是"函数线"的汉语拼音的3个首字母；想呈现变量尺只需输入"blc（ ）"，blc是"变量尺"汉语拼音的3个首字母；想输入坐标点，只需输入"zbd（ ）"，zbd是"坐标点"汉语拼音的3个首字母……。你想，30元购得一本书，外加一个丰富的课件资源库和一个免费的智能工具箱，可以说是大大的超值了！

于是，便有了阅读此书不同方式的建议：第一种，看书的同时也在计算机上打开对应课件，对照计算机屏幕从图形的运动变化中发现规律，加深理解（如图形的平移，对称和旋转），这种体验是前所未有的。第二种，对照本书中的操作说明，力争自己动手在计算机上利用智能工具箱画图、计算或制作动态课件，这样就把数学阅读和动手操作结合起来。第三种，与平时阅读一样，仅看书中的文字部分与插图就可以借助自己的想象理解书中描述的内容，那就不必打开计算机了。

三、关于内容的选取和组织

科普创作要充分考虑读者对象。对象群体不一样，科普内容及方式就会大异其趣。如果阅读对象是中学生，就要站在学生以及家长的角度，思考他们的需求，按他们喜欢的方式进行创作。

选取什么内容以及如何组织素材是此书能否吸引读者的关键。既然我们面对的是广大的中学生，我们就要设身处地的考虑学生、特别是家长的心理。当家长带着孩子到书店购书时，他们首先想到的是这本书对孩子当前的学习有没有帮助，如果内容远离当前的教学，他们就会减少购书的兴趣。面对当前书店里充斥的大量教辅读物和练习册，我们决定另辟蹊径，换一副面孔，用另一种方式解读当前教材的有关内容，选取的内容既源于教材又高于教材，可以作为当前教学的延伸和扩展。于是我们为本书设计了两个板块。第一部分"漫游数学百花园"，第二部分"电脑解题空间"。

"漫游数学百花园"包括10节，许多材料与当前初中学习内容密切相关，但不是平铺直叙，我们力图用讲有趣故事的方式延伸课本的内容，传达数学来源于日常生活但又高于生活的特质，渗透着"数学有趣、数学有用、数学好玩"的理念，让读者有一种漫步数学百花园的感觉，随着阅读的深入逐步感悟到数学中特有的内在的美。

不少学生从小学升入初中感到不适应，特别是几何学习。小学研究几何图形的性质更多是借助直观经验，认识只限于初步"了解"的水平。而初中几何学习的显著变化是增加了抽象和推理，从"了解"提升到"理解"的层次。所以，几何的入门教学一定要处理好中小学几何学习的衔接，使学生感悟到抽象推理的必要性。

在课堂上，抽象和推理往往是伴着严肃的面孔出场的，抽象和推理能否以另外一种形象与学生见面呢？为此书中设计了第一节"跟你的眼睛开个小玩笑"。光是这个题目就吸引人的眼球："开个什么玩笑？玩笑是怎么开的？这玩笑要说明什么问题？"

这一节我们设计了几个有趣的实验：看似不一样长的线段刹那间似乎一样长了，看似不平行的线段刹那间变得似乎平行了，看似弯曲的线段刹那间似乎变直了。玩这套小把戏只需轻按鼠标选择屏幕上的按钮，奇迹就魔术般地出现了，其实无非是隐藏或显示干扰线段从而使人产生不一样的感觉罢了，这里"隐藏、显示"是计算机的特技。这些在学生眼前呈现的骗术激发了他们的好奇，同时说明了一个道理，即"眼见不一定为实，直觉可能导致错觉"，所以研究几何图形不能停留在感觉的层面，更要进行理性思考，用数学的眼光观察世界，用数学的思考分析世界，为后续的学习自然而然地引入抽象和推理打下伏笔。

又如第二节"从小河上漂浮的树叶谈平移"，这是配合课堂教学的平移一节内容设计的。课堂上这一内容介绍的比较简单。本书则从图形变换的高度拓展了学生的视野，用动画呈现出"平移、旋转、轴对称"和仿射变换，让学生在计算机上操作几何图形的平移变换，画小人排队，感受"怪兽成群"和飞鸟的形成，利用平移体验印度数学家阿那波多剪拼，利用平移拼出正方形的空洞来，这样一来平移这一内容变得更加有趣和生动了。

再如第五节"自行车的数学"这是为配合图形的平移、旋转和圆等综合内容的教学而设计。书中是这样开启话题的：

"发现问题、提出问题是自然科学的第一步，只要一门科学分支能不断地提出大量问题，它就充满生命力，对于数学也不例外。问题是数学的灵魂，能给数学的发展注入活力。其实实际生活中本来就存在大量的数学问题，但这有待于我们去挖掘和思考。

自行车是城市里常见的代步工具，在笔直的马路上骑自行车，这其中难道也有数学吗？这就看你有没有数学眼光了！"

从数学的角度看，这里车轮的滚动（而非滑动）中包括图形的平移和旋转。为此又自然引出了如何计算滚动的距离与车轮旋转角度的关系；前后轮半径不一的自行车，齿轮的变速器等问题。由圆沿着直线滚动引出圆沿着另外一个圆外的滚动，由圆的滚动想到正方形、三角形、四边形、五边形的滚动。从自行车的车轮谈到等宽曲线、滚木，"莱洛"三角形的滚动和方孔钻。

所以，数学思维是灵活的，不只限于抽象和推理，还离不开联想、想象、计算思维和数学建模。要让"自行车"在屏幕上运动起来，先要建立好"滚动"的数学模型，然后通过计算最后让计算机加以实现。一个钻打下去，钻孔是圆形的，现在要想让钻孔基本是方形的并不容易，这需要一个更复杂的数学模型。"方孔钻"的课件我们开始做不出来，经过一番讨论，确定了转动的方孔钻钻心的运动轨迹，才最终做出这个课件来。

当前，我国提出创新驱动的发展战略，这给数学教育提出了新任务，那就是要特别关注学生创新意识的培养。以前的数学教育关注于解题训练，现在则需要培养学生提出问题、发现问题并综合利用所学知识解决问题的意识和能力。"漫游数学百花园"试图在渗透这个理念方面做一些尝试。

关于本书的第一板块的构思先谈到这里，现在谈第二板块"电脑解题空间"的设计。

数学离不开解题，也是家长和学生关注的热点。我们当然不能避开这个热点，而是要直面这一课题给出我们的解题教学思路。

我们认为数学教学不等同于空洞枯燥的解题训练。那些让学生依靠记忆题型、模仿题型，进行大运动量的解题练习，不但造成了学生的过重负担，使学生厌烦数学、疏远数学，而且僵化和束缚了学生的思维。"电脑解题空间"并非让电脑替代人脑解题，而是借助这个空间给予读者适当的启迪，活跃并催生读者的数学思考。借助于鼠标的操作、图形的动态演示，便于构建在静态图形中不易发现的解题思路，从特殊中发现一般，从合情推理中猜测解决问题的可能途径，从一题多解和一题多变中达到举一反三拓展思维的效果。借助计算机助力解题教学是本书中新的尝试，这里有不少解题课件和一题多解、一题多变的漂亮的解题范例。

四、关于语言的使用

不管有怎样丰富的内容、标新立异的创意，书最后总是要用白纸黑字的语言文字来表达。我们写书是为普及尚未流行的信息技术在数学学习中的应用，既为普及目的而写，就不能写成论文。既然是写给少年儿童看的，就要让他们感到亲切，引发他们的思考，不能等同于变相的教科书，所以我们选择略带文学色彩的方式描述一个个的数学主题。

下面是本书第一部分第一节"跟你的眼睛开个小玩笑"的开场：

"世界是客观存在的。公园里的小桥流水、亭台水榭、花草树木，这一切都是客观的。小桥亭台的形状大小不会因为你看还是我看而有所变化，但花园的美景却只能经过我们的感知而被欣赏。我们通过感官才能得到外部世界的信息，而视觉是人们认识外部世界最主要的途径。

现在的问题是，我们的眼睛总可靠吗？它提供的外部视觉信息总准确吗？让我们先进行一个小测试。"

这段是否可以这样处理呢？试把前面一大段删掉，一上来就开门见山地问："我们的眼睛总可靠吗？让我们进行一个小测试。"这样一来语言倒是精练了，但少了创设烘托思考的气氛，其实前面的一段话有些类似于古代哲学家庄子与惠子"子非鱼"的一场关于主客观世界的辩题。当读者确信视觉是人们认识外部世界最主要的途径之后，再问我们的眼睛总可靠吗？这时的思考就更富有哲理性。

科学性与文学性是科普作品缺一不可的两翼。对于一部优秀的科普作品来说，文学性是其不可分割的天然属性。

类似的理性思考还可见于第二节"从小河上漂浮的树叶谈平移"的开场白：

"在我们周围的世界中，运动和变化是普遍存在的现象。

一条非常平静的小河上漂浮着一片树叶，5秒钟后树叶的形状大小都和原来一模一样，但随着河水静静的流淌，它已经不在原来的位置了。

如果水面足够平静，树叶毫无颠簸摇摆，以至于叶尖、叶柄和叶上的每个细胞所进行的位移都完全相同，我们就说这片树叶作了一个平移。"

与教科书的描述不同，这里大到说了运动变化是普遍存在的现象，小到说了平静的小河和细致入微地描写了小河上漂浮的树叶，像在讲故事。这样的描述不但留给读者深刻的印象，留给读者更多的联想，而且深入浅出地描述了平移的概念。

关于人称，我们更多采取了第二人称，如"你在电视里看过斯诺克台球比赛吗？现在让我们在计算机上打打台球，过一把台球瘾！""邻居铺地板遇到了问题找你请教，你能帮助他出点主意吗？"这样的行文就像我们与读者面对面交流一样，增加了亲切感。

在语言的表述上我们是费了一番心思的，通常我写了初稿，和张先生交流修改，经过画龙点睛的修饰，常常变得更加生动活泼了。

本书的出版已经过去7年，静下心来重新翻阅此书，进行回味和反思，犹如品茶，虽能品出一丝淡淡的清香，却总感到有些不足之处。看来一部书写成之后，过了若干年重新翻阅，总会有些遗憾之感的。例如，对于本书可否加上一些篇幅解读一下"数学实验"呢? 可否选择一些更精彩的实验内容呢? 本书的验证性实验较多, 可否增加一些探索性实验呢? 借助于网络的优势可否增加一些小视频呢? 但这些现在看来都难以弥补, 只好期待新茶上市了。

最后我想说, 人的一生可遇不可求的有两件事, 一个是机遇, 一个是缘分。我这两项都幸运地占到了。先说机遇, 这是指我国的数学课程改革和教育信息化的推进。今天, 数学已经从后台走到前台, 遇到了数学的黄金时代, 但数学却仍然不受许多学生欢迎, 这对我们是挑战也是机遇。另外, 信息技术已经深刻地影响到社会的方方面面, 但却难与数学教育很好的融合, 这同样是挑战也是机遇。我们的书正是抓住了这个机遇, 才得以与读者见面的。再说缘分, 那就是与张院士的相识与合作。张院士是数学家, 且热衷于中学数学教育和教育技术。多年来与张院士合作, 共同推动信息技术用于数学教育的实验项目使我收获良多。这次合作完成此书, 又是一次新的愉快的体验。

编者: 邹贞

作者简介

王鹏远: 北京大学附属中学退休数学教师, 国内最早将信息技术引入数学教学的教师之一。

13. 我要向你推送美丽
——《让你想不到的数学丛书》创作历程

□ 星　河

【提要】

　　科普作品的创作灵感往往始于不经意之间。兴趣和热爱常常是促进科普写作的动力和源泉。在创作时，首先自己要懂，真的懂，否则就不可能清楚地讲解出来。其次，要把握好语言和故事，不是硬把知识插入其中。最后，有些看似与主题无关的枝节，也可以加进来试试。它们不是废话，不是累赘，而是为了让作品更加富于生活气息，或者更具幽默感。

一、缘起

　　有些精品佳作的问世，其实并非来自最初正襟危坐的刻意打造，往往始于不经意之间。不敢自称《让你想不到的数学丛书》是精品佳作，但它的诞生确实出于偶然。

　　这套丛书的一些稿件，最初出自少儿科普刊物《我们爱科学》的专栏《智力加油站》。这一专栏开始于 2004 年，系杂志资深编辑项敏所约，本意是想向小读者介绍一些生活中的初级理财和金融知识。这类知识总共写了一年，很多内容现在看来早已过时落伍，比如邮局取款、手机缴费之类。一年之后，感觉这方面的知识已经写得差不多了，既然有些读者十分喜欢数学，干脆搞成一个纯粹的数学专栏。

最初开设专栏的时候，需要设计一个串场人物。因为读者以小学高年级学生为主，2004 年又是猴年，就决定选一个属猴的孩子，这样当年他就正好是 12 岁上六年级。根据这一特征，我让他的父亲姓王（随机选取的），让他的母亲姓侯（以便对上名字），他自然就叫"王晓侯"，那么小名也就应运而生——"王小猴儿"。

项敏是一位相当敬业的编辑，开专栏时我已创作多年，著述颇多，也算名气不小，但这些小稿却经常被她打回来两三次，让我反复修改润色。我与项敏有着超过 20 年的友谊，与我从事创作的时间一样长；事实上，项敏是我从事科幻和科普创作的引路人。我最早的科幻和科普作品就是经她之手发在《我们爱科学》上的。

没想到这一专栏一写就是很多年，王晓侯这个人物也就此固定下来。我曾经问过项敏，是否应该让他慢慢长大，比如每年长上 1 岁，但项敏说还是保持原样吧。于是，这个王晓侯就成了永远长不大的 12 岁孩子。而此时，我几乎已把他当作一个真实的邻家孩子了。

为了让王晓侯对数学的兴趣有个来源，我就让他的父亲做了大学里的经济学教授，而让他母亲做了一名金融工作者。按照王晓侯的话说，他们的"数学水平都非常了得"。同时，这又是一个民主气氛浓厚的家庭。在谈及数学的时候，王晓侯经常会和父母没大没小，玩笑、起哄。事实上，从最后完成的这些作品来看，主要演员还是王晓侯和他的父亲。他的母亲偶尔露脸出演一下，言行什么的倒是也都到位。

说实话，王晓侯自杂志时代起就深受读者欢迎。看到每期文后所附的题目，读者总是会踊跃寄来答案，也经常有些读者来信咨询。后来，我在网上还看到不少有关王晓侯的消息，至少有一次我看到有孩子想要听一听他父母的故事——看来，他们已经认可这一家人了。

前些年有一个事件，就是"80后"对中学英语课本中李雷和韩梅梅的共同回忆，由此诞生的歌曲也颇为感伤。我不敢让王晓侯自比李雷和韩梅梅，但他和他的父母确实也成了《我们爱科学》一代迷恋数学读者的记忆。

二、挚爱

有必要先陈述一下我对数学的深厚感情。

我的文学创作，还是以科幻小说为主，但同时我也创作了大量的科普作品。说实话，做科普实在是因为喜欢，目的就是为了把自己了解的科学知识用通俗易懂的语言讲述给不了解这些的读者听。因为我本人对那些有意思的科普知识，也是自幼就非常感兴趣。

而我尤其喜欢数学，真的十分喜欢，可以说达到了酷爱与迷恋的程度。

我承认，我的数学成绩其实一直不好。我不怪教育体制，不怪教学方式，也许我小时候还没有开窍，也许就是我缺乏耐力与恒心，所以我的数学成绩一般，对许多解题技巧也不能熟练应用。但是，我还是喜欢数学，无以复加地喜欢。这也是一个不争的事实。

在我看来，在这个世界上，数学之美，是无与伦比的，是不可替代的。

但我所接触到的人，很多都不喜欢数学。不要说作家，不要说文化工作者，就连我遇到的很多科普作家和科幻作家，就连很

数学中从不缺少美，而是缺少将数学之美进行表达与传递的人。有句话讲，热爱这片土地，创作才有根，作者正是挚爱数学，创作才有动力与灵魂。

多具有理工科背景的人，也都不喜欢数学。这就让我非常奇怪了。

数学那么美，为什么会有人不喜欢数学呢？我百思不得其解。而残酷的事实是——不喜欢数学的人远比喜欢数学的人要多上许多。

也许还是教育方式的问题吧——虽说我不是，但也许有些人是。不良的教育方式导致他们对数学产生厌倦，认定数学枯燥无味，伤神伤脑。其实，假如你真正揭开了数学的面纱，一睹其中的芳容，你就会发现：数学不但是最美丽的学科，同时也是最有趣的学科。

在高三那极为紧张的阶段，我曾经彻夜研究数学——不是课本上的内容，而是我自己发现的一些"课题"。当然，我做的都是正经的数学研究，而非那种民科式的胡闹。往往一演算就是一个通宵，兴奋无比，毫无倦意，如同打了一夜游戏一般，第二天照常上学听课。有时为了解决某个问题，我需要对更基础的问题进行研究；为了解决这个更基础的问题，我又需要先解决更更基础的问题……最后的结果就是，我独立推导出了很多从未学过的数学规律。当然我知道，我"研究"的那些课题，一定早已有人研究并得出过结论，只是我缺乏足够的预备知识罢了。我致力解决的那些难题，在中学时代我已经把各种初等变换用到了极致，但在学习了高等数学之后，只用几步便迅速解决了。

我还有一个习惯，就是在研究完这些问题之后，一定要用极简的数学形式把它们"凝结"起来，写成一个抽象优美的表达式。但一旦这样集成之后，时过境迁日子久了我自己都看不懂了，需要把它们重新展开才能明白。

这些研究主要集中在中学和大学期间。后来我仿照人们对马克思《数学手稿》的称呼，称这些资料为我的"数学手稿"，并保留至今。

后来对数学的钻研少多了，不是没有兴趣，而是没有时间，但那份热爱却丝毫未减。2003年，历时三个半世纪的著名难题"费马大定理"得以解决，我看到了北京师范大学数学系郝炳新教授周五讲座的通知。说实话"费马大定理"是我自幼就知道的数学难题，始终无比牵挂，如今得证的消息实在让我欣喜若狂。结果到了那天下午，我却因为应聘不顺而极度沮丧，几乎不想去听讲座了。幸亏坚持着去听了！听完之后，我激动得不能自己——与人类文明的伟大进程相比，我自己这点小挫折又算得了什么？

似乎越说越远了。其实所有这些都是想说，我实在太爱数学了。

不夸张地说，无论在哪个年龄段，无论我的创作成就如何，每当我站在图书馆的数学专柜前时，看到有那么多的数学知识我都还不懂，有那么多的数学学科我都没有学过，我都有一种抛弃现有一切重新去研修数学的强烈冲动。

三、责任

为什么要做数学科普？我可以说出很多理由，喜欢是一个重要理由，认为数学是对世界的精辟解读是另一个重要理由，此外还有许多其他理由，说起来个个冠冕堂皇。但那些大家都会说的不必我再重复，我说一个大家都未必会说的理由——那就是我不愿意让一些不负责任的作者肆意地欺骗读者和糟蹋数学。

下面不妨举一个很刺激我的例子。

现在写数学少儿科普书的人也不算少，但很多只是局限于数学游戏和一些解题技巧。我觉得这远远不够，所以在《"常识"真的不可》中，我给出了很多相对高端的数学概念，说起来有些深奥的概念往往要到数学专业硕士研究生甚至博士研究生阶段才会遇到,但我相信只要讲述得浅显易懂,孩子们还是可以领会和理解的。

这都没有问题,就算只有数学游戏或者解题技巧,也是少儿读物中的一股清流,非常值得鼓励。但是,有些出版物却不顾基本常识,粗制滥造,甚至胡编乱造,则让我十分不满。

那是在一个作者的 QQ 群里(当时还没有微信群),有人出了这样一道题——

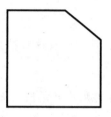

要求是添加一条直线,将图形分为两个三角形。

稍微有点平面几何知识的人,都知道这根本无法做到——除非加入折叠之类的因素。

然而他给出了答案——

这实在是无稽之谈!因为线段是根本不能有粗细的。

据说这是一道小学四年级的奥林匹克数学(简称奥数)题。

以我的常识判断,这不会是真正的奥数题。不错,小学奥数的存在,曾经让很多教育工作者争论得面红耳赤。我们暂且不讨论它的合理性与否，但只是觉得：但凡懂一点数学的人，都不会给出如此荒谬的答案。

那人是个编辑。当我指出这个问题的时候，他居然说"既然直线无粗细，有何不可？"我告诉他：无粗细的意思就是说：不能把细的做不到的事情，让粗的做到就算做到了。这属于基本概念与基本原则。

他不但不以为然，还振振有词——"你这种思维……我不认可，孩子的东西需要的就是出其不意"；"纠结于概念，纠结于原则，纠结于已知的范围，何来创新？何来想象力？概念是死的"；最后他干脆说："你别忘了，这是奥数题"。

这些说法实在荒谬，尤其是最后一句——就好像奥数是在数学之外似的！

我没想到还有这么无知的人。但这还没有完。最后，他居然表态说：你所禁止和不能理解的这种"错误"概念，很抱歉正是我想向孩子们传达的东西！而且，我会不遗余力。最后，他的结论是：认为我"可悲"。

我实在是无言以对。

看来奥数本身也许未必有错，但由于各种机构从众一般地追风赶潮，滥竽充数地灌输给孩子们诸多错误概念，这才是最为可怕的事情，实在让人不寒而栗。这种出版物真要交到孩子手里，岂非贻害无穷！

后来，我把上述对话，几乎原封不动地实录在王晓侯的一篇文章《直线不能有粗细》里。当然，后面加入了相关的数学知识。因已收入书中，在此恕不赘述。

但是这件事，更让我坚定做好数学科普的决心。尤其是让我意识到，这是一项责任多么重大的使命。

科学传播是一种社会责任，科学性是科学传播的首要标准。叶永烈讲过："特别是给孩子们看的工科数学作品，更应注意科学上的准确无误。"

四、来源

谈及具体的创作历程，这套书中有关数学知识的科普形式，主要可分为两类：《"常识"真的不可靠》里主要是上述高端新锐的前沿数学知识，《测测你的智商》里则是一些变形后的历史经典名题。

当然这只是大体分类，其实书中王晓侯的数学故事，很多都来自日常生活。当然也有不少文章，是我先有了题目，然后设计了生活场景；但还有不少文章，是我先在生活中发现了问题，然后用数学方法加以解决。

因为书中已有很多例子，在此不再一一列举。这里只说两个没有写进书里的例子。

有一次我在等人，在大厅里面踱步。踱着踱着，就开始在巨大的方格地里画圈。最后干脆把自己"囚禁"在一个九宫格里，我就在外围那八个格子里走来走去。这时我突然想到，假如我踱步的轨迹，是以中间方格中心为圆心的圆，那么在什么情况下，这个圆的圆弧才能将这些正方形的边等分呢？问题的解决其实并不复杂，回家我就列出方程得出答案。但令我惊讶的是我得到了两个解。为什么会这样？我稍一思考便恍然大悟：我只考虑到外分的情况，其实还有一种情况——可以交错地等分。

还有一次，我在某家连锁餐厅吃饭，主菜里的鱼是要刷酱的。按理说不同大小的鱼所消耗的酱自然不同，但餐厅给出的规则却让我感到不解——它是按重量而非表面积计费的。

于是我的偏执心态上来了，就非要认真计算一番不可。在将鱼大致看作圆柱体之后，我花了不少时间来计算，最后得出结论：按照餐厅的规则，老板多收了我几分钱。

我当然不是要和老板计较这几分钱，而且后来我也想通了：人家只能按重量而无法按表面积来计量——我只是想要把这个问题彻底弄个明白。

这里想说的是，事实上生活中无处没有数学，只是看你有没有发现的双眼。

在"让你想不到的数学丛书"当中，我举过不少数学学科中的数学例子，但同时也举过生活中数学的例子、历史中数学的例子，甚至还举过文学作品中数学的例子。

巧选适合青少年读者的素材，构建灵动的、有人文气息和生活气息的数学科普殿堂。

五、质疑

不是完全没有遭遇阻力。

介绍基本的数学知识，讲述有效的解题技巧，这些都会让家长格外高兴而不会引发反感，但在介绍到更前沿更高深的数学知识时，有些家长则会感到困惑甚至不满。

曾经有一位家长给我来信，声色俱厉地质疑我所讲述的无穷数学的例子。

在无穷的数学里，有很多"违背"常识的特征——比如无穷的量是可以比较的。当我们通过一番类比，发现无穷多的偶数与无穷多的奇数的数量是一样多的，我们姑且可以接受这一观点；但当我们通过一番类比，发现无穷多的偶数与无穷多的自然数的数量居然也是一样多的，恐怕我们就很难接受这一观点了。事实上在无穷的数学当中——部分可以等于整体！

但那位家长对此非常不满，她说这个知识点也许在大学的数学里是对的，但不应该教给小学生，这会引起他们思维的混乱。为此我回了一封很长很长的信。原信暂时找不到了，但大体意思我都还记得——

首先我把限于篇幅而没能详细讲述的数学知识更细致地讲述了一遍。

然后我谈了一些在这个问题之外的问题：

我告诉她，这个答案绝非脑筋急转弯式的抖机灵（这也是为什么我对上面那种鱼目混珠式的"直线粗细"之流深恶痛绝的原因，因为它们伤害了真正的数学，扰乱了读者的认知），而是能够严格证明的数学知识，只不过证明它所需要的数学知识更为艰深罢了。

我告诉她，也许很多小学数学老师不会讲到偶数与自然数的数目相等，但绝不会声称后者的数目比前者的数目要多，至少接受过教研的老师绝不会这样做。

最后我告诉她，有些知识我们不懂没有关系，但我们还是应该与孩子一起来学习——因为我敏感地猜到，她一定是在面对孩子的质疑时，无力反驳和解释了。

这件事深深地启发和教育了我——我所说的启发和教育，不是决定以后对这类问题的介绍应该更加慎重，而是深感必须大力推广和介绍这种真正的数学知识。

结果就是，《无穷和无穷谁更大》这篇文章，被我作为《"常识"真的不可靠》的第一篇。

结果就是，每当我在学校讲座时，只要讲座的主题是科普，只要听讲的对象是小学生，我都一定会专门讲到这一无穷比较的问题。

六、感悟

把一些简陋而枯燥的理论说教放在最后吧。只言片语，点滴感悟，仅供参考。

我觉得在创作数学科普的时候，至少应该做到以下几点——

首先，自己要懂，真的懂，否则就不可能清楚地讲解出来。当然所谓的"懂"，不一定非要懂到会推导具体公式，但至少应该明白基本原理。有些作者，虽然自己完全不懂，但从语言逻辑的角度照本宣科，同样也能把文章写得正确而漂亮——这自然也是一种本领，但还是不足取，至少在遇到读者提出问题时会无法应对。

其次，要把握好语言和故事，不是硬把知识插入其中。作为科普作品，需要优美的文字描述；这里的优美，不是指语言的华丽，而是指文笔流畅与逻辑清楚，言简意赅，思路明晰，这应该成为数学科普的基本底线。而所谓故事，也不是要让你构造出多么曲折精彩的复杂情节，而是要让它成为一个能够方便容纳知识的良好框架。

最后，不妨尝试着加入更多的东西。有些看似与主题无关的枝节，也可以加进来试试，它们不是废话，不是累赘，而是为了让你的作品更加富于生活气息，或者更具幽默感——小时候读过一本数学科普，讲述交通指示灯亮灭的排列组合，论及红绿黄三盏灯全都没亮一项，作者给出的解释居然是"人民警察没上班"，让我不禁莞尔，印象深刻。总之，有时候几点淡墨，颇能为整幅画卷增光添彩。

其实上述所言，不仅仅针对数学科普，其他学科的普及读物完全也是同样道理。就创作的基本操作而言，如出一辙，别无二致。

最后，还要借此机会表达一下我的谢意。

感谢项敏——没有她，就没有我创作这些文章的最初动因。

感谢杨多文——没有他，就没有这套丛书的问世。

作者的三点感悟正对应着科普作品的三性，即科学性、艺术性和趣味性，好的科普作品三者缺一不可。

感谢中国科普作家协会——没有协会的赏识和认可，丛书就没有获奖的可能。

也感谢中国科普研究所——因为这次评介工作，我才有机会展示自己创作的心路历程。

当然，最应该感谢的还是广大的读者——感谢他们阅读并喜欢这套丛书。

编者：张志敏

作者简介

星河：北京作家协会专业作家，主要从事科幻创作，中国科普作家协会常务理事。

14. 你所陌生的另一个美丽世界：多彩的蘑菇

□ 图力古尔

【提要】

改革开放以来，出版了有关药用菌、食用菌、毒蘑菇以及地区为特色的志、图谱等科学图书，丰富了蘑菇研究的内容，同时也为民众认识和利用蘑菇资源起到指导作用。但是，从科普的角度来说，缺少一本图文并茂、适应现代人阅读需求的蘑菇科普读物。科普作品要求科学性，但更强调可读性；科普作品有别于学术专著，创作时要注意读者的获得感。

我们眼前的生命世界一直以来被简单解读成二元结构，即动物和植物，动者动物，静者植物。专业以外的人士几乎很少注意到除了动物和植物还有一个多彩的世界，那就是蘑菇。中国人对蘑菇的认识和记载由来已久，据《中国史稿》记载，6000年前仰韶文化时期我们的祖先们就开始采食蘑菇。在后来的《神农本草经》《本草纲目》等经典本草著作中也都记载许多种蘑菇。蘑菇（mushroom）指大型真菌，分类学上属于真菌界担子菌门（Basidiomycota）和子囊菌门（Ascomycota）。蘑菇种类繁多，仅在我国已经被记载的就有4000种左右，其中以肉质的伞菌为主，还有多孔菌、胶质菌、齿菌、珊瑚菌、腹菌及部分子囊菌等，是个庞大的生物类群。蘑菇具有很好的食用、药用价值，同时也在自然界起到其他动植物所不能替代的生态学作用——物质分解作用。

一、本书的写作意图及主要内容

中华人民共和国成立以后，尤其是改革开放 40 年来，随着国力的增强，广大科技工作者投身到蘑菇研究，出版了有关药用菌、食用菌、毒蘑菇以及地区为特色的志、图谱等书籍，丰富了蘑菇研究的内容，同时也为民众认识和利用蘑菇资源起到指导作用。然而，却缺乏一本图文并茂、适应现代人阅读需求的蘑菇科普读物！本书是作者 15 年中 80 余次在中国、日本、韩国、俄罗斯、蒙古等国家在内的东北亚地区进行野外考察所得的第一手照片精选而成。独特的原生态照片和简洁的文字说明，直观而生动地介绍了蘑菇的形态特征、生长发育、生态分布，让读者得以了解和观赏丰富而多彩的蘑菇世界。1000 余张照片，500 多种蘑菇，生动而形象地诠释了生物多样性的价值和意义。向读者展示东北亚地区丰富的真菌生物多样性，是一本既有专业水平又有科普价值的高级科普读物。内容涵盖了蘑菇的各个类群，图文并茂，通俗易懂，让人心情愉悦地了解蘑菇，读懂蘑菇。

本书记载的蘑菇涵盖了蘑菇的所有大类群，即伞菌、多孔菌、腹菌、子囊菌、黏菌等，像一本蘑菇百科全书，已在中国和韩国发行中文版和韩文版。所有在书中讲到的蘑菇种类及其相关的内容都有相应的清晰而精美的图片说明；所有的 1000 多张图片均是作者拍摄，而且尽量保留了蘑菇生长的原始生态环境特点。

编者语：

科学工作者的野外科学考察经历越丰富、涉及的地域越广泛、接触的专业越多、观察到的自然现象越复杂、进行科普创作的基础就越雄厚，写起来就会得心应手，触类旁通的基础就越雄厚。

二、本书的创作经验及点滴体会

科普作品比较难写，我认为科学家们不一定都会写科普作品，尤其是好的科普作品。

1. 科普作品不能写成教科书

科普作品也要求科学性，但是更强调可读性，因此，在内容的安排上一定要循序渐进，从宏观到微观，简洁概要地介绍蘑菇的相关知识。比如第一章总述蘑菇在生命世界中的分类地位、历史上对蘑菇的认识和利用，以及蘑菇在自然生态系统中的物质分解等生态作用；第二章在介绍蘑菇的一般特征时，采用肉眼看到的蘑菇的宏观特征如形态、颜色和显微镜下观察到的微观特征的比较方式，使读者学会用专业的眼光观察蘑菇。

2. 科普作品有别于学术专著

本书与专著或图志不同，以图谱的方式介绍的蘑菇种类有500多种，原生态照片一定做到完整、漂亮、吸引人，在此基础上附上蘑菇的中文、拉丁文名称和所属的科名，以及简要特征描述，鉴定准确，描述深入浅出。如本书第四章（蘑菇的主要类群），充分展现了蘑菇的多样、多彩的特点，达到传播蘑菇知识的目的。

3. 科普作品要注意读者的获得感

不能讲纯理论，要潜移默化地讲述作品的实用性，如蘑菇的经济和实用价值。第六章（蘑菇的经济价值）主要介绍了重要的和常见的食用、药用真菌的鉴别特征和利用价值等，进一步了解蘑菇的"多用"性；第七章（毒蘑菇家族）涉及了容易混淆误食的蘑菇种类、识别要点等，十分实用。

总之，本书是一本集科学性、趣味性、实用性为一体的科普

科普作品不是教科书，它需要通过类比、联想、对照等方式，让人理解科学发展的脉络和各类科学知识之间的关联，而这种理解的过程正是对人思维能力的极好锻炼。

科普作品要求学理性和通俗性兼备，要抓准读者的需求，做到深入浅出又明白晓畅。

读物。基于此，中国菌物学会原理事长、中国工程院李玉院士为本书的序言中指出：我们科学普及的行列中需要这样的图书；我们菌物科学的教育中需要这样的图书；我们菌物学后继者的求知路上需要这样的图书；我们渴望亲近自然的孩子们需要这样的图书；我们已有所成的科学家们更需要书写这样的图书！

编者：姚利芬

作者简介

图力古尔：农学博士，蒙古国自然科学院外籍院士，吉林农业大学二级教授，菌物科普作家。

15. 如何写好一本科普读物

□ 卢大明

【提要】

　　书是给别人看的，不是留作自己欣赏的，因此无论内容还是书名都要符合读者的胃口。在创作科普作品时，要明确这本书是为什么样的人群准备的，根据他们的心理特征和兴趣爱好，投其所好；要杜绝科学常识错误，否则将会误导人的一生甚至几代人；要充分考虑孩子们对各种发明技法的接受程度，尽量把专业术语转换成容易理解的语言进行描述。

　　我写了一本书，书的名字是《发明不是梦》。为什么要写这样一本书呢？

　　大家都知道，创新能力是民族进步的灵魂，是祖国强盛的核心。作为祖国未来的接班人，青少年必须具备一定的科学素养和创新能力才能挑起这个重担。基于此，《全民科学素质行动计划纲要实施方案（2016—2020年）》中明确提出要加强对青少年科学素质的培养。为此，中华人民共和国教育部联合中华人民共和国科学技术部、中国科学技术协会、中国共产主义青年团、中华人民共和国国家知识产权局等9大部委共同举办了每年一届的"青少年科技创新大赛"，旨在通过这个活动激发青少年对科学的探究意识和创新能力。在这个背景下，全国各地的学校纷纷响应，掀起了一场声势浩大的青少年科技创新活动的热潮。通过多年的打造，这项活动已经形成了我国科技教育的一大特色，在校园、在师生心中深深扎下了根。

到 2010 年为止，全国青少年科技创新大赛已经连续举办了 25 届，遗憾的是在全国范围内一直没有一本系统指导青少年进行发明创造的书籍。鉴于这个现状，结合我在学校从事科技教育 30 多年的经验，利用手中积累的数项发明创造成果，以及指导学生开展发明创造活动的大量第一手资料，开始着手整理撰写这本书。经过两年多的构思、文稿整理、照片筛选、图例绘制、章节布局等一系列工作的筹备，终于在 2012 年底初稿成形。2013 年初通过朋友推介，书的初稿被转送到了科学普及出版社编辑李红老师的案头。李红老师详细审阅了书稿后，认为此书写得不错，既有完整的发明创造理论，又有大量翔实的发明创造案例。尤其是以孩子们喜闻乐见的讲故事方式，将枯燥的理论和专业案例化为无形，让学生们很自然的接受到了知识，从书的内容和形式上来看很适合青少年使用，对于指导青少年开展发明创造活动有参考价值。

《发明不是梦》这个书名是经过反复斟酌才确定下来的。书名如同一个人的名字，既要好听，又要好记，要雅俗共赏，更要有内涵。当然，书名一定要与内容相吻合，让人看到书名就能对书中所描述的内容有一个美好的联想。人们普遍认为发明创造很难，发明创造需要渊博的知识，需要日积月累的经验，甚至有人认为能够发明创造的人必然具备一种天赋，只有发明家和科学家才能做得到，不是一般人所能企及的。基于多数人的这种认知误区，我认为非常有必要通过书名明确地暗示给读者：发明并不神秘，哪怕是一个很平常的人，只要读完这本书，就能掌握发明技巧，发明创造就会在你的手中轻松实现，用不了多久，也许你会成为被人仰慕的发明家。

书是给别人看的，不是留作自己欣赏的。因此，无论内容还是书名都要符合读者的胃口，不能仅凭自己的喜好而武断地确定书名。为此，围绕这本书的中心思想，我设计了几十个书名，通过反复比较，把我认为最中意的十个书名拿到学生中间进行"民意测验"。因为这本书是给青少年看的，他们是最大的受众群体，他们最有发言权。通过全校 1000 多名学生的独立投票，80% 的学生选择了《发明不是梦》这个书名。根据这个投票结果，我毫不犹豫地确定了这个书名。

为书起名既是一种艺术，更是一种心理战术，书名在紧扣书中内容的前提下，还要考虑读者的心理状态。要让喜欢发明创造的读者从书名中就能感受到发明并不神秘，发明也有捷径，窍门就在书中。通过对购书者的随机调查得知，是这个书名吸引了他们，书名确实起到了助推的作用。很多孩子和家长普遍认为：到书店给孩子买书不可能逐页翻看，主要从书的名字和摘要进行判断，是不是适合孩子使用，能否让孩子轻松学会发明。多数购书者表示，从《发明不是梦》的书名来看，发明创造也许真的不难，买一本看看，也许对孩子会有所启发。由此可见，给书命名不可草率！

不过，书名再好，如果内容名不副实也是徒劳的，不会得到读者的认可，一本真正的好书关键还是要看其内容和写作技巧。在专家眼里，一本书的优劣是由一系列评价体系所决定的，涉及十几项评判原则；而在读者心中，评价标准却只有一个，那就是"吸引法则"。常言说，一人难称百人意。面对口味不同的众多读者，一本书如何能吸引读者呢？如何让更多的人关注这本书呢？这就需要作者在写书之前做好足够的准备工作。首先，要明确这本书是为什么样的人群准备的，一定要了解这些人群的心理特征和兴趣爱好，只有投其所好读者才会买你的账。我从事一线教育

书名的好坏，读者最有发言权。《发明不是梦》是写给学生看的，因此，作者将多个备选书名拿给学生，请学生挑选他们最喜欢的书名。这一做法具有很强的实践意义，值得其他作者借鉴学习。

科普图书创作，应坚持"内容为王"原则。北京师范大学新闻与传播学院的一项调查发现，网民在选择图书时最看重"内容"，其次还有"作者、书名、封面与装帧设计、出版社、开本大小"等因素。

工作将近40年，几乎天天和学生们打交道，可以说非常了解孩子们的心理特征和兴趣爱好，知道他们喜欢什么、需要什么，利用我熟知的教育心理学来指导撰写这本书应该不会跑偏。

其次，要确定一下你想写的这本书是否有需求，书为需而生，借以独相传。没有需求的书籍，写得再好也将无人问津，即使有人看，也许寥寥无几，达不到书籍应有的宣扬教化作用。

再次，在写书之前还有一项必不可少的工作要做好，那就是调查研究。通过各种渠道了解一下你想写的书是否已经有了类似内容的书籍出版发行，如果有，尽量回避。如果实难避开，就要另辟蹊径，从另外一个视角去阐述观点，以新颖的理论为支柱，采集翔实的案例做引证，运用独特的写作技巧完成整部书的创作，让人读后眼前一亮，这样的书才会赢得读者的认同。这就如同摄影一样，都是拍黄山景色，有人表现的是黄山日出；有人描写的都是黄山云海；还有人突出的是黄山迎客松。虽然视角不同，技法有别，只要抓住神韵，拍出光彩，最终给人的感觉应该是黄山很美，都能赢得观众。如果确认没有类似的书籍出版，也不要掉以轻心，更要细心谋划精心布局，争取一炮打响。

最后，写书最大的忌讳就是急于求成，急则生败。尤其撰写科普读物更不要操之过急，要十分慎重。这类读物可能会涉及很多科学知识和科学逻辑，科普书籍的作者肩负着传播科学知识、弘扬科学思想的重任，如果由于作者一时的疏忽可能会向读者传输错误的科学信息，给读者甚至给社会造成不可弥补的影响。在著作中引用科学知识的时候，不要盲目信任某个网站中的信息，要采取多方求证反复比对的方式，哪怕一个极小的知识点或是一个名词也要认真核对，在确保科学知识无误的前提下才能确稿。我在撰写《发明不是梦》这本书时就曾出现过这样的情况，在书中涉及一个名词："直升飞机，"我很小的时候就从书中接受了

科学性是科普工作的立命之本，科普图书创作必须要确保内容的科学性。对于求知若渴的青少年来说，一本错误百出的科普图书，将为他们带来难以估量的危害。

这个名词，在我的脑海里深深地打下了这个烙印，几十年来没有变过，从来没有意识到这个名词是错误的，而且还被引用到书稿中。当我把书稿拿给我国的著名科学家、科普作家张开逊先生指导时，老先生一眼就看出了其中的错误，这种飞行器应该称之为"直升机"，而不是"直升飞机"，虽然只有一字之差却有可能导致错误的科学定义，在科普读物中一定要杜绝科学常识错误，否则将会误导人的一生甚至几代人。

《发明不是梦》这本书既是科普读物，又是一本具有实用性的工具书，对于发明创造零基础的青少年而言，可以起到开蒙与指导作用。通过阅读此书，让他们懂得什么是发明创造，发明创造需要掌握哪些技巧，如何让自己的发明梦想成为现实。因此，这本书具有科学普及与指导实践的双重功能，若将二者不留痕迹地融会贯通并让读者产生兴趣确实不是一件容易的事情，也是写作中最难把握的。从内容来看，这本书讲的是发明创造，究其核心，讲的其实就是两个字——创新。这也就意味着，这本书的核心内容与写作手法要做到内容与形式的高度统一，内外兼修、相辅相成，用恰当的写作方式剖析发明创造，用新颖的逻辑解读创新思路，给读者一种不落俗套甚至犹如"开天窗"般的感觉，这样的书才具有收藏价值。

发明创造是一门理论性很强的综合学科，涵盖数、理、化及图纸设计等十几个学科，涉及几十种发明技法，光是名词术语就多达几百条之多。尤其是必不可少的讲授内容还包括发明创造的三种能力训练，四项评选标准等多种技术要求。如果按照常规进行系统地讲授发明创造理论，别说学生们会感到深奥难懂，一脸的茫然，就算成年人也会觉得枯燥乏味，缺少吸引力。如何打破这个瓶颈，让中小学生都能够看懂、学会并对发明创造产生兴趣呢？

科普图书创作应当尽可能打开思路，充分考虑读者对象，注重旁征博引、深入浅出，融合新媒体时代的表现形式，创作主题鲜明、内容丰富、构思新颖、活泼生动的科普作品。

按照常规，要想系统的学习发明创造必须要有一定的知识和理解能力作为基础，而中小学生的知识有限，况且从小学生到高中生的年龄跨度很大，知识层面和理解能力参差不齐，要想让孩子们都能理解并消化发明创造所涉及的知识是一件非常不容易的事情。讲得太深了，低年级的孩子不能理解；写得太浅了，高年级的孩子看了乏味，只靠一本书很难顾全小学、初中、高中的不同学段，更别说达到因材施教的目的。围绕这个无法回避的现实，经过反复思考和大量的课堂实践，我尝试了多种方式的授课模式，听取了各个学段多达几千名学生反馈上来的不同信息，最终我选择了大家都能接受的一种写作方式：讲故事！通过妙趣横生的发明故事把复杂的问题简单化，把深奥的理论通俗化，把枯燥的过程趣味化，让孩子们在故事中了解发明，学会发明。

万事开头难，写书也是如此。如果一本书的开篇就能紧紧抓住读者的心，让他们一直跟着作者的思路饶有兴趣地读下去，后面的事情就好办了。围绕科普读物的属性和面对小读者的年龄特点以及孩子们的关注点，我在书的开篇讲述了一个关于猴子模仿人类活动的故事。通过生动有趣的故事情节和诙谐幽默的语言表达，展现了一幅猴子通过模仿人类的行为，最终也能够完成发明创造的美丽画卷，一下子就把孩子们拉进书中。当他们看完这个故事后，几乎所有孩子都会意识到，连猴子都能模仿人类搞出发明来，我当然也行。正是在这种好奇心理的驱使下，孩子们非常渴望知道下一个故事讲的是什么，又会发生怎样的事情，这样会让他们迫不及待的一个故事接着一个故事的看下去。我正是把握了孩子们的这种心理，把一个个发明想法、发明思路、发明过程和发明成果通过孩子们喜闻乐见的一个个小故事的形式展现出来，让他们在阅读故事的过程中不知不觉的学到了发明知识，了解了发明规律，掌握了发明技巧，循序渐进地学会了发明创造。

以讲故事的方式进行创作，是最贴近读者心理的方法。读者会跟随情节的展开，将作品依次读完，作品中蕴含的科学精神、科学知识、科学思想、科学方法等也在无形中走进读者的心里。

学习发明创造仅凭掌握了理论和技法还远远不够，更重要的是需要动手实践，用实践来检验自己的发明设想是否成立。为此，我在一些发明创造的故事后面留下一些思考，鼓励孩子们根据故事内容，尝试一下看看是否能够制作出同样的发明作品。当孩子们在家长或是老师的帮助下，真的仿制完成一件小发明时，他们那种兴奋的心情是可想而知的，这种成功的喜悦会让他们坚信自己的创造能力，必然会积极主动地瞄准下一个发明目标。

发明创造绝不等同于简单的模仿。完全模仿不是发明，充其量只能定义为"小制作"。只有区别于他人的作品，目前在这个世界上还没有出现过的才能称之为"发明"。创造学的原理告诉我们，模仿别人的发明是初学者必须经历的一个过程。这个过程是学习借鉴的过程。在这个过程中，会逐渐提高自己的动手能力和创新意识，对发明创造的真谛会有一个更加深入的理解。在模仿别人的发明过程中，只要认真观察就会发现：任何一项发明都会或多或少的存在这样或是那样的不足甚至缺陷，只要改进这些问题就是一项新的发明，这就是在发明创造过程中经常使用的一种技法："改进型发明法"。书中的每个故事都蕴含着不同的发明技法，只要通读这些故事并认真体会就能学到各种发明技巧，按照故事中的发明过程加以动手实践，就会逐渐熟练地掌握发明创造的规律和各种技能，让发明梦想通过自己的双手变成现实。在撰写这本书时充分考虑到了孩子们对于各种发明技法的接受程度，尽量把专业术语转换成容易理解的语言进行描述，把复杂的案例简化到他们可以想象到的地步，让他们在学习发明创造的过程中始终看到希望，只有看到希望的事情人们才会产生兴趣，才愿意去努力追求。

我在写《发明不是梦》这本书时，始终把握着"兴趣"这条总体原则，心中念念不忘的是孩子们的年龄特点和他们的兴趣爱

科普创作不同于科研，不必大量涉及专业术语、符号、数据及试验细节，科普作家应懂得"化繁为简"，用读者能接受的、喜闻乐见的方式进行创作，以此激发他们的阅读兴趣。

好，以孩子的心态去思考问题，用老师的阅历来书写文章，和他们心贴心写出来的书才能让孩子们产生兴趣。我非常赞同这句话：兴趣是获取知识的桥梁，知识就在桥的另一端，从孩子们自愿踏上这座桥的那一刻，已经注定，知识即将被他们揽入胸怀！

我只是一名普通的中学教师，在著书立说以及发明创造方面没有什么高深的理论知识和骄人的成就，只因自己对发明创造的热衷，心甘情愿在青少年科技教育这方沃土上静静地耕耘了几十年，尽最大所能指导学生获得了数以千计的省市级和全国创新奖及国家专利，虽无轰轰烈烈，倒也问心无愧。自知已过天命之年，不再争强，怎料想那一年被评为"全国十佳优秀科技辅导员"，这个荣誉称号的获得犹如给我注射了一针"兴奋剂，"莹莹之火再被点燃。也罢，再拼一次，把积累多年的发明感悟和教学经验梳理一下，写一本书吧，让更多喜欢发明创造的孩子们少走些弯路，也算是对自己、对青少年科技教育事业一个圆满的交代。

编者：邹贞

作者简介

卢大明：天津市蓟州区燕山中学教师，中国发明协会会员、天津市青少年科技教育协会理事。

16. 播种银杏，普及知识
——《听伯伯讲银杏的故事》创作感想

□ 郁万文　周统建　蔡金峰

【提要】

　　少儿科普读物不应该板起面孔告诉孩子们一个个的科学知识点，而应该和他们平等交流；从孩子们观察事物的角度入手，采用平实通俗的语言，多用比喻、想象等手法，尽量设置有趣的情景，回避专业术语；阐述知识要通俗易懂，以引起小读者的兴趣。

一、为什么要写这本书（化于心）

　　作者记得，小时候家乡村头有一棵大银杏树，树干又粗又直，树冠像一把大伞。它究竟有多大年龄呢，没有人知道。每年银杏树都结出很多白果，常常用火烤着吃，清香细嫩，令人垂涎。上大学接触到银杏后，作者渐渐入了迷，并把研究重点放在了银杏上。对银杏了解越多就越喜爱它，研究越深也就越敬畏它。如何让更多的人喜欢银杏，热爱银杏，研究银杏，受益于银杏？如何让更多的小朋友了解银杏，喜爱银杏？经过多年的研究积累，作者先后出版了《中国银杏》《中国银杏志》和《银杏》（画册）等著作。作者越想越觉得有必要在这些书的基础上，再出一本图文并茂的有关银杏的少儿科普读物，与可爱的小朋友们

编者语：

　　科学家在科研第一线积累的研究成果转化为科普作品，他们就成了科学传播第一发球员。

一起，分享其中的科学知识和无穷乐趣。于是，就有了创作《听伯伯讲银杏的故事》的构想。创作前，作者与相关老师聊起这件事，大家也觉得值得做，并且也认为有很多的趣味点可以写。

完成一本有关银杏知识的少儿科普读物的想法时时萦绕于脑海，可是说起来容易做起来难，作者和身边的老师都是多年从事高等教育和林业科学研究的，对于少儿科普读物的创作可以说是一片空白。好在有出版过《中国银杏》《中国银杏志》《银杏》（画册）的基础，又悉心向相关的专家请教，并且认真地阅读、参考了大量的少儿科普读物，更重要的是大家都有一颗热爱银杏、热爱孩子的心。10多年来，作者组织了30多位林学、绘画、儿童文学创作等方面的专家学者，在充分凝练《中国银杏》《中国银杏志》《银杏》（画册）等著作中的重要科学知识基础上，借助儿歌、故事、漫画、照片等原创素材，以知识漫画为理念，寓科普知识于漫画故事，力图在趣味中引导孩子热爱科学、热爱大自然。

编写和绘图工作是在炎热的暑假里进行的。创作之初，大家统一了认识：少儿科普读物不应该是板起面孔告诉孩子们一个个科学知识，而应该和孩子们平等交流；写作要从孩子们观察事物的角度入手，采用平实通俗的语言，多用比喻、想象等手法，尽量设置有趣情景，回避专业术语；阐述知识要通俗易懂，以引起小读者的兴趣；一本成功的少儿科普读物，同时也应起到对成人进行科普教育的效果。这本书凝聚了每一位编委的辛勤劳动，有时为了说清楚某一个故事所涉及的知识点，创作者们易稿数次。特别是卫欣老师和他的助手们，为给每个故事绘出富有童趣的插图，反复琢磨，熬过了多少个不眠之夜。这本图文并茂的少儿科普读物的完成，为普及银杏知识做了一件有意义的事，大家都感到很高兴。编者们能为小朋友们认识银杏、热爱银杏做一些事

写给儿童的书，要综合考虑他们的接受特点，审美取向，既能让他们认识生活，理解科学，也能给他以精神的滋养。科普读物精神的滋养，更体现在对儿童科学兴趣的培养，好奇心的激发，引导他们对大自然有热爱和敬畏之心。

儿，就心满意足了。

二、科普作品内容的科学性（精于业）

选择银杏为科普作品创作对象，具有极强的典型性和代表性，作者以讲科学为核心立场，同时览古今通中外，注重文学、美学、社会学的渗透，充分展示了中华民族的传统文化。全书以银杏核心知识点为架构，从孩子们观察事物的角度入手，精心设计了 50 个生动有趣的故事，把银杏知识讲得活灵活现。20 多年来，曹福亮教授领衔的课题组以银杏为研究特色，先后取得了一批创新性成果，出版了《中国银杏》《中国银杏志》《银杏》《银杏资源培育与高效利用》等专著，为银杏科普作品的创作、银杏科学知识的普及奠定了坚实的基础。特别是项目组在银杏基因库、良种选育、培育技术、综合开发利用和银杏森林公园建设等方面所取得的科研成果，为该作品的创作提供了丰富的素材，使作品更好地体现了科学技术前沿动态和发展方向。

三、创作手法及表现形式的创新性（巧于形）

该书在兼顾读者需求的同时，重点围绕少儿读者的特征进行了选题内容、表现形式等的创新，并采用了全媒体的时新手段，淋漓尽致地展示了银杏的"新、奇、实、美"。科普专家认为，给少年儿童讲科学，一个动听的故事远胜于单纯的说教。作品打破了少儿科普类读物延续的成人化编写模式的传统，在设法去除孩子们阅读障碍的同时，重视"原始创新"，采用儿歌、故事、照片、漫画多种元素的结合及卡通漫画的形式，将文字表述同新鲜活泼、幽默风趣的画面巧妙组合，形成了一个

故事化表达尤其适合青少年。科普读物要远离教材枯燥生硬的通病。

个涵盖知识点的生动故事，激发少儿的阅读兴趣与信心。一方面，作品将科学知识融入原创故事。从孩子们观察事物的角度入手，多角度把握少儿读者的阅读心理，把银杏知识点创作成50个生动有趣的故事。通过引人入胜的故事情节，少儿化的活泼对白，结合探险、游记的场景，充满"悬案"的情境，激发少儿读者探索科学的好奇心和想象力。另一方面，科学知识与文化艺术结合。采用漫画、动画等艺术手法，展示银杏知识点，注重文学、美学、社会学的渗透，既有对银杏的客观描写，又融入审美理念创作银杏形象。

在表现形式上，一方面用对话故事的形式讲述银杏奥秘。从孩子们观察事物的角度入手，多角度把握少儿读者的阅读心理，以伯伯向小金果讲故事为线索来编辑，中间穿插古今中外的新奇现象，把银杏知识创作成"银杏夫妻树""皇帝与银杏""诗人与银杏""银杏与长寿"等50个生动有趣的故事，活灵活现地展示银杏知识，满足了青少年的好奇心，让科学变得平易近人。另一方面用艺术形式展示银杏科学技术知识。作品采用了原创故事、原创儿歌、原创漫画、经典散文、经典古诗、名家作品和汉画像砖、原创动画片、原创电视片等多种表现形式，寓教于乐，把银杏故事情节分解创作成一幅幅动画场景，诱发孩子对科学技术的兴趣，增进孩子对科学概念和本质的认识。采用儿歌、漫画、动画、电视片、国画、书法、诗歌、散文等多种艺术手法，准确、清晰地提炼银杏科学知识点，原创性、综合性地普及银杏的起源、历史与分布，以及药、膳、果、材、人文、旅游、景观，堪称是对银杏的百科全书式的介绍。在增长科学知识的同时，充分调动小朋友的动脑能力进而激发小朋友爱自然爱生活的热情。

四、创作编辑难度

（一）故事创作

科普作品是内容的科学性、形式上的故事性、语言的通俗性三者巧妙结合的整体。科普故事创作中要用少儿语言把科学知识表达出来，对于长期从事科研工作、习惯科学思维训练的人员来说的确有一定的难度。为了克服这个难点，创作人员集思广益，还针对性地请中小学生进行试听，只有小朋友能够听得懂的故事，才算过关。此外，为每一个故事想一个好的开头，给每一个故事中的人物设计场景、情节、对话等也是故事编写工作的难点。

（二）漫画制作

该作品知识性强，漫画创作要以科学性为基础，漫画创作者必须阅读和消化大量的资料。在画面处理上，兼顾科学性与趣味性，充分考虑树木形态、房屋建筑、地形地貌等的本质特征，不宜过度的简化与夸张。漫画内容一般比较短，往往只有三言两语，而本作品的故事情节完整，因此在选择典型画面时，具有难度。照片与漫画的有机结合，有利于画面的艺术效果，提升读者的阅读兴趣，但增加了后期设计制作的难度。该作品的漫画创作经历了人物造型、动作设计、场景选择、草图绘制、勾线拷贝、扫描填色、后期制作等相关步骤，历时半年之久。

难能可贵的是，《听伯伯讲银杏的故事》作品的示范，带动了《植物"活化石"》《中国银杏品种图鉴》《中国名书名花名鸟》（银杏部分）、《新农村实用科技知识简明读本》（银杏栽培技术图说篇）、《银杏丰产栽培实用技术》《银杏——探索银杏的健康奥秘》等10余部后续科普作品创作，促进了我国林学类科普作品

科研人员写科普要做到三个转换，一是语言由专业术语转为通俗语言；二是角色从科学家到科普作家的变换，三是对象由业内同行转向普通公众。

绘画插图是当下科普图书广泛使用的艺术形式，科普作品中的绘画插图还有科学性这一衡量标准。绘画插图对读者影响越大，对其科学性要求也越高。

创作的发展。相信此书的出版，将帮助那些爱思考、爱科学的少年儿童进入属于他们自己的科学殿堂。

编者：张志敏

作者简介

郁万文：南京林业大学林学院副教授，博士，主要从事经济林培育的教学与科研工作。

周统建：南京林业大学高等教育研究所所长，副教授，博士，主要从事高等教育及大学文化研究。

蔡金峰：南京林业大学林学院讲师，硕士，主要从事经济林培育的教学与科研工作。

17. 探索讲好航天科学故事的新路

——《航天·开发第四生存领域》创作体会

□ 庞之浩

【提要】

　　以讲故事的方式来介绍科学知识，可以克服科普作品"枯燥无味、生硬说教"的通病，使作品生动活泼、引人入胜。在章节设计、目录标题等方面常常要经过多种形式的打磨，不断浓缩，凝聚精华，同时要与时俱进，更新内容，争取做到"构思新、故事新、写法新、语言新、图片新"，并根据读者偏好，调整写作方向，以期最大限度满足读者阅读需求。

　　《航天·开发第四生存领域》是《故事中的科学》系列丛书中的一本。整套丛书 11 本，是"十二五"国家重点图书。为此，电子工业出版社组织我和其他作者，以及一些老科普专家和编辑，在一起对选题和创作方式等进行了反复策划和研究。我们首先达成了一个共识，就是以讲故事的方式来介绍科学知识，创作这套科普丛书。因为这样可以使作品生动活泼、引人入胜，克服以往科普作品存在的"枯燥无味、生硬说教"的通病。整套丛书在创作要求上有新意：既要有科学的内涵、文学的包装，又要有美学的点缀、哲学的思考。实践证明，采用这种方式的效果是不

编者语：

　　故事化思维对科普创作是一种极其重要的能力，拥有这种思维，经常能收到"四两拨千斤"和"化石成金"的效果。

错的，读者喜闻乐见，雅俗共赏。

在确定创作方针后，对于写哪些内容、聚焦什么题目、整书如何设计、怎样与众不同等一系列创作的具体环节上，我进行了多个回合的深入且广泛的探究，包括与其他作者、编者积极而热烈的讨论，以碰撞出灵感火花并相互借鉴。我首先采用头脑风暴的方式把能够想到的航天科普创作的主要内容、相关题目、编著方式等都一一罗列出来，让大家来品头论足，然后我去粗取精、不断浓缩，最后确定写载人航天的故事。

这是因为航天技术往往给人以"高、大、上"的印象，读者一般都感到十分神秘。然而，在航天科技的各个领域中，载人航天技术又比较特殊，由于有人参与，所以故事比较多，是公众最感兴趣的话题，尤其是航天员的衣、食、住、行与众不同。他们在太空不仅一天可以看16次日出，而且人人都像有轻功一样在舱内随意漂动，甚至能出舱活动，完成复杂而危险的太空任务，等等。

天壤之别使航天员生活和工作在不一样的世界，以至于具有不一样的感受和收获，因而在这一领域发生了不少鲜为人知的故事，采用了大量先进的科学技术。它们有的可歌可泣，对大众的精神生活具有很大影响，例如，宇宙中的"哥伦布"加加林勇闯太空，以及激励许多人奋斗的中国载人航天精神；有的则直接推动人类社会的发展，改变了人们的思维和生活方式。所以，写载人航天的科学故事是比较能吸引读者眼球的。由于载人航天故事很吸引人，所以出版社把我这本列为丛书中的重头戏。

经过反复思考和征求意见，我把书名定为《航天·开发第四生存空间》。因为刚开始我一说出这个书名时，在场的一些作者和编者就产生了较大的反响，大家感觉这个书名别开生面，十分新颖，使人兴奋。另外，它能使人类的眼界更开阔。

俗话说，天高任鸟飞，海阔凭鱼跃。人类一直在不断努力扩展自身的生存空间，其活动范围经历了从陆地到海洋，从海洋到大气层空间，再从大气层空间到太空的逐步发展过程。人类活动范围的每一次扩展，都是一次伟大的飞跃，增强了人类认识和改造自然的能力，促进了生产力和社会的发展。

历史上，远洋航海技术的兴起，导致了世界贸易的发展、世界市场的开辟和近代科学的一系列成就，开启了一个"全球文明"的时代。当今载人航天技术的兴起，则使人类走出了地球摇篮而到达浩瀚无边的太空，开始了"太空文明"的新时代。在这个时代中，地球是人类生存之本和一切物质财富之源的断言已显得过时，而宇宙空间以其无穷无尽的宝贵资源吸引着日益增多的人们去开发它和利用它。人类到太空遨游、到月面考察，这与征服海洋，到达大气层相比，时间更短，空间更广，因此，任何技术一旦与载人航天活动相结合，其功能和效率能大大增加。所以，《航天·开发第四生存空间》这个书名很大气、很科学，也很通俗、很独特。

书名确定后就是各章节的设计。这次我采用了类似航天工程的总体设计方式，进行了全面考虑，然后分步实施、不断修订、最终定稿，尤其是在目录的设置上下了比较大的功夫，避免后面再作大的改动。我先敲定了一个章节较多的大目录，然后再通过反复推敲、优中选优的方式逐渐浓缩出精华部分。其标准是：重要事件、重要人物、重要技术、重要领域、重要影响、重要图片等不能漏。

刚开始我按照载人航天器的发展设计了介绍宇宙飞船、航天飞机、空间站和太空生活共四章，每章有9篇左右的文章。但后来在编撰期间，中国载人航天技术有了飞速发展，先后发射了天宫一号目标飞行器和神舟八号、神舟九号宇宙飞船。于是，我和

科普创作可以不像学术论文那般艰深，但创作者在设计框架时的思维架构却可以借鉴学术论文，再以工匠的精神以故事思维将各元素逐一拆解，未尝不是一种奏效的办法。

责任编辑立即分析商讨，认为公众对中国载人航天更感兴趣。为此，我们果断决定去掉太空生活一章，把其内容分散到其他相关章里，专门增加了介绍中国航天的一章，把另外三章中有关中国载人航天的故事以及新发射的中国载人航天器都放到这章介绍，受到读者广泛好评。

由于我采用的是模块化编著方式，就像知识问答一样，每节文章都相对独立，但各节之间又有一定联系，也就是说全书相当于一部系列剧，而不是连续剧，所以调整起来比较容易。这样也有利于读者进行选择性阅读。

为了把全书目录及各章节编写得更加赏心悦目，让读者一翻开就眼前一亮，我进行了精心创作，使目录及各章节都统一成7个字，整齐划一，干净利索。例如：

第一章　遨游太空的小船

1. 太空中的"哥伦布"

2. 第一艘能飞的船

3. 谁说女子不如男

4. 阿童木走出屏幕

5. 奠基成功的悲壮

6. 太空之吻难上难

7. 惊险绝伦"手拉手"

8. 首次国际大对接

9. 未来飞船新面貌

10. 首次登月秘闻多

第二章　出入九天的鲲鹏

11. 能上九霄的飞机

充满趣味性，又
朗朗上口的标题无疑
是吸睛一大法宝。

35. 手控对接技术高

36. 中国人踏上"火星"

由于载人航天的故事较多，但为了与丛书的其他书籍字数基本一致，我已写好的一些有关太空生活的故事只能忍痛割爱了。

在目录基本确定之后，我就开始写样章。当时我写了新颖的月球基地、爱吃香肠的"一哥"、一次成功的失败几篇文章，并配了相关的图。然后，请陈芳烈及编辑审阅，提出建议和意见。之后不断改进，最终确定具体编著风格。

此书的一大亮点也是一大难点就是把知识和故事及精美照片融为一体。与以往航天科普书籍相比，《航天·开发第四生存空间》一书最大的特色可用一个字概括，那就是"新"。全书处处体现了"新"，例如，构思新、故事新、写法新、语言新、图片新等，从而给读者以高品位、新视觉的享受。尤其是把中国载人航天活动作为独立章节进行了全面介绍，包括最新的航天活动，这在国内是不多见的。

该书用讲故事的方式将当代重要的载人航天技术或人物娓娓道来，既有新奇的技术展示，也有跌宕的人物传奇；既有综述的全面介绍，也有不少的链接解释；既有成功的经验探究，也有失败的惨痛教训；既有引人的新闻线索，也有通俗的科学解读；既有大量清晰的真实图片，也有精美感人的电脑绘画。尤其是为了满足读者对中国载人航天特别感兴趣的需要，所以书中的不少故事都是与此有关的，使读者既知其然，又知其所以然。

例如，"谁说女子不如男"一节中，以我国首位女航天员刘洋"上天"为引子讲述了世界女航天员的发展和重要作用。针对我国近年突破和掌握的空间出舱活动和交会对接技术，通过"阿童木走出屏幕""太空之吻难上难""惊险绝伦'手拉手'""首次国际大对接"等几节，全面介绍了太空行走和交会对接技术的用途、难点、方法、步骤、失败的例子、重要的事件等。还展示了读者感兴趣的新型飞船，类似延伸阅读。

很多人都想知道载人航天到底有什么用，为此在"此曲只应天上有"一节中进行了概述。2011年2月24日，美国为"国际空间站"送去首个类人形机器人。那么，太空机器人航天员是对手还是伙伴？这一问题在"机器人是好帮手"一节中进行了解答。书中还对航天飞机曾搭载欧洲空间站和如何在月球建立基地等鲜为人知又较感兴趣的技术进行了介绍。

书中《中国航天的美景》一章可能最吸引读者，里面解读了中国航天员是如何选拔和培训的，也介绍了2011年、2012年发射的神舟八号、神舟九号飞船和天宫一号目标飞行器，它们交会对接的特点、方法和过程，我国航天员是如何进行手控对接的，这对了解最近成功完成的天宫一号和神舟九号载人飞行任务也有较高的参考价值。"中国人踏上火星"对我国志愿者王跃在2010—2011年参加火星-500国际合作项目的意义、历程、收获等进行了生动的描述。

由于多种原因，该书出版时间比原计划大大推迟了，为此，我补充介绍了天宫一号目标飞行器、神舟八号和神舟九号宇宙飞船，差点介绍了神舟十号载人飞船。

几十年来的工作使我深深体会到，每一次科普创作、科普活动对自己都是一次锻炼，能督促我深入学习某一项新技术、新科学，因为只有自己搞懂了才能深入浅出地对公众进行科普。我的很多航天科技新知识都是为了科普而不断学习的。编辑工作和科研工作对科普创作也是很有帮助的，它们相辅相成。

科研科普两相成，科普并不是科研的低配，实际是它的另一张更为鲜活的面孔；而科研则是科普的源头活水，常研常新，与科普互相促进。

编者：姚利芬

作者简介

　　庞之浩：中国航天科技集团公司第五研究院研究员，全国空间探测技术首席科学传播专家，中国科普作家协会常务理事，担任主笔、副主编的《梦圆天路》（总体卷）（丛书之一）曾获国家科学技术进步奖二等奖（2015 年）等多个奖项。

18. 把湿地讲给你听
——记《湿地北京》创作及推广历程

□ 崔丽娟　雷茵茹

【提要】

　　创作《湿地北京》的最初想法非常简单，就是想把湿地相关的知识讲给更多的人听。创作前，需大量阅读有关北京市的各种史料典籍，同时确保内容的科学性。创作时，可以把最新研究成果纳入，这是科研人员做科普的独到优势，也是作品最具有生命力的内核。作品在装帧设计上要和作品内容相协调，追求美的表达。科普作品还应丰富衍生形式，让更多读者了解科普知识。

　　《湿地北京》是我和我的团队在 2008—2012 年创作的一本图书，2017 年非常荣幸地得到中国科协的推荐，参加了国家科技进步奖的评选，并最终荣获了二等奖。获奖完全是意外之喜，因为回首整本书的创作及推广历程，一直以来我们的想法其实非常简单，就是想把湿地相关的知识讲给更多的人听。

一、湿地之城，湿地之殇

　　湿地是北京市生态系统的重要组成部分，承载着生物多样性，维持着水源供给，还有蓄洪防旱、净化水质、气候调节、环境美化等多种生态功能，具有巨大的生态服务价值。保护好北京湿地，对保障首都生态安全，维护首都生态平衡有着十分重要的意义。但是在2007—2008年，当我们把湿地研究的目光投向北京时，发现北京的湿地总面积小、分布零散，功能严重退化，自然湿地受到的破坏尤为严重，存留下来的也极为稀缺，有些所谓的自然湿地更是很难分辨其到底是"自然"还是"人工"的。

随着社会经济的发展、人口膨胀和城市化进程的加速，北京市湿地面临的威胁也在加剧。我们从大量资料分析发现，1950—2009年的近60年间，北京市湿地面积缩减率达到79.50%。湿地占北京市面积的比例也从建国初期的15.28%减少到3.13%。当时，我和我的科研团队针对北京市湿地生态现状，开展了退化湿地恢复中的关键技术研究，并在海淀、延庆、顺义等地建立了湿地恢复示范基地，为北京市开展湿地恢复工作提供了关键技术支撑。

在工作中我们也深深感到，要想全面推动北京市湿地保护和管理，需要有相应的法律法规和政策制度进行保驾护航。但在当时，湿地尚是法律条文中界定的"未利用地"或"荒地"，很多时候成为城市扩张的牺牲品。为了提高北京市湿地管理各相关部门领导及工作人员对湿地的重要性和保护的紧迫性的认知，推动北京市湿地立法的进程，我们在北京组织了一次湿地恢复技术国际研讨会，湿地公约科技委员会主席、苏美核武器谈判环境专家等湿地领域知名学者在会上都做了精彩的报告。这次会议直接促使北京市相关部门的领导开始思考，并决定启动北京市湿地保护立法。但是在立法过程中，北京市各部门以及不同背景的领导和决策者对湿地的认知千差万别，湿地立法几度陷入困境。在这样的背景下，我们决定写一本湿地科普图书，讲述北京湿地，传递有关北京市湿地的知识，介绍其功能，展示其风采，让大家从了解北京市湿地开始，慢慢热爱北京的湿地。这就是《湿地北京》这本书的创作起源。

二、集史料之详

"工欲善其事，必先利其器"。为了还原北京市湿地的演化过程，展示北京市湿地的沧桑和曾经的辉煌，我们大量阅读有关北京的各种史料典籍。通过查阅明末崇祯年间编纂的《帝京景物略》、乾隆年间的《日下旧闻考》以及光绪年间的《光绪顺天府志》等史学记载，我们了解到北京市在古时是一个湿地资源十分丰富的城市，曾经遍布湖泊、坑塘和沼泽，从诸多与水相关的地名，例如海淀、巴沟、玉泉山、温泉、安河桥等就能窥见一斑。历史上北京城的城址虽经多次迁徙，但都以某处湿地为中心，近千年来，金时有西湖（现莲花池）傍于金中都，元时有积水潭和北海靠于元大都，明清时期太液池和中南海环绕于紫禁城。所以我们在《湿地北京》中写道："在这个历史长河中，北京城的发展与水息息相关，与蕴含水资源的湿地息息相关。"

通过查阅《水经注》《辽史·地理志》《北京风物散记》《天府广记》等水文地理古籍，我们了解到北京自古以来主要湿地类型的更迭和典型湿地的历史变迁。还记得，为了清晰地展示北京市湿地面积随历史推演的变化情况，我们团队成员先后在博物馆、图书馆和书店查阅了近500幅老照片，并最终基于其中的50幅绘制了1908—2000年北京市湿地分布图。

三、求科学之真

在搜集和整理写作素材的时候，我们最核心的要求是要保持

历史是一座宝贵的知识殿堂。科普创作要有关注历史的锐利眼光，要在历史长河里溯源头，理脉络，摸清事实和依据，增加作品的文化厚重感。

材料是创作的基石。科普创作者应通过多种方式、利用多个渠道，全面搜集相关材料，为作品创作打下坚实的"物质基础"。

有人说，科学性是科普创作的基础，也有人说，科学性是科普创作的核心和生命，还有人说，科学性是科普创作的关键一环，是科普作品的灵魂……我想，对于科普创作来说，科学性之重要，无论怎么强调都不为过。

内容的科学性。这本图书首先必须是基于科研数据和科学考证的，学术上禁得起考验的作品，传达正确的湿地知识和湿地保护管理理念。因此很多章节的数据和案例都是基于我们最前沿也是最新鲜的研究成果。例如《湿地北京》的第一章采用地理信息系统技术，结合北京市的地形和地貌，同时借助潮土分布状况与河道分布情况，推演了亿万年前北京地区主要湿地分布范围，估算出不同年代北京市湿地的分布和面积，展示了北京市湿地的历史变迁。还有在介绍湿地净化效果的专栏选取了我们建在北京市顺义区野生救护中心的一块污水净化复合人工湿地，我们每月定期对这块复合人工湿地的水质和土壤进行监测。基于监测的结果，图书的专栏 7 阐述了通过调整湿地基质和植物配置，改变水力运行方式，来提高湿地净化功能的原理，做到了数据详述、结论可靠。

高校和科研机构研究人员具有扎实的科研背景知识，掌握着国际最前沿的学术动态，拥有最新的科研成果，这些都是他们开展科学普及与科学传播的优势和特色所在。

在《湿地北京》的写作过程中，我们也会把一些刚刚取得的研究成果纳入，这是科研人员做科普的独到优势。例如，为了形象介绍湿地调节气候、改善环境的功能，我们把自己承担的一个关于北京市湿地生态状况评估研究项目的科研成果直接用到了书里。这个研究以昆明湖为参照点，观测了距离昆明湖 1 千米、2 千米和 3 千米处的温度、湿度和负氧离子变化情况，真实再现了湿地"自然空调"的生态功能。这些一手的科研数据和实验成果，是《湿地北京》最具有生命力的内核。

引用历史典故、历史故事、古代诗词，可以增加科普图书的文学色彩，彰显中华民族的文化精神和审美情趣，让读者在阅读中获得美的享受。

四、现文学之雅

除了确保科学性，我们还希望这本书能够秀美典雅，来吸引"高端"读者去探寻湿地之美，因此《湿地北京》中不乏中国古典诗词和典故。例如使用"青青子'今'，悠悠我心""修缮补创，维以不永伤"等诗经里的词句作为章节的标题；引用"万顷清波映夕阳，晚风时骤漾晴光"等诗句描绘湿地独特的景观；亦或借用《帝京景物略》《日下旧闻考》《北京风物散记》等旧时典籍讲述北京湿地的前世今生。这些我们平时作为"副业"的古代文学，也有了用武之地，而这些诗句和典故也赋予了《湿地北京》独特的传统文化气息。

在书籍版式的设计上，我们也是颇费心思。图书标题"湿地北京"选用对北京文化有深刻研究的国学大师、书法家启功的字体，凸显文化韵味，并在标题旁边增加红色篆刻印章等设计元素，增强历史文化感。图书的配色方案基于颜色心理学，每个章节使用不同的色彩，体现不同的内涵和寓意。例如"湿地之城"选用绿色系底色，象征着"绿色北京"的宜居和生态理念；"湿地之用"选用橙色系底色，体现了湿地丰富的社会及经济功能；"湿地之行"选择蓝色系底色，映射着北京市湿地中秀美的水景观；"湿地之恋"则选用红色系底色，表达了对湿地保护事业的热爱。巧妙的配色方案既能减少阅读的枯燥感，也能帮助读者理解作者的情感表达，产生更多的共鸣。

此外，为了提升图书的精美度和原创性，我们联合北京市园林绿化局，举办了北京湿地摄影大赛，收获了一大批质量上乘、角度独特的优秀作品作为本书的插图。其中最打动我们的是一幅由自由摄影人拍摄的故宫博物院角楼，照片中鲜艳的红墙黄瓦、玲珑的屋脊檐角、苍翠的堤岸垂柳与碧波荡漾中的倒影遥相呼应，"湿地之城"的意味一下子就跃然纸上。这幅照片被选为图书的封面，并让我们最终确定了"湿地北京"这个充满诗意的名字。

好的图片具有形象、生动、寓意深刻等特点，能起到文字无法替代的宣传效果。利用优质图片开展科普图书创作，能吸引读者注意、激发读者情感、便于读者理解文章内容和精神，在潜移默化中提升图书科普效果。

五、独乐乐不如众乐乐

《湿地北京》一经出版，便被送到北京市及各区县湿地管理人员手中，帮助他们去了解北京市的湿地情况，更新湿地保护管理理念。经过北京市人民代表大会常务委员会、北京市政府法制办公室和其他各政府部门的多方协商与促动，《北京市湿地保护条例》于 2013 年 5 月 1 日正式实施，被称为北京市"最严格"的湿地保护法规。从实现创作初衷上看，《湿地北京》无疑是成功的。但我们也明白，好的科普作品不应该是曲高和寡，而是应该为更广大的读者群体所接受。于是，我们年轻而富有创造力的团队以《湿地北京》为核心，通过多种展现手法，创作了一系列符合科普时代性，适应互联网和新媒体发展需求的融合衍生品，来传递《湿地北京》中的知识与湿地管理理念。

科普不是"阳春白雪"，不能陷入"曲高和寡"的尴尬境地，优秀科普图书要以民众喜闻乐见、易于接受的形式出现，并能激起公众阅读兴趣。

我们针对中小学生读者，将《湿地北京》中的湿地知识简化，运用比喻、拟人等写作手法深入浅出地介绍湿地前沿科研成果及理念；采用具有"互联网思维"的文案和配音，以大众喜爱的扁平化风格创意短片的形式，制作了简短明快的系列微视频；充分考虑现代社会生活节奏加快，人们碎片化时间不断增加的特点，以微信公众号、手机软件等形式精准推送湿地知识，满足受众随点随看的需求；还以展板、明信片、书签、杯子和环保袋等创意实物的形式，将湿地科普知识广泛融入公众生活。

在新媒体时代，科普图书创作应充分借助媒体力量，加强宣传，拓展渠道，灵活形式，扩大受众面，让科普深入人心，让科普精神、科学知识等传到更远的地方、传给更多的人。

至此，《湿地北京》成为一本有生命力的作品，读者群体从最初的各级湿地决策者、管理者，到科研、科普工作者，再到广大的大学、中学、小学学生，甚至被送到广大农村读者手中。为了进一步拓展传播渠道，我们在全国许多省自治区、直辖市开展了湿地科普讲座活动，这些科普讲座走进了四川省凉山等老区、走进了保护区、走进了社区；我们带领学生和志愿者走进了户外湿地课堂；我们也在人流密集的北京市西单等地举办湿地科普展览，让更多的公众了解湿地，热爱湿地，真正实现了科普作者与科普作品一同前行，一起成长。

六、挑战与机遇并存的时代

对湿地与人类来说，这是一个备受挑战的时代：全球气候变化导致海平面上升、灾害频发、湿地淡水资源缩减、生物多样性降低；废水排放增加，水环境污染严重，造成湿地生态质量下降；人口增长和城市化进程加速需要占用更多本该属于湿地的空间资源。但同时这也是一个最好的时代，人们开始认真地思考如何善意地对待一直默默滋养我们，赋予我们生机的湿地。尊重自然、顺应自然、保护湿地已经被确定为今后国家发展的基本理念。在这样的时代里，《湿地北京》这样的科普作品将迎来更多的发展与传播机遇，也期待看到更多有诚意的同行加入我们的行列。

编者：邹贞

作者简介

崔丽娟：研究员，中国林业科学研究院副院长，中国科普作家协会副理事长，全国湿地学科首席科学传播专家，主编的《湿地北京》获 2017 年度国家科技进步奖二等奖。

雷茵茹：中国林业科学研究院湿地研究所助理研究员，参与《认识湿地》等多部科普著作编写编译。

编者感悟

1. 科学之旅
——《沿着人类祖先迁徙的脚印旅行》的策划思考

□ 张毅颖

【提要】

　　一本优秀科普图书的诞生，需要编辑在科技发展的前沿和热点中找准最佳切入点，梳理出契合读者阅读兴趣的选题思路，及时邀约具有科普意识和写作水平的专家学者就重大前沿科技进展作详细解读。同时，辅以多种形式的编辑手段，将作者的精妙构思呈现在读者面前。

　　近年来，随着科技的迅猛发展和传播方式的丰富多样，国内科普图书出版规模稳步发展。科普图书市场欣欣向荣，科普佳作不断涌现，但出版方面一些不足之处也亟待改进。例如，引进版图书居多，原创图书相对较少，质量参差不齐，不少图书选题雷同、说教性强、内容陈旧、表现形式一成不变；原创性图书大多侧重科学技术知识介绍，传播科学精神、科学思想和科学方法的读物为数不多，提倡科学素养、具有人文内涵的读物更是凤毛麟角。针对成人读者的科普图书，普遍存在内容艰深、说教性强、专业知识介绍晦涩、图片贫乏、结论性内容偏多的问题，导致读者对科普图书的热情和兴趣大打折扣，造成科普图书相较于其他图书，在品种数和印数上均有不小差距。因此，如何为读者提供一本既喜闻乐见、增长知识，又能受到科学精神熏陶的科普好书，就成为笔者思考和关注的重点方向。

一、科普图书的策划要点

在"惟创新者进，惟创新者强，惟创新者胜"的新时代，笔者认为科普图书同样需要在选题、内容和表现形式上进行变革和创新。

一是在选题上抓住科学前沿热点。科普图书的选题应紧跟世界前沿科技最新动态，可通过定期阅读相关领域学术期刊，以及借助互联网的高速信息，及时捕捉世界科技热点，其中特别需要关注我国科学家自主创新、有中国特色、在国际上占据领先地位的科研工作。同时还可通过追踪我国的科技发展战略、长期规划，以及国家对科技发展的宏观管理和政策性调整等内容，全面深入地了解国家重点学科发展的整体框架和战略。在对整个现代科学技术发展总体轮廓有概括性掌握的基础上结合前沿跟踪，将有助于编辑开拓选题思路，为后续确定组稿方向和具体选题打下扎实基础。

二是在内容上融入科学精神、思想和方法。任何一项现代科学技术都不是孤立的，它们都有相应的学科背景，而每一学科都有着独特的历史发展轨迹。从历史视角看，学科进展和科技创新都不是一帆风顺的。弘扬"追求真理、实事求是、不畏艰难、勇于创新"的科学精神，理应作为科普图书继普及科技知识之外的另一重要任务。因此，编辑在策划科普图书时，除着重关注科技内容本身的科学性、系统性外，可以建议作者对研究过程和研究思路作进一步阐述。读者从中可以找到科学发现和技术发明中的创新思路来源，体会科学家探索未知领域的坚定信念和为之付出的艰苦努力。此外，科普图书中蕴含的科学思想、科学方法可帮助读者梳理本学科、交叉学科、相关学科等的发展脉络，加深他们对现代科学技术发展规律的了解，促进他们树立全面的科学观，知识储备得到更新，知识结构得以改善，从而提高科学素养。

三是在表现形式上图文结合进行创新。一本优秀的科普图书中，图不再仅仅是传统意义上的插图和正文的补充，而具有与文字同等重要的作用，图文相辅相成，共同诠释和展示图书的主题内容。这需要编辑在构图方面下功夫，既保证图的清晰美观，又让图能"说话"，正确表达科学内容。图的篇幅不应过少，编排上也宜与正文相对独立。图中文字与正文一样，均应采用客观、稳定的陈述式文体。这样可以让读者在享受美丽图片的同时，读懂图中的科学知识，进一步理解文字内容。

做好以上策划准备后，让一个好的选题最终变成一本优秀的科普读物，作者是关键。对于原创科普图书来说，活跃在第一线的科研人员更适合成为作者，因为他们有扎实深厚的学术功底，对学科内容有准确的把握，对学科发展有前瞻性的眼光，且乐于把自己的科研成果、科研心得与广大读者分享。考虑到他们经常撰写科技论文或科技专著，而科普图书的撰写和风格与前两者迥异，因此，在约稿前，编辑应在之前调研掌握的信息基础上，初步拟定撰稿设想，并与作者就编辑意图和表现形式进行充分沟通，在文字风格、图片构思等方面达成共识。只有这样，才能让一本科普图书兼具可读性、知识性、科学性，并具有内涵和深度。

二、《沿着人类祖先迁徙的脚印旅行》的策划和出版

（一）选题背景

《沿着人类祖先迁徙的脚印旅行》是笔者所在编辑部编辑策

编者语：

　　一线科研人员是科普创作人才的高级储备，鼓励和调动他们参与科普创作，需要社会氛围的培养，更需要配套行之有效的激励手段和措施，这是一项长期的目标和任务。

划的《科学之旅》丛书（至今已出版 7 部）中的第三部。这套原创科普丛书无论是内容，还是形式都有创新之处。丛书采用游记的形式，以作者的科学工作为主线，中间穿插与其科研领域相关的学科发展背景、重大科学发现、相关科学人物，以及作者本人的科研思路、研究成果、心得体会等。由此，科学与旅行实现了有效融合，这也是丛书名的由来。

丛书中每本书字数一般不超过 8 万字，均配有大量各类风格的清晰彩图，令阅读更轻松有趣。丛书作者有古生物学家、人类遗传学家、动物生态学家、植物生态学家等，他们的研究领域如古生物、人类基因组、生物多样性等，近年来进展都相当迅猛，且极具中国特色。各本都围绕作者自身科研领域的工作和生活展开。尽管学科不同，但读者都可以跟随作者在科学旅程中获取最新的学科知识，体会科学研究中的艰难与乐趣；感悟科学家不畏艰难、严谨治学的科学精神。大量实地拍摄的照片反映了当地独特的生态地理环境、风土人情等，能使读者开阔眼界、增长见闻。每本书的写作方式虽各有千秋，但都不离其宗：把科学的发展过程当作一件有血有肉的事情来写，读者看到的是生动真实的科学，而不是远离生活的教条性说教和结论。

在丛书策划过程中，编辑关注到人类的起源和迁徙不仅是科学家的研究焦点，而且是大众关注的热门话题。其研究途径有古人类学和分子生物学。在人类基因组研究取得重大突破的今天，利用分子生物学研究成果研究人类的起源和迁徙也获得了重大进展。这项最新研究成果，应及时向公众做详细解读，普及相关科学知识，由此确定了该选题。

（二）确定作者

如果仅按以前的科普思路成书，高深的分子生物学专业知识恐怕会令读者退避三舍，知识普及效果可能不甚理想。因此，在

借助科学家的脚步和历程，将读者带入科学发展的历史或场景，可以调动读者，进行参与式阅读，有效提升作品的可读性。

深入了解该领域专家学者的基础上，找到了执笔该选题的合适作者——褚嘉祐研究员。他是中国人类基因组项目中"中国不同民族基因组的保存与遗传多样性研究"课题的总负责人，也是"中华民族永生细胞库和遗传多样性"项目牵头单位的负责人。其科研成果先后获得国家自然科学二等奖、国家科技进步三等奖，并在我社已出版《中华民族遗传多样性》《中华民族永生细胞库的建立——理论与实践》等多部学术专著。从专业角度和学术地位看，褚先生无疑是撰写人类起源与迁徙科普图书的合适人选。更难能可贵的是，他除了在学术上取得了卓越成就，还是一位活跃的旅行家、资深的摄影家和具丰富创作经验的科普作家。多年的科研生涯和旅行经历，让他积累了丰富的写作素材和大量的珍贵图片。这些都为《沿着人类祖先迁徙的脚印旅行》的策划和出版打下了良好的基础。书稿撰写前，编辑又与作者充分沟通取得共识，从而确保这本书既符合整套书的定位，又具有独特的个性。

（三）书稿规划

《沿着人类祖先迁徙的脚印旅行》从策划到出版整个过程并非一帆风顺，其间亦不乏挑战。例如，作者提供的图非常多，每一张都很精美，但是依照图文平衡的原则，无法全部采用。编辑先与作者多次商讨，定下遴选标准，挑选一部分图。后又根据图文结合的精密程度、风格协调、排版灵活等，优中选优，才最终敲定最合适的图。

待成稿后，编辑重视图书的编辑加工和装帧设计。文字方面，注意保持游记的故事性叙述特点，扣人心弦；构图方面，注重科学性和美观性并重；版面设计上，图和图注的编排尽量与文字相独立，互为补充、呼应。为获得更好的视觉效果，全书采用全彩印刷，定价也非常亲民。以上这些都是出版人为提高科普图书质量，使更多读者看到优秀科普书的具体行动。

用文字讲述故事，用图片再现场景，用版式构建文图功能的相互支撑。好的内容需要不俗的呈现。

三、图书特色

《沿着人类祖先迁徙的脚印旅行》出版后，获得了读者的广泛认同和好评。它没有一般科普书的说教感，而是采用旅行游记的形式，让读者跟随着人类迁徙的足迹，逐步探索其中的科学奥秘；又与其他旅游类图书不同，这本书不仅仅介绍美丽风光，其专设有"旅途思考"部分，给予读者关于人类起源和迁徙研究领域的概貌和基础知识，使他们了解现代人类起源的不同学说及所存在的争议，并引发他们对探究人类从何而来问题的兴趣。图文并茂的故事性叙述，让读者身临其境，仿佛与作者一起徜徉在科学探索的海洋中，共同经历艰辛困苦甚至危险，真切感受科学家的科研生活并非一成不变、枯燥乏味，其中也充满了乐趣和激情。专业的科学知识不再以教科书的定义形式灌输，而是在不知不觉中，通过夹叙夹议或类似画外音的形式结合实例，自然向读者传递。这样的阅读过程不仅让读者乐于学习知识，不用死记硬背术语和结论就能掌握知识，并且能激发他们对科学的好奇心和探索欲。

通过实践，编辑对于科普图书的策划出版有了更深的感悟。一本优秀科普图书的诞生，需要编辑在科技发展的前沿和热点中找准最佳切入点，梳理出契合读者阅读兴趣的选题思路，及时邀约具有科普意识和写作水平的专家学者就重大前沿科技进展作详细解读，同时辅以多种形式的编辑手段，将作者的精妙构思呈现在读者面前，引导公众正确理解相关领域的科学知识。

创新时代，只有做好科普图书的策划、创作、出版等各个环节，才能营造科学传播的浓厚氛围，为我国科普事业和创新文化的建设尽一份力。相信未来的科普图书能开创更好的局面！

作者简介

张毅颖：上海科学技术出版社编辑。

科学游记展示了科学家的科研生活与日常生活，让科学家和科学一步步走进读者，这样的作品往往也更接地气。

编者：张志敏

2. 唯有创新才出精品
——《可怕的微机小子乔布斯》编辑手记

□ 谢琛香

【提要】

策划出版科普图书必须要有敏锐的市场洞察力，要抓住有利契机，及时出版有潜在市场需求的作品。为了占领先机，有时甚至需要调整已有的出版计划。在策划写作环节，要提炼主题，仔细推敲书名。在作者选择上，要寻找具备科学素养、有深厚的文学功底，尤其是对深奥的科学原理能化繁为简，以简单的方式解读复杂科学问题的人才。一部优秀的图书，还必须有打动人的装帧设计，包括封面、扉页、内文版式及字体字号等，由里到外，从形式到内容，必须达到完美契合。

《可怕的微机小子》是希望出版社 2013 年倾情推出的一套偶像派图书，包括两个品种，一本是《乔布斯》，一本是《比尔·盖茨》。该书的作者是著名的科普作家松鹰先生。2014 年 10 月，《可怕的微机小子乔布斯》荣获第三届中国科普作家协会优秀科普作品奖（科普图书类）银奖。

转眼时间已过去四五年，当年策划选题的立意、出版的主旨、设计理念、装帧风格要求等已经变得模糊，不得不借助之前的工作记录、选题计划、图书策划、装帧设计等，翻阅资料渐多，记忆才慢慢变得明晰，丰满而立体。

一、酝酿日久，适时推出

希望出版社与松鹰先生结缘于 2011 年。之前，松鹰先生出版了《电子英雄》《爱因斯坦》《法拉第》等 15 本科学家传记，曾多次荣获全国大奖，已经有一定的知名度和影响力。经过与松鹰先生的深入沟通后，我们一致认为他是一位很有实力的作家，他的科学家故事作品已形成品牌和独特的风格，通过整体包装，系列推出，定会受到青少年读者的欢迎，能获得经济效益和社会效益双丰收。

于是，希望出版社确定与松鹰先生通力合作，共同打造《科学巨人的故事》，策划意向是分批分期陆续推出，先推出两辑外国科学家故事，每辑 10 本，第一辑包括《哥白尼》《伽利略》《达尔文》《牛顿》《富兰克林》《爱因斯坦》《法拉第》《卢瑟福》《玻尔》《费米》。正如著名科普作家刘兴诗老先生在前言里所说，"这些名字，每一个都是一部传奇，每一个都是科学史上的一座丰碑。他们不愧是影响世界历史进程的人。""科学家贡献出的知识，那就是一块砖。不管多么伟大的科学家，生命总是有限的。不管是哥白尼、伽利略、牛顿，还是爱因斯坦，一生几十年也只能垒几块砖、几十块砖，最多一大堆砖而已。可是他们留下的生命经历和科学精神，却永远传诵在人间。写成传记故事世代流传，才能鼓舞后来者继续奋进，构筑更加宏伟的科学宫殿。从这个意义来说，科学家传记文学不亚于科学本身，道理就非常清楚了。"刘老平实的话语把《科学巨人的故事》的出版意义一语道破。

2012 年 8 月第一辑出版面世，2013 年《科学巨人的故事》

（第一辑）获得冰心儿童图书奖、第一届世界华人科普图书奖金奖等重大奖项。

正当我们全力以赴推出《科学巨人的故事》（第一辑）时，在 2011 年 10 月 5 日，一件震惊世界的大事发生了——一代商界奇才、IT 界的领军人物乔布斯与世长辞，一时间成为热门话题，与乔布斯有关的图书、音乐盒、平板电脑和手机都掀起热卖风。

松鹰先生极具市场的敏感度，他意识到需要抓住契机，及时推出《乔布斯》，提出在《科学巨人的故事》（第二辑）之前主打《乔布斯》，在 2012 年 10 月乔布斯周年祭时隆重推出，以占领先机。

当时图书市场上盛行的关于乔布斯的图书有：《史蒂夫·乔布斯传》《苹果传奇》《重返小王国——乔布斯如何改变世界》《活着就为改变世界——史蒂夫·乔布斯传》，均是翻译引进的图书；而由国人撰写的图书并不多见，仅有《乔布斯传——神一样的传奇》（王咏刚、周虹著）、《乔布斯和他的对手们》（姜洪军著）、《苹果教父》（施谱越著），而面向中小学生的图书尚未面世。这时推出少儿版的《乔布斯》是非常及时，也很有必要的。

而当时我们的《科学巨人的故事》（第一辑）出版任务还没完成，第二辑正在筹划中，我们签订的写作合同，拟定 2012 年推出《科学巨人的故事》（第二辑），其中就包括《乔布斯》和《比尔·盖茨》，这样原计划的第二辑就要做相应的调整。我们反复商榷，决定先期推出《乔布斯》《比尔·盖茨》，重新调整出版计划和出版次序。

《乔布斯》就是在这种情况下应运而生。

编者语：

名人似乎天生就与畅销书有着难以割舍的不解之缘。利用名人在读者中的"人气"运作畅销书，是出版策划人策划畅销书的重要策略之一，一旦与名人结缘，图书基本上就具备了畅销书的"潜质"。

二、提炼主题，推敲书名

明确思路后，作者和编辑人员就要进入下一个写作和策划环节，然而如何体现图书的特点，找准切入点至关重要。

乔布斯是一个商界奇才、IT界的领军人物，他21岁创建了苹果公司，成功地推出苹果系列产品，刮起了微电脑行业的风暴。25岁时苹果公司上市，一夜之间，苹果公司的市值飙升到17.78亿美元，乔布斯的个人资产上升为2.175亿美元，成为美国最年轻的亿万富翁。30岁时，他被自己的公司扫地出门。此后他创办新公司，屡战屡败，屡败屡战，经过11年的颠沛和奋斗，终于浴火重生。新公司皮克斯因动画片《玩具总动员》上映而引起轰动，公司也成功上市。而苹果公司此时却大幅亏损，困难重重，产品滞销，大量裁员。于是，乔布斯抛弃前嫌，回归苹果公司。他把技术和艺术完美地融合在一起，创造出一个个革命性的产品：iMac电脑、iPod音乐魔盒、iPhone手机、iPad触屏平板电脑……

他让人们把互联网放进口袋。

他颠覆了人类的现代生活方式。

乔布斯成为美国青年崇拜的偶像，也是世界上享受时尚产品、追逐时尚的年轻人崇拜的偶像。他的英年早逝，更点燃了人们的崇拜心理和膜拜情怀。所以说，《乔布斯》的潜在读者群是乐观的。

而同时不容忽略的，在当今的IT界还有一颗璀璨的明星，他就是微软帝国之王比尔·盖茨，一个旷世的电脑奇才，全球软件业的霸主，世界最年轻的首富。他13岁开始做商业软件设计，17岁创办自己的首家公司，20岁担任微软公司董事长，31岁进入美国《福布斯》亿万富豪榜，不到40岁成为世界首富。

比尔·盖茨创办的微软公司，成为纵横天下的软件帝国。他统领开发的"视窗"（Windows），为全世界的个人电脑提供了一个奇妙无穷的窗口。正是他加速了数字时代的到来，为人类迈入信息时代立下了不朽功勋。

他创造的奇迹为人们所赞叹。他成功的经历，成了人们津津乐道的话题。他的大众粉丝人数并不逊于乔布斯。

乔布斯与比尔·盖茨，一个创造了苹果神话，一个建立了微软帝国，两颗巨星一样耀眼，一样迷人。他们是IT界的双子星，缺一不可。所以说，要推出《乔布斯》，就不能少了《比尔·盖茨》。

早在1991年8月乔布斯和比尔·盖茨同时被登上了美国风靡一时的《财富》杂志封面上。《财富》杂志记者对他们两人有一个专访，称他们是"两个可怕的微机小子"。乔布斯的"可怕"，在于他屡战屡败，屡败屡战，永远不会趴下。作为软件巨头，比尔·盖茨的"可怕"，在于他的胃口极大，想鲸吞所有的竞争者。

我们专门组织了一次有分管领导、作者、文字编辑、美术编辑、发行人员参加的会议，专门研究此选题，经过反复的比较和权衡，确定同时推出《乔布斯》《比尔·盖茨》，并借用《财富》杂志记者的比喻"可怕的微机小子"，作为该书的书名，既有感召力，又恰如其分。笔者建议作者在写作时也要将两人的经历对比着写，比如两人同年出生，两人生活在不同阶层的家庭里，对他们有着不同的人生影响，两人都是抓住机遇、辍学创业，最初起步都有一个"黄金搭档"，都是一举成名，都是商界奇才，都有独特的眼光等。作者心领神会，在后期的创作中一以贯之，为作品增添了可读性，也让两种图书成为一个有机的整体，为后期的图书包装和营销提供了诸多亮点。

面向少年儿童的图书，尤其要考虑书名是否听起来"抓耳朵"。

因为两本书同时推出，作者写作压力大，为了保证书稿质量，我们达成流水作业，完成一本，编辑加工一本，尽量做到时间、质量两不误，争取在 2013 年 6 月一并出版。在大家的齐心协力、共同努力下，最终如期完成任务。

三、运筹帷幄，精心打磨

再好的选题，都需要落实；再好的创意，都需要实施。所以说选对人，才是胜算的根本。松鹰先生是国家一级作家，在科学家传记创作方面成就突出。

希望出版社之所以敢在短期内策划上马这样的选题，在某些程度上是因为对松鹰先生的信任，因为有了《科学巨人的故事》（第一辑）的合作经历，我们对松鹰先生的了解更深入，他不仅有科普作家应该具备的科学素养，而且还有深厚的文学功底，尤其是对于深奥的科学原理，他能化繁为简，以简单的方式解读复杂的科学问题。正如世界华人科普作家协会主席周孟璞所说："郁达夫曾评价美国著名作家房龙说：'房龙的笔，有这一种魔力，但这也不是他的特创，这不过是将文学家的手法，拿来用以讲述科学而已。'这说明文学是可以和科学联姻的。松鹰的文笔和房龙有异曲同工之妙。"

他在《可怕的微机小子乔布斯》的开篇写道："有人说，在人类历史上，有三只苹果改变了全世界的命运。第一只诱惑了夏娃，害得人类被逐出伊甸园；第二只砸中了牛顿，万有引力定律被发现了；第三只出自乔布斯之手，彻底颠覆了现代人类的生活方式。这个比喻很精彩。"如此精炼、如此概括的语言，能不吸引你继续读下去吗？然而接下来，"乔布斯，一个被遗弃的私生子，所幸被一对善良的夫妇养大"。这里面又有多少故事，乔布

优秀的、能将科学文学巧妙联姻的作者是出版社的财富，也是读者的福祉。

斯有怎样的家庭背景，对他的一生会有多大的影响？是不是很打动你，牵动着你跟随作者急于去了解，这就是松鹰的神来之笔，观一斑见全豹，不得不令人佩服。

难能可贵的是，松鹰先生毕业于哈尔滨军事工程学院电子工程系，有着扎实的电子专业知识，熟悉自然科学的发展脉络，钟情于科学发展史的研究，曾与周孟璞合作主编了《科普学》。他一直专注于电子行业的发展动态，注重自然科学的传承和弘扬，利用业余时间撰写科学家的故事，尤其是电子科学家，他先后撰写了《电子科学发明家》《电子英雄》等。当信息革命的浪潮涌来时，凭着厚重的专业素养，加上多年从事《电子报》的职业素养，他对新科技的出现和应用极度关注，对代表时代发展风向标的美国 IT 业更是关注有加，对苹果帝国的创始人乔布斯和微软王国的创始人比尔·盖茨自然也不陌生，要写他们的传记也就手到擒来。

在具体写作中，松鹰先生对写作要求也是贯彻到位。在两本书中，对两人的经历进行对比描写，对两人个性上的差异、工作作风的不同，以及在商场上的碰撞和交集更是重点描述，给文章增色不少，可读性极强。著名科普作家陈芳烈先生如此评价这两本书：比尔·盖茨和乔布斯闻名遐迩，而且他们一生的传奇经历已被演绎成很多文字，屡见于书刊和报端。因此，写他们的传记并不容易。看完松鹰先生写的这两本书后疑虑尽释，其清新有如春风拂面，丝毫没有"似曾相识"的感觉。我想，这主要是由于作者不仅立意高，而且擅讲故事。在不长的篇幅里，他紧紧抓住了这两位传奇人物在成长和创业中每个阶段非同凡响的经历，通过一个个生动感人的故事，淋漓尽致地展现了他们的精神世界。特别是对一些细节的铺陈，写得十分到位。无论是传主，还是相关人物，个个都写得栩栩如生，跃然纸上，令人读后回味无穷、掩卷难忘。

作者对两位传奇人物史诗般的一生，是从多个角度、多个视点进行描述的，因而有"横看成岭侧成峰"的感觉。不同的读者都可从他的作品中受益：他写两个传奇人物的少年时代，着重写了他们对电子科技的痴迷，写他们非同寻常的好奇心和求知欲，这对少年读者会有很大的激励；他写乔布斯"屡战屡败、屡败屡战、永远不会趴下"的创业历程，写比尔·盖茨以不断创新来实现"鲸吞所有竞争者"的雄心，都有骨有肉，生动感人，这对正在创业或即将迈向创业道路的年轻一代是巨大的动力。在这两个传奇人物身上，人们或许会汲取重塑自身的力量。乔布斯"活着就是为了改变世界"与"把每一天都当成生命中的最后一天"的人生哲理，以及比尔·盖茨对待财富那种超凡脱俗的豁达情怀，都赢得全世界很多人的共鸣。这像是一曲曲不朽的乐章，将永远在这个世界的上空回响，它激励着人们，并推动世界的进步。

著名科普作家甘本祓读了这两本书后，在太平洋西岸的旧金山特地发来诗作盛赞：

这对孪生佳著，特点异常：
文体朴实，语言通俗。
说理清晰，故事跌宕。
不偏不倚，评价适当。
启迪思维，激发遐想。
可为成年人解惑，可为青少年励志。
值得一读，值得珍藏。

四、装帧设计，体现苹果元素

一部优秀的图书，必须有一个打动人的装帧设计，当然包括封面设计、扉页设计、内文版式设计及字体字号等整体设计，由里到外，从形式到内容，必须达到一种完美的契合度。在选题策划时，我们就请资深的美术编辑柏学玲女士一同参加研讨会，对图书的内容要求、写作主旨及读者对象，做到心中有数，初步感知图书，构建图书的基本形态，便于对图书开本、形式进行恰当的设计。

柏学玲是一位钻研型编辑。接到任务后，她查阅了大量与乔布斯、比尔·盖茨有关的文字资料，搜集到许多相关的图片资料，开始到书店、图书馆查阅资料，通过拍照、复印等手段，搜集到市场上的现有的图书装帧设计信息，了解引进版图书和本版图书的设计风格和设计定位，从中寻找灵感。大约半个月后，我们进行过一次沟通，对图书的开本、形式初步达成一致，即做成32开，便于携带和翻阅的流行图书形式。

作为责任编辑，我对图书的装帧有自己的设计标准，整体设计要求简约、大方。乔布斯一生追求的风格就是简约、大方、完美，图书也要反映这一特点。封面设计要求做成偶像风格，大气、高雅。文字处理要协调一致。封面上要出现广告语言，以解读书名之来历。

《财富》记者调侃乔布斯和比尔·盖茨是"两个可怕的微机小子"，这个比喻颇为经典。作为软件巨头，比尔·盖茨的"可怕"，在于他的胃口极大，想鲸吞所有的竞争者。乔布斯的"可怕"，在于他屡战屡败，屡败屡战，永远不会趴下。

柏学玲很有悟性，经过一段时间的搜集、整理，一个很有冲击力的设计出来了：乔布斯的大头形象，极抢眼，手里是一个鲜红的苹果，象征着乔布斯执掌的苹果帝国；比尔·盖茨也是一个大头形象，手持一个象征意义的软件，简约、大气，腰封采用红、蓝两色，沉稳、靓丽。我又在封底补充了几个关键词，乔布斯为"私生子、嬉皮士、辍学生、发明家、创新者、预言家"。这个封面一次通过，做出模拟样后层次更分明，颜色更饱和，完全符合我们最初的设想。

有了封面设计的基础，内文设计更是顺风顺水，分别借鉴苹果电脑和微软徽标中的鼠标、等待、渐进等图形符号，并渗透互联网和星空闪烁的理念，版面设计疏朗舒适，章节衔接有节奏，有符点，给人的感觉是有张有弛，让阅读在轻松、愉悦中进行。图书出版后，许多同行纷纷索要样书，有的是为孩子找书，有的则是为了参考版式和设计。

至此，图书的内在品质和外在品质达到了高度统一和协调，在这个过程中，有多少人付出了艰辛的劳动！

写到这里，我不仅发出感叹：乔布斯，世界因你而精彩！我们也因你而荣耀。

作者简介

谢琛香：希望出版社编审委成员，编审。

好的设计和好的内容同等重要，文中所提到的设计无疑具有画龙点睛，浑然天成之妙。

编者：姚利芬

3. 《和二木一起玩多肉》的策划回顾

□ 马　妍

【提要】

　　科普图书出版前期，通过线上线下市场调查，寻找市场缺口、探明读者需求，确定图书目标。找到有潜力的创作者，是图书创作的关键一步。在图书制作过程中，作者、编辑和设计师须进行即时沟通。精心策划的营销活动能开拓人脉，结识更多行业人士及媒体朋友，也能使作者和图书的知名度得到提升。

　　《和二木一起玩多肉》是 2013 年出版的。虽然时间距今有点久了，但现在回想起来，很多细节还是历历在目。我想，就回忆一下这本书策划出版的过程吧。

一、前期市场调查

　　我在编辑出版行业虽然已经十几年，但之前主要从事的是杂志的编辑，从事图书出版不过几个年头。在刚成为图书编辑时，有过一些培训，其中让我印象最深的就是出版前的市场调查。这也是前期工作中不可缺少的重要一步。市场调查的目的是寻找市场缺口、探明读者需求、了解市场现有产品，从而确定自己要做

编者语：

　　正确的市场调查和预测是图书出版的重要依据。科普图书出版应通过线上线下结合的方式进行深入调查，摸清读者真实需求，预测图书发展新动向，在"题材、体裁、视角"等方面开启出版新思路。

什么样的图书。

在花草园艺类生活图书的策划编辑工作中，我的市场调查分为线上和线下两部分。

线上主要是关注和浏览一些园艺论坛、园艺博主的博客、园艺类图书的销量和读者评论，与园艺行业内的朋友交流等。这是即时、快速了解当下园艺爱好者喜好的通道。时下人们在玩什么、哪些花是现在最流行的，尤其是那些热评度高的帖子及作者，仔细看看他们的文字及网友互动，可以得到不少启发。

线下则是直接去书店的地面店浏览园艺类图书，看看目前出版的图书现状。主要关注图书的内容编排、书名、排版和销量。如果恰巧遇到正在选书的读者，能直接和他们聊聊天则再好不过了。问问他们在找什么样的园艺书，想看什么样的内容；正在翻看的书有没有喜欢的，如果喜欢，喜欢在哪里；如果不喜欢，不足在哪里。这是最直接面对目标读者的机会，以此了解图书市场的需求和缺口也是最精准的。

《和二木一起玩多肉》是2013年出版的。大约在2012年上半年，在和一位从事园艺行业的朋友聊天时，我了解到多肉植物相当流行。于是，在做市场调查时特意留意了一下，发现喜欢养多肉植物的人确实日渐增多，尤其是在年轻人中间。我是如何得知消费者年龄层的呢？一方面是从现有的花卉论坛得到的信息；另一方面，我还走访了北京市几个有代表性的大型花卉市场，尤其是和卖多肉植物的摊主聊了聊。他们透露，来买多肉植物的多是一些年轻人，有些在家里养，有些则是在办公室养。而他们喜欢什么样的品种，买的时候会问什么问题也作为重要的信息被我搜集了来。这些爱好者普遍想知道如何养好多肉植物，一些发烧友还喜欢收集不同的品种，但相关的资料少之又少，很多人都是根据论坛的帖子摸索前行。

在图书销售网站和地面店去调查时发现，市场上只有好几年前出版的几本仙人掌多肉植物图鉴和养护，书中的品种和市场上的种类不太匹配，版式也比较陈旧，完全不能满足当时的市场需求。多肉植物的园艺生活书此时大有可为。我便开始着手准备。就在同时，有一本从台湾新引进的多肉植物图书问世，且销量很好。这更坚定了我做多肉植物图书的决心。但我的目标是做本土的原创类图书，内容要更贴合本地。

二、策划过程

2012年夏天，我开始策划多肉植物类选题。我的作者目标有两种，一种是民间写手，另一种是科研专家。一开始采取的是广撒网的方式，一方面在花卉论坛里搜集多肉植物领域的种植达人，尤其是会写、会拍照的。仔细阅读他们的帖子以及网友反馈，确定了几位候选作者，同时把他们擅长的方面详细列出来。另一方面，找北京植物园以及中国科学院植物园多肉植物领域的专家，和他们面谈想法并约稿。

经过几次沟通，确定了几位候选作者，二木便是其中之一。

找到二木是因为他在网络发表了自己制作的《100种多肉植物图鉴》的帖子，好评度很高。他不仅会养、会写，而且会拍，是一个非常有潜力的作者。

我先在网上把我的想法和他沟通，同时介绍自己十几年园艺类图书和杂志编辑的工作经验，想让他了解到我们会做出专业的图书，同时也给他信心。正巧，他也有想出书的意愿，但不巧的是他已经和另一家出版社有了合作意向。当时只好暂时放弃，但我也表达了随时愿意与他合作的想法。接着，我又与候选作者名单上的其他人继续洽谈。

科普图书的作者主要有两类，一是该领域内的科研专家，二是懂相关科学知识的科普作家。最理想的情况是，科普作家本身也是各自领域的专家，他们既能把握科学性，又能用深入浅出的语言将原本深奥的科学道理娓娓道来。

一段时间后，二木来联系我，因为与之前的单位合作不太顺利，想试试与我们合作。之后，在选题沟通、签订合同等事宜上便顺利又按部就班地展开了。

当时，他的稿件已经基本完成，只需要稍微调整一下框架就可以开始编辑了。我当时的想法是，这本书要内容实用、图文并茂、版式活泼清新。在这一点上与作者达成了共识。

版式以清晰、轻松、活泼为基调，我们翻阅了许多国外的生活类图书来借鉴，尤其是日本、韩国的风格。而图鉴的版块作者有自己的想法，他想做成书签的样子，便于读者查阅。为了版式更理想，我和同事找了几个生活类图书的设计师和工作室，请他们做几个样张来竞稿。最终的设计师是由编辑们和作者一致通过后选出的。

确定设计师后，我便开始书稿的编辑工作，之后交付设计。在编辑和设计的过程中，与作者的沟通始终紧密地进行着。作者、设计师和我三人当时地处三地，无法面对面沟通，于是我们建了一个群，在版式设计交付和编辑的过程中，三人随时在群里沟通。不管是哪张图片需要放大突出，还是哪个段落需要特殊处理，又或者设计师的某些设计理念等都可以随时沟通。这也大大方便了远距离的我们。

在全书内文设计全部完成后，最后的工作是封面设计。大家对作者提供的几张图做出的封面设计总觉得不满意。当时在办公室，已经是晚上 10 点多了，但讨论还在进行着，没有结果。我让他俩先继续，我先坐车回家。到家后虽然已经是深夜，但大家睡意全无，于是三人继续工作。当时似乎总也找不到一张完美的照片做封面。设计师于是去二木的博客里搜索图片，把看起来可以做备选的图片一张张做成封面试给我们看，后来终于有一张做出后让人眼前一亮，三人全都满意！最终做出的效果也非常好！

有时，编辑更像是一个"杂家"。不仅需要与作者保持良好沟通，还得与装帧设计师、排版人员等充分表达自己和作者的想法，力争用最恰当的形式表现图书内容。

这就是最终封面的由来。

图书出版后，后续的营销也非常给力，我和营销编辑赴上海，策划图书签售活动。活动设在上海的原因是，园艺类图书在江浙沪的读者最多，气候也比较适宜，而且上海地区二木的粉丝也非常多。我们的活动经过了精心的策划，并非单纯的签售，同时还有多肉的种植比赛活动。场地设在一片闹中取静、有着一片宽阔场地的小弄堂里。同时也邀请了当地和北京的报纸、杂志的记者来报道此次活动，为图书的推广起到了助力作用。

上海的活动非常成功，回到北京后，我们在北京植物园科普馆又举办了一次签售活动，也非常成功。通过活动，我们也开拓了人脉，认识了更多从事园艺行业的人士以及其他媒体朋友。而活动局面的打开，也使更多的书店以及相关行业内的人士主动找到我们，表达了希望与我们合作的愿望。于是，在之后的重庆等地，我们又成功举办了几次签售活动，使作者和图书的知名度得到了提升。当然，这与作者本身的影响力以及努力也是分不开的。

《和二木一起玩多肉》之所以能够取得满意的销量和成绩，与大家的共同努力与合作是分不开的。

作者简介

马妍：中国水利水电出版社前策划编辑。

编者：邹贞

4. 大型环保科普图书
《人与海》策划分享

□ 张金奎

【提要】

　　优秀科普图书要努力实现社会效益和经济效益双丰收。引进图书的译者和编辑选择要注重专业性，确保译文质量；如果多种语言译文联合出版，要考虑各版本封面构图统一性；营销环节，可以请专家推荐、借力电影或者结合展览和作者活动进行宣传。

　　海洋和人类息息相关，生命就在海洋中诞生和孕育。地球表面 71% 的面积为海水覆盖，海洋幅员辽阔，蓄水量巨大，长期以来是地球上最稳定的生态系统。然而，随着人类工业文明的迅猛发展，工业废水、生活污水和各种垃圾无节制地排向大海，加之频发的原油泄漏事件，导致海洋污染日趋严重，海洋生态系统遭到破坏，这不但严重威胁到海洋生物的繁衍生息，也威胁着当下人们自身的安全与健康。

　　2009 年，联合国将首个世界海洋日的主题确定为"我们的海洋，我们的责任"，希望世界各国都能借此关注人类赖以生存的海洋，体会海洋自身所蕴含的丰富价值，同时也审视全球性污染等问题给海洋环境和海洋生物带来的不利影响。这也提醒我们应该在维护海洋环境良性发展的同时，协调和保护海洋资源的开发，促进海洋环境的可持续利用，确保海洋为人类世代幸福带来持续的环境和经济利益。

一个偶然的机会，我们从一直有合作的法国出版社那里得知他们最近出版了这部旨在加大海洋保护力度、唤起民众海洋保护意识的大型环保科普图书。该书由世界著名高空摄影大师、《家园》（Home）导演、联合国环保计划亲善大使雅安·阿瑟斯－伯特兰（YannArthus-Bertrand）和著名海洋摄影师布莱恩·斯凯利（Brian Skerry）等合著，由法语、英语、德语、西班牙语、荷兰语五种语言联合出版。刚拿到原版样书的那一刻，就被其令人震撼的图片、精美的装帧深深吸引了。通过对方得知，该书法文版于2012年秋出版，截至2013年7月已发行逾2万册，其他语种的版本也于2013年春陆续出版，取得了很好的社会效益和经济效益。一方面，因为该书在国际上影响力较大，我们面临国内几家出版社的竞争，要签下版权需要付出一笔不菲的费用；另一方面，鉴于国内读者的购买力以及对此类图书的认可度和关注度，该书可预期的经济效益并不十分乐观。出版社作为企业，当然逃不开经济利益的考量，但出版物承载着传承文明的理想，出版人就要按照习近平总书记所指出的，要将社会效益放在首位，唯有出好书，做经得起时代检验的书，在此基础上实现经济效益的双丰收，才是出版者面对社会效益和经济效益的矛盾时应秉持的态度。因此，我们在决定竞价本书的版权时，更多是从为国家、社会服务的角度做出的决定。下面我主要从这部书的翻译、包装设计、宣传推广等三个方面分享一些经验和教训，仅供借鉴。

一、确保译文质量

在最终谈妥版权事宜后，我们便在第一时间开始积极寻找译

编者语：

"叫好又卖座"是考量科普图书成功出版的双重标准，社会效应与经济效益双丰收才能可持续发展。

者。尽管本书以图片为主，但文字也占据了相当一部分的篇幅，且涉及的学科领域不仅包括海洋学、生物学，还有地理学等，可谓非常之广，对译者提出了很高的要求。更棘手的是，虽然本书是五种语言联合出版，但并不同步，当时拿到的样书和电子文件都是最早推出的法文版的。前述条件已经够苛刻了，再加上须精通小语种，真是难上加难了，译者的可选择范围一下子就窄了很多。在跟版权方反映了困难并进行了有效的沟通后，对方授权我方可以依据尚未出版的英文版的电子文件进行中文翻译。这下总算解决了一个大问题。

本着译者要专业的原则，在经过多次遴选和讨论后，最终确定了北京大学大气与海洋科学系杨海军教授为本书的主译。杨教授是美国威斯康星麦迪逊大学物理海洋学博士后，北京大学博士生导师，是翻译本书的适合人选。接手这一工作后，他和他的研究生团队克服了各种困难，高效地完成了书稿的翻译。在初稿完成后，杨老师对照原文，从译文准确性、数据正确性，以及译稿是否符合汉语表达习惯等多方面进行了严格的核对、把关，很多内容都进行了二次翻译，确保从源头上不出问题。

稿件正式交出版社后，我们选择了英语专业的加工编辑对书稿进行初审编辑加工，再次确保译文的准确性和流畅性；选择了与海洋学、生物学相关或相近专业的资深编辑进行书稿的复审、终审，对内容严格把关。对各个环节中发现的问题或者感觉可疑、拿不准的地方做到及时与译者进行反复沟通讨论。最终，在译者和编辑人员的通力合作下，最大可能性地降低了翻译错误，确保了译文质量，做好了整个环节中最重要的一步。

科普图书的引进出版中，翻译是关键步骤。作品科学性、通俗性能够得以完整转换和保留，取决于译者的水平，译文的质量。具有专业学科背景的高水平译者是最佳人选。

二、同步装帧设计

如前所述，本书由法语、英语、德语、西班牙语、荷兰语五种语言联合出版，而且封面构图统一设计（按法国版权方要求，中文版也要做到统一），即大家开头看到的封面构图，图片是位于伯利兹灯塔环礁区的大蓝洞，伯利兹大蓝洞是潜水爱好者的天堂，也是中美洲大堡礁系统的一部分。中美洲大堡礁从墨西哥的尖端绕过伯利兹、危地马拉的海岸延伸至洪都拉斯的东北海岸，长约965千米。它是全球最大的堡礁群之一，也是北半球最大的一处堡礁群。另外，书中有人与自然和谐相处的精美绝伦的照片，有令人不忍直视的残忍杀戮的血腥照片，还有动物栖息地惨遭破坏、致使其无处容身的凄凉照片……为了更好地表现效果，中文版同其他版本一致，采用了大开本、180克铜版纸精美印刷，使读者在翻阅图片时有身临其境的感觉。

科普图书也应该是内外兼修，形神具备的。因此，装帧设计需要体现艺术思维和构思创意，需要将阅读功能和审美要求统一起来。

三、着力宣传推广

（一）权威人士推荐

为了让更多的人了解海洋目前的处境，了解海洋动物目前的境地，我们积极联系了国家海洋局，希望他们能引荐几位在国内比较权威、有影响力的领域专家，借他们的呼吁，唤起大家的海洋保护意识。最终，在国家海洋局的帮助下，我们联系上了两位业界权威人士，他们在海洋保护方面都做出了卓有成效的工作。一位是中国工程院院士、国家海洋局第一海洋研究所学术委员会主任丁德文，一位是中国科学院海洋研究所所长、国际海洋生物普查计划科学指导委员会中国委员会主席孙松。在看过书稿后，两位专家都对我们的工作给予了高度的肯定和认可,丁院士说:"让国内众多的读者在第一时间了解海洋动态,这的确是一件非常有意义的事情。通过品味本书,会让人们更直观地了解海洋,感受海洋的博大胸怀。相信该书的出版,定会让更多的人认识海洋的重要性,认识到海洋生命的意义,并唤起更多人的海洋保护意识!"孙所长说:"这部《人与海》,通过一幅幅血淋淋的照片、一串串触目惊心的数字,向我们真实展现了人类的活动已经对海洋造成了巨大破坏,让读者清醒地认识到我们的海洋、我们的地球正面临着可怕的灾难,在震撼之余更能引发读者深思。同时呼吁全人类善待海洋,并鼓励人们深入改变我们已有的生活习惯,做到合理利用和管理海洋。无论您是一位海洋保护者还是一位普通的读者,关注生态环境,关注我们赖以生存的家园,切实尊重并保护她,是我们每个人的责任与使命。希望通过该书,能切实提高全民族海洋意识,普及海洋知识,树立正确的现代海洋观念,推进海洋文化事业繁荣发展!"

(二)同源纪录片《海洋宇宙》助力

本书法文版与纪录片《海洋宇宙》(Planet Ocean)同步发行,后者也旨在突出海洋所面临的环境问题,在原书的每个章节中都列有与纪录片相应片段对应的二维码。与书相比,纪录片所包含的信息更为丰富,带来的视觉冲击力也更为震撼,而且影响力很大,已在全球公映。纪录片由雅安·阿瑟斯 – 伯特兰与迈克尔·皮托执导,旨在强调人类与海洋共存的必要性,影片犹如一条纽带,把人与自然的关系紧密联系起来,以警示人们去关注正在受到威胁的海洋环境,呼吁全人类善待海洋。2013年9月11日,影片在联合国纽约总部放映,成为全球环保影像中最受关注的一部作品,正如时任联合国秘书长潘基文所说:"在这部影片中,导演雅安向我们展示了海洋的神秘瑰丽,也向世人发出了'保护海洋，刻不容缓'的警示。"

纪录片和书是一体的，相辅相成的，如果中文版能配上影片，一定会为其增色很多。但限于版权问题，中文版不能链接相应的二维码。功夫不负有心人，在经过多方打听、搜索之后，我们了解到上海新索音乐公司在之前已经正式引进并出版发行了《海洋宇宙》的中文版，而且是中英双语配音、双语字幕，如果能以光盘的形式随书附送，就太完美了。我们跟对方做了反复沟通，并本着互惠互利原则，双方达成了合作。由于对方也有版权费支出问题，最终我们还是付出了相当高的一笔费用，但作为出版人，为了让读者获得最好的体验，我们觉得值！

（三）其他推广做法

我们注意到，原版书封底有欧米茄公司的标志，通过与版权方沟通得知，欧米茄公司有一款海洋宇宙深水表是与书和纪录片一起合作的。在得知这一消息后，为了后期更好地宣传和营销，我们想到可以借力欧米茄的影响力做书的推广。在与其国内的负责人取得联系后，双方达成了合作意向，对方统一购买一定数量的中文版图书作为店面展示宣传，中文版图书也会对其加以宣传，形成了双赢的局面。

另外，我们还咨询了国外版权方的一些营销做法，比如做大型展览；还通过版权方了解到作者雅安的一些演讲动向，希望能做些新的宣传营销尝试。权当给大家提供一些思路。

最后，在分享本书策划经验之余，借此机会再次总结一下这部大型环保科普图书的特点，以期引起我们所有人对海洋的足够认识。借助于两位著名摄影师的双重视角，本书探索了人类与海洋之间重要且在不断发展的关系，为读者讲述了世界各地所开展的鼓舞人心的研究和探险活动，囊括了最前沿的观点以及与不同领域专家所进行的访谈记录，刻画了一幅难忘的图景——全球对

随着新媒体技术的发展，科普图书的读者体验更加丰富，从平面文图扩展至音、视、听效果的体验，这已经成为流行趋势。科普创作与出版需要把好这一脉博。

可持续发展的强烈需求。全书从艺术与科学的角度，带给读者一组取自纪录片《海洋宇宙》（Planet Ocean）丰富的、全面的海洋照片，其中既包括了对自然现象的描述，又不缺乏对人文话题的探讨，在向世人呈现出海底世界的美丽与神秘的同时，真实展现了人类对海洋造成的破坏，警示人们去关注正在受到威胁的海洋环境，呼吁全人类善待海洋。

编者：张志敏

作者简介

张金奎：机械工业出版社副编审。

5. 讲给孩子的优秀科普之作

□ 张　路　张　平

【提要】

　　科普图书编辑要努力寻找"好作者"，与作者共同"创作"。儿童科普图书要有自己的特色，要用文学的笔触、喜闻乐见的语言，生动活泼、深入浅出地讲述科学，增加趣味性。

　　眼下图书市场里的儿童科普图书不少，用"浩如烟海"来形容一点也不过分。可是拿起各种各样装帧精美的书一看，似乎都有似曾相识的感觉。内容、语言和表达风格十分相近，缺乏各自的特色。书犹如人，没有自我特色的书，犹如缺乏个性的人，怎能打动别人？造成这个现象的根本原因之一，就是缺乏儿童原创科普图书。现在大多数儿童科普图书是根据现成资料编写而成，自然无法形成自身个性，从而感染读者，争取更大规模的读者群。

　　针对这种情况，希望出版社经过深入的读者调查和市场调研，大胆突破传统，积极创新，创作出全新的具有科学性、知识性、趣味性、实用性的《讲给孩子的中国科学》。这套丛书为21世纪的孩子们献上一部有趣又有用的精品力作。

一、选题策划

品牌是出版社的核心竞争力。品牌决定出版社的明天，所以各社都在围绕自身的出版优势、作者优势重点开发拥有自主知识产权、市场占有率高的原创图书，力争出精品。作为编辑，我们一方面除了运用自己所学的专业知识，结合出版社的出书方向以及有影响的优秀书稿；另一方面，也要在策划这一选题的时候，汲取国外先进的出版理念，并加以吸收和消化，为我所用。针对当时国内科普图书文字多、图片少的缺憾，我们选用了大量精美珍贵的图片。有的是对开面的通栏图，有的是出血图，还有修饰得很漂亮的小椭圆图，版面大气而不失精致，且多数为实地拍摄，符合孩子活泼好动的天性。目的就是通过大量的彩色图片，更形象地传达给孩子们文章中讲的知识和信息。也许很多年后，可能文字忘记了，但图片却能形象地留在记忆里。在此背景下，该书采用彩色印刷工艺，图文并茂，使之一经出版，即获得广大读者和业界的好评。

二、优选作者

选题策划后，找到一个合适的作者，也就相当于这个选题成功了一半。目前，许多少儿作品的写作都是从成人的角度观察，而不是以儿童的视角出发的，说教味浓，枯燥乏味，不能真正贴近儿童心灵。该套书作者刘兴诗老师是著名地质地理学家，长期从事野外考察工作，足迹遍及全国各地和境外一些地方。他不仅发表了许多专业论文，出版了专著，也是著名的儿童文学作家。至今，他出版图书141种，获奖117次之多。他的创作活动从中

编者语：

少儿科普作品的创作者一定要以儿童为本位，"说孩子们听得懂的话"说起来容易做起来并非易事。一位优秀的图书选题策划者，应注意努力培养自己身边的作者群体，经过长期的了解与合作，不断积累和发展，逐步形成和稳定一支拉得出、打得响的作者队伍。

华人民共和国成立之初开始一直活跃到现在，是我国科普和儿童文学文坛的元老之一。他的作品内容深刻，观点精辟，加以优美幽默的文笔，既是严谨的科普作品，也是优秀的原创文学作品。他能通过模拟报道的方式，引起孩子们的好奇，进而增强其阅读的兴趣。同时，把科普性很强的科学专题用文学的笔触娓娓道来，在用科学知识阐释自然现象时，常常用神话、传说、故事作陪衬，使科普知识趣味化，易于孩子们阅读和理解。同时，作品里洋溢着浓郁的爱国主义精神和民族自豪感，对小读者可产生潜移默化的感染力。

三、细微编辑

出版社虽然选准了作者，但也不能放任自流，任随作者凭着兴趣写作。必须仔细研究：不仅针对所选择的作者进行研究，还必须针对当前的科普作者队伍结构，以及图书市场进行研究，帮助作者开阔视野，尽量发挥自身特点，达到淋漓尽致。一个好的出版家应该与作者定期共同仔细研讨，把钢用在刀刃上，寻求最适合这个作者的题材，同时为其作好帮扶和资料供应的后勤工作。要根据其创作短板，进行必要的实地研究考察、查阅图书资料，甚至参观、采访等。同时，也可以相互定期访问座谈，引入出版社内部包括发行部门的同志共同座谈。也可以组织针对某个作者的专题研讨会，帮助发现其优势和劣势，如何进一步解决，一步步提高水平，扩大领域。只有出版社和作家融合为一个整体，才能更好发挥其作用。不能把作者当作是"外人"，仅仅是约稿、付给稿费的交易关系，而应该视为自身组织的一个不可缺少的成员。只有作者和编辑、发行完全融为一体，才能更好地发挥作用。

编辑实质上是整个文学生产过程中的中心环节，连接着作者的创作与读者的感受。

该套图书在加工环节上，关注了每一个细微之处。在章节目录、开本、装订形式、印张、封面设计、版式设计上下了一番功夫，对文字和图片进行了合理的处理。

（一）内容

该套图书的内容深浅适合中国少年儿童的知识、智力和身心发展水平。该套图书是一种别出心裁的科学史。看似一个个各不相关的故事，却通过天文、地理、农业、水利、交通、建筑、医学、军事，以及其他学科领域，分门别类组合，共同营造出一幅壮阔的中国古今科学成就的画面，具有很强的科学性。

该套图书是科学史，也是别样的故事书，并不枯燥无味。一个个古今科学人物，通过作者的生动文笔，栩栩如生浮现在眼前，具有很高的可读性。

该套图书贯穿了一条科学发展的线索，也贯穿了一条鲜明的爱国主义教育的主线，既是一部科学史，也是一部别样的思想教育书籍。读后加强了对民族历史的了解，不由增添民族自豪感。科普书籍就应该这样，既有科学内容，也包含作者的思想观念，具有很深刻的思想性。

该书并不是简单的科学问题罗列，更不是毫无自身主见。刘兴诗毕业于北京大学地质地理系，研究领域旁及其他许多文理学科，知识十分渊博。许多问题并非简单介绍，例如在有关中国东部第四纪古冰川遗迹的争论中，以及其他一些问题，常常表达了作者的学术观点；又如关于玉门、大庆等油田的发现史料，坚持了历史的真实，排除了常见的误解，等等。这就具有学术研究价值，不是一般的编著了。

（二）编排与形式

该丛书的编排突破其他少年儿童科普读物传统编排方法，在标题、版式、装帧上大胆创新。标题清新活泼，如《讲给孩子的中国科学（上）》的标题有：水神共工闯祸了；东方盗火者的故事；神农礼赞；真实的神农故事；会飞的"手指"；形形色色的原始房屋；大禹治水的绝招；两千年前的食谱；现代播种机的始祖；叽里嘎啦转的风扇车；高转筒车圆舞曲；大隐于市的水碓房；沟垄交替的"代田法"；漂浮在水上的农田；洼地里的"大池塘"；西门豹治邺；"天府之母"都江堰；潘季驯治理"坏孩子"；"世界一绝"水下博物馆；贾思勰和《齐民要术》；学贯中西的徐光启……这些标题一看就能激发少年儿童的好奇心，大大增加了可读性、趣味性及吸引力，提高了少年儿童的阅读兴趣。

（三）语言

避免传统科普读物严肃生硬的语言，使用儿童文学语体和科普散文语体，用少年儿童自己的、喜闻乐见的语言，生动活泼、深入浅出、通俗易懂、通达顺畅，读起来能朗朗上口，符合少年儿童的阅读心理。如"形形色色的原始房屋"所述：

天黑了，原始人也要睡觉。他们住在哪儿？

最早的原始人和猿猴差不多。猴子住在树上，许多原始人也住在树上。上古时期有巢氏的传说就是这样来的，留下深深的原始时代的烙印。所谓有巢氏，并不是一个真实的人，而是一个时代的象征。后世有的腐儒戴着封建伦理的有色眼镜看待一切，咬着笔杆东考证、西考证，哈哈哈，世界上有这种猴子一样的"王"吗？如果真的是什么"王"，就是"猴子王"。

……

原始人一天天开化，远离了猴子一样的生活，再也不愿意住在漏风漏雨的树上和冷冰冰的山洞里了，得要改善一下居住条件才好。

……

（四）特色

与国内同类型科普丛书相比，该书由科学家、儿童文学家与科普作家集一身的作者来编写，在内容、编排、形式、语言上多有创新，活泼有趣，故事性强，呈现出以下特色。

1. 富有创造性

该系列图书符合少年儿童的年龄特点、认知水平和阅读习惯；是以少年儿童易于接受的直观、通俗、形象的表现手法，揭示科学的奥秘、人类探索科学的进程，以及科学对社会进步的作用；在传播具体知识的同时，着重提高孩子们的科学思维和想象能力，尤其是能够激发孩子们对于科学的热爱、对于科学的兴趣，体验学习科学知识、发现问题的乐趣，进而培养少年儿童的创新思维。如《讲给孩子的中国科学》（中）《"大图章"盖印的佛金和"钞票"》一文所述：

> 小小的印章就是一个发明。从前的诗人、画家完成了自己的作品，一页页签名很麻烦，自然就发明了图章。只消把刻好自己名字的图章轻轻一盖，就可以在纸上留下名字了，不必费事签名了。

> 紧接着，拓墨的技术也出现了。从前有许多石碑。往往由名家书写，刻写着各种各样的内容。人们为了得到这些名家的书法和碑刻内容，就想出一个办法，把纸紧紧贴在碑面上，再用沾了墨汁的光滑重物均匀滚压，就能得到想要的拓片了。

> 人们的思路顺着图章和拓片继续想下去，一个新的想法一下子冒了出来。啊，这太简单了。只消像刻图章和石碑一样，把要印的书和文章，专门刻出一块块木板，按照同样的方法就能印刷出来了。它的制作方法很简单。这种办法

出版物的特色是编辑风格的直接显现。相对作者风格而言，编辑风格的形成要复杂、困难得多，最直接的原因便是编辑风格是通过作者风格来体现的。为实现编辑风格，编辑与作者必须和谐统一。

叫做雕版印刷，就可以不用一个个字抄写了。这种办法是谁，在什么时候发明的？有人说，雕版印刷起源于西晋和东晋时期，也有人认为起源于隋唐时期。不管怎么说，都是随着纸、墨的出现，图章和石碑流行而发展起来的。说白了，雕刻好的木板就是一个大号图章呀！印一本书需要许多雕版，也就是一个个大号图章组成的。虽然雕刻一块块木板很麻烦，但是刻完就方便了。谁想看一本书，只消拿着这些雕版，啪嗒、啪嗒，一个接一个印下去就得啦！不消说，比手抄本方便得多。

2. 思想性

作者以优美流利的文笔表述，不仅深入浅出，而且科学性很强，文学性也很强。更加特别指出的是，作品里洋溢着浓烈的爱国主义精神和民族自豪感，具有一般科学作品和科普作品中不可多得的思想性。

3. 知识性和趣味性

知识性和趣味性是儿童图书的"灵魂"。如"日行百里的'千里船'"一文所述：

请读李白的一首诗："朝辞白帝彩云间，千里江陵一日还。两岸猿声啼不住，轻舟已过万重山。"

请问你，读了这首诗有什么感觉？仔细想一想，从三峡之首的白帝城到三峡之外，江汉平原上的荆州，直线距离也有260多千米，弯弯拐拐的江水就更长了。古时候的木帆船在水上咿咿呀呀慢慢划，顺着水流慢悠悠往前漂，真的可以"千里江陵一日还"吗？

啊，莫非这是今天的摩托快艇、气垫船？

读了这首诗，谁也不会认真。这是大诗人的浪漫想象，抒发欢快的心情而已。他还说过"黄河之水天上来"呢，难道也能相信黄河的源头是天河吗？

李白爱喝酒，会不会酒喝多了，说的是酒话？据说，他就是因为喝醉了酒，跳下水捉月亮而淹死的。喝醉酒可以下水捉月亮，实在太浪漫了，难怪人们称他是"谪仙"。这样喝醉了酒的人间仙人，随口说一句"千里江陵一日还"的酒话，有什么不可以？

喔，就算他不是随意想象，也不是酒后说的醉话。仅仅他一个人说也是孤证……

4. 立足于大众化，避免了专业化倾向

文字力求生动、活泼，通俗好看，又不是干巴巴的，过于浅显，减少了抽象的概念和论述性文字，语言上多使用启发式，避免了说教式。

5. 体现时代精神

材料确切，观点清晰，弘扬爱国主义精神。《讲给孩的中国科学》（下）讲述"两弹元勋"邓稼先那样：

1964年10月16日下午3时，新疆罗布泊上空，天地轰鸣，巨大的蘑菇云翻滚而起，我国第一颗原子弹爆炸成功了。

其实，早在1957年，33岁的他就悄悄调进这支队伍了，领导核武器的理论设计。为了保护这个最高的国家机密，他在西北荒漠戈壁滩上隐姓埋名了28年，默默工作着直到最后逝世。

他，是勇敢的实践者。每一次试验，他都站在最前列。有一次航弹试验的时候，由于降落伞破裂，原子弹从高空坠落下来。为了避免可怕的事故，他竟冒着生命危险独自冲上去，抱着原子弹碎片仔细观察，受到致命的核辐射伤害。

……

人们说，他是"中国原子弹之父""两弹元勋"。真是当之无愧，说得一点也不错。

该套图书在整个编辑过程中，我们始终考虑的是读者和市场。处处凸显孩子的童心和童趣，把爱国主义教育和社会主义核心价值观贯穿始终。这里需要特别强调的是，作品里洋溢着浓烈的爱国主义精神和民族自豪感，寄托了作者对祖国之爱，如此炙热的感情，必然会对小读者产生强烈的感染力。这是一般科普作品所缺乏的，也是今天爱国主义教育特别需要的。

作者简介

张路：山西出版传媒集团三晋出版社编辑。

张平：希望出版社编辑。

编者：姚利芬

6. 当导演 寻痛点 求增量

——《海洋生物大观园》策划心得

□ 毕 颖

【提要】

　　做一名优秀的科普图书编辑，要像导演一样，拥有综合、协调和制衡的能力；要把握用户需求，把用户的痛点转化成服务，给用户提供优质服务；要洞悉市场销售情况，延长图书生命周期，努力做到"畅销加长销"。

编者语：

　　编辑工作是出版工作的中心环节，在互联网时代，图书编辑应着力开展创新思维，并在实践中不断丰富自己的职业素养，包括政治素养、文化素养等。

　　图书出版这个职业要求编辑接触不同的作者、涉猎不同的选题、深入不同的领域，只有在不断提升自己的同时，掌握得当的工作方法，才能有新的构思、新的发现，从而产生新的策划方案。2011年，我开始涉足科普图书出版领域。几年来，我策划和担任责任编辑的图书有幸获得了第二、第三、第四届中国科普作家协会优秀科普作品奖，文津图书奖，文津图书提名奖，"三个一百"原创图书奖，科技部全国优秀科普作品奖，吴大猷科学普及著作奖，以及2017年国家科技进步二等奖等荣誉，本人也相继受到京内外数家出版社的信任，应邀担任顾问。下面，我通过回顾《海洋生物大观园》丛书的创作经历，谈谈我对科普图书策划的点滴心得。

　　科普图书的创作过程，集合了科学知识、语言表达、市场需求、美学基础、图片布局、营销推广等诸多方面的因素和条件，无不体现着作者和编辑的融合与配合。在这个过程中，作者是创作的主体，而编辑则是创作的支点。只有做好科普图书的策划，才能为科学传播做好支撑工作。

《海洋生物大观园》丛书共有 7 个分册，是我对图文型科普图书寻求突破的一次尝试。2012 年，为了普及海洋知识，激发青少年热爱科学、献身海洋研究，我计划出版一套关于海洋的科普图书。曾有教育学家说过，"每个孩子都有探索的本能"，地球之所以瑰丽，是因为它拥有浩瀚的海洋；海洋之所以神秘，是因为它有纷繁多姿的生物世界。根据图书对青少年读者的定位，我设计了"漫游海洋馆"和"绕着大海去旅行"两个系列的图书选题。

"漫游海洋馆"系列需要设计一个主要人物，通过他（她或它）在海洋馆的游览活动，编写一些小故事，串起一个个的知识点，让读者在轻松愉快的氛围中较为系统地认识到海洋生物。要求语言生动有趣，有情节，有故事，并且图文并茂，小知识、小提示灵活穿插。根据海洋馆的布局和分类特点，我甚至拟好了相关的分册名称，如：会移动的石头（贝类馆）、鸟儿也会游泳（海鸟馆）、身披盔甲的武士（虾蟹馆）、漂亮的杀手（珊瑚馆）、形影不离的朋友（共生动植物馆）等。

而"绕着大海去旅行"系列的重点是讲述海洋地质、海洋地貌、海洋大气等知识，通过主人公在五大洋的旅行，使读者加深对地球结构特别是海洋地理的认识。当然，其中少不了大陆架、海岸线、海底火山、海啸、潮汐等名词和现象，以及世界知名海峡、内陆海、大运河、冰山等知识的介绍。相比之下，动物的形态和习性描述不是重点。

为了使图书定位更科学、更合理，我对图书市场做了充分调研，包括研究已有品种，咨询海洋学专家，对话小读者。经过调

在科普图书创作过程中，作者和编辑各有分工，科学知识和语言表达主要由作者完成，市场需求、美学基础、图片布局、营销推广主要由编辑把握，最终的图书则要达到双方都满意的结果。

《海洋生物大观园》是一套面向青少年的科普图书。作为编辑，应当在出版前了解行情，看看已有图书情况，寻找出版"空白点"，同时，与专家和青少年读者充分交流，最大限度地发挥专家特长，满足读者需求。

研，我得出海洋生态系统比陆地上的任何生态系统都要复杂得多的认知。海洋错综复杂的食物网养育了种类繁多的海洋生物，斑斓而有趣，充满惊喜、刺激、新奇和感动，是海洋最吸引青少年读者的话题，如果从海洋生物入手，图书应该更能被青少年读者接受。因此，我把策划方向锁定在第一个选题上——通过介绍海洋生物，构筑这套科普图书的框架。

"学林探路贵涉远，无人迹处偶奇观"。我国图书市场每年动销品种数有 150 万种左右，而前 1% 的畅销书贡献了超过一半的市场码洋，由此可见，策划是关键。在长期的策划、编辑和出版工作实践中，我总结出了三点策划心得，那就是当导演、寻痛点和求增量，并且把这三个理念用在了《海洋生物大观园》的策划中。

一、当导演

所谓当导演，就是以导演的身份投身于图书策划和制作中去。

导演是制作影视作品的组织者和领导者，是通过剧本、演员、摄影、灯光、音乐等表达自己思想的人。一部好的影视作品，一定是讲了一个好故事；同样，一部优秀的科普作品，不仅要具备无可挑剔的科学性，还要有引人入胜的故事性，甚至要有让人流连忘返的艺术性，因此，编辑一定是善于综合、长于协调的人，把自己当成一部电影的导演来工作。也就是说，编辑是科普图书的策划者和组织者，他/她们要通过图书实现自己对科学的认识和理念的表达，所起的作用实际上和导演一样，需要把控全局，要有综合、协调和制衡的能力。

可以对比设想一下，如果把书稿比作剧本，那么出版社就类

编辑要像"导演"一样，投身于图书策划及制作当中，寻找用户想要但又未能满足的需求，突出图书精华及精彩看点，促进读者及市场认可。

科普图书编辑如同电影导演一样，需要发挥统筹规划及组织协调作用，从而让图书出版工作有条不紊地推进。

似于制片人，作者类似于演员，排版、印制、校对等工种则好比是布景、灯光、摄影、剪辑等，他们都离不开导演的精心安排和布置。

这套丛书共7个分册，每个分册都有一名作者。但由于7位作者工作单位不同，工作侧重点不同，年龄不同，经历不同，写作风格不同，所以书稿难免体例混乱，文风差别大，成稿质量也参差不齐，不具备套书的基本条件，按出版要求根本没办法出版。这时，编辑就要像导演一样从修改剧本入手，把你对科普作品的理解、对市场的认知情况、对作品的意见等呈现给作者，通过开研讨会，写样章，统一思想，努力寻求最好的写作方案。

经商定，由时任北京海洋蓝魔方文化传媒有限公司总经理、原《海洋世界》杂志社主编屠强担任这套丛书的"领衔主演"，他经验丰富、责任心强，负责统稿和协调其他作者。我每周都和屠强进行沟通，大到书稿架构，小到文案写作风格和插图的选取，达成一致的修改意见，然后由屠强来督促其他作者；我们还组建了编委会，交稿前由编委会统一把关。实践证明，这种做法效果非常显著有效。

二、寻痛点

痛点和需求是相互依存的，痛点的本质是用户迫切的需求无法满足的时候而产生的需求。把握用户需求，更重要的是要把用户的痛点转化成服务，给用户提供优质的服务。

商业营销十分关注痛点，痛点是否找得准，关乎产品是否适销对路。"怕上火就喝王老吉""喝红牛有力气""海飞丝专治头皮屑"等广告，就是抓住了用户的痛点而展开销售攻势，从而深入人心。

策划科普图书目的就是要让公众理解科学，促进读者对科学的认知，市场反响强烈的书才能受到更多的读者关注。所以，做图书，也要抓热点，找痛点。在这套丛书中，读者除了要了解海洋生物的习性，更重要的还要"观其形"，保证书中具备富有冲击力的高质量图片，是读者的痛点。为了有别于同类型的科普图书，我在体例结构、内容编排和版面布局上，着实下了一番功夫。

全套丛书150个海洋生物的有趣介绍，打破了固有的分类方法，按最引人瞩目和最有意思的特征，如拟态、毒性、体态大小、凶猛程度、进化特征等来分类，便于读者理解和记忆。7个分册各自介绍一个主题，每个主题有20个左右的海洋生物，每一种生物都配有酷炫的彩色高清图片作为主图，当然还有像素没那么高的辅图和细节图，有些还增加了跨页大图，总计1000多幅活色生香的图片，共同组成令人眼花缭乱的纸上"海洋生物馆"。

图书上市后以图片夺人眼目和编排方式新奇而备受关注，当年入选科技部50种"公众喜爱的科普图书"，次年又获第三届中国科普作家协会优秀科普作品金奖，销量突破10万册。

三、求增量

计算机行业有个术语叫增量开发，意思就是说软件开发后发布时分期分批，每次都多发布一点点，保证软件功能和数量渐增地发布。其实，科学传播的过程也可以是一个这样的过程。

《海洋生物大观园》丛书过硬的内容品质以及获奖效应，使得图书上市销售两年后取得了不菲的成绩，但随着时间的推移，商品动销率有所降低，这说明市场对这套书的认可已经进入下行

热点和痛点，都是容易引起读者共鸣的关注点。热点，常常反映当下读者的阅读兴趣；痛点，体现的是读者亟需满足的阅读需求。一个好编辑，应想办法将二者结合起来。

通道。"畅销加长销"是我们每个出版人都努力追求的目标。为了延长图书的生命周期，加深读者对海洋生物珍、奇、特、美的欣赏和领略，我再次提出重新整理集合原书的策划方案。

重新加工整理即是一个求增量的过程，不少出版社也在运用这个法则出版修订版图书。我抽取其中最为精彩的部分，增加新的内容，补充新的看点，修改原书开本，改成更具国际化规格的165×235（小16开）大小，以《千奇百怪的海洋世界(生存篇)》和《千奇百怪的海洋世界(奇迹篇)》两个分册姊妹篇的形式出版，赋予了原书新的生命。

除此之外，我还采用更高品质的进口纸张和工艺，如字体烫金、图片磨砂，调整图书定价。通过新封面发酵获奖效应，注明"2014年第三届中国科普作家协会优秀科普作品金奖"，使图书整体看起来更有设计感。自2017年1月改版以来，这两本书已累积印刷6次，总印数超过17000册，经济效益显著。

层层递进、增量开发的策划思路，由一个引出多个，不断延伸，为我们不断优化选题创造了条件。

作者简介

毕颖：人民邮电出版社编审，高级编辑主管。

业内人士认为，一本畅销书的生命周期一般为1—2年，为了改变这一状况，出版人应做好维护和更新，让图书由"畅销"走向"长销"。

7. 《林下书香——金涛书话》 编辑手记

□ 吕　鸣

【提要】

　　编辑要真正做到对作者负责、对图书负责、对读者负责。要一遍遍研读、探究书稿，将图书内容以最佳方式进行创造性编排、呈现，为编辑按部就班的工作赋予新的价值，练就科学文化著作精品莫不如此。

　　《林下书香——金涛书话》是一本文化人的读书札记，由科学普及出版社于 2013 年 2 月出版。这是一本内容精良、制作精美的科学文化读物，内涵深厚、意蕴深远，值得反复品读。2014 年获得第三届中国科普作家协会优秀科普作品奖银奖，2015 年获得第五届中华优秀出版物图书奖。

　　不同于以往书话图书，该书内容涉及古今中外社会、历史、文化及科学普及诸方面，是传统书话出版的成功突破，也使书话成为科普创作的一个新亮点，拓宽了科学文化读物的新领域。作者以一位资深媒体人的视角、资深科普作家的眼光，挖掘图书背后的逸闻趣事，或阐明一个观点，或探究一段史实，或抒发一些感慨，使读者心灵受到震撼和得到有益的启示。

一、精品天成

《林下书香——金涛书话》是一部自带精品属性的科学文化著作。时隔几年回顾这本书的出版过程，我仍然对此深有感受。优秀的书稿往往是可遇不可求的，相信这是很多编辑同人所认同的。

（一）十年一剑的大气之作

《林下书香——金涛书话》收入了林林总总、跨越古今中外的 100 篇书话。这些文章全部来自于《科学时报》（今《中国科学报》）读书版的《书话岁月》栏目。这些书话精品是作者退休后 10 年间持续创作的，主要内容多和图书梗概、版本、著译者、主题、背景等相关，文章注重知识性、哲理性，每一篇都有精彩的故事呈现。作品展示了作者对历史与今天、现实与未来、文化与社会、人类与自然、科学与文明等方面的深刻思考和独到见解。10 年 30 万字，这种写作周期和时间跨度是现今很多书稿无法具备的，高品质也就不言而喻了。

（二）博览群书的文化底蕴

天文、地质、生态、考古、工艺、科技史、海洋、科学幻想、博物、城市规划与建设、探险、森林调查、极地、自然灾害、食品安全……能从如此多的书目中发掘出精彩之作，作者广泛而有深度的阅读基础，以及全面扎实的学术功底起到了决定性的作用，不论是历史著作、文学经典，还是科普读物、探险游记，作者都能娓娓道来，层层推进，引人入胜，实在是令人佩服。

（三）笔耕不辍的创作经历

作者在半个多世纪的写作生涯中，笔耕不辍，成就斐然，创作了数百万字的科学报道、专访、游记、随笔、报告文学、人物传记、科幻小说和科学童话。由于这些题材都是他所熟知的，写作书话时自然也就言之有物、游刃有余，不仅能够流畅精准地切入各类图书的主题、驾轻就熟地剖析各类图书的内容，还能恰到好处地进行相关知识的讲解、辨析鉴赏图书的独特之处。

（四）丰富多彩的人生阅历

作者曾经先后在中央党校、《光明日报》、科学普及出版社当过教员、记者、编辑、总编辑和社长。1976年还曾在鲁迅研究室工作过。1984—1985年，参加过中国首次南极考察。写作中，他很自然地将历史事件、游记见闻、知识普及与自己的人生经历糅合在一起，增添了作品的感染力和可信度，客观理性地评述每一本书、每一件事、每一个人。

（五）理性豁达的极简表述

为了适应报刊发表，这些书话发表的时候篇幅都不长，坚持"有话则长，无话则短"的原则，这也使文字内容更切中主题，繁简得当，可读性强。当然，这种文字表达方式也与作者本人直率、坦诚、果断的性情是相得益彰的，每一篇书话的点题抒情也总是点到为止，绝不拖泥带水。

（六）独树一帜的写作视角

作者的书话写作技巧不仅驾轻就熟，而且尤其注重写作视角的独特性，比如写科幻小说，他介绍老舍的《猫城记》和托尔斯泰的《加林的双曲线体》；写历史文化，他给予拉丁美洲和大洋洲以特别的关注；写人物更是以鲜为人知的故事为主，比如李德立与庐山别墅区和北戴河避暑胜地的历史渊源。审视反思历史和尊重理解科学是其书话作品的两大重要特色，对人类的深切关怀和对未来的深刻思考贯穿全书始终。

二、嫁衣难做

名家大作在手，既感荣幸欣喜，也不乏心中忐忑，在这里仅分享在本书编辑出版过程中遇到的考验和所做的一些微不足道的琐碎之事。我们都知道，其实这就是每个责任编辑按部就班的工作，原本是不值一书的。

（一）难以把握的书稿内容

《林下书香》的书稿内容五花八门、博大精深，这是我们三审三校人员共同的感受，初审时我经常会被某一篇内容生疏的文章绊住，通篇都是疑问，3000字一篇的文章，有时竟然要花掉几小时去查证研习，权且当做是我好学不倦吧。编辑加工阶段，书中所有人物的身份、生卒年、生平事件等都要逐一查证，即便如此，在最后阶段还是发现了有人物头像张冠李戴的错误。个别陌生的史实和事例，经常搜遍全网都难以查证，这也印证了作者写作视角的独特性。

（二）难以划分的篇章结构

编辑必须要有创造性地加工和提炼稿件的意识和能力，这样才能有效提高书稿品质。这100篇书话异彩纷呈，乍一看去难免有眼花缭乱之感，对阅读是非常不利的，因此篇章的划分是必须的。经过反复研究、几番调整，我根据内容侧重的不同将全部文章划分为人物春秋、文化守望、历史寻梦、文明之思、科学魅力、幻想无疆、游记天下七个版块，一边审稿一边调整，光是目录就出过五六稿。

（三）难以表现的装帧形式

不同于以往我们经常接触的学术专著和科普图书，这是一本内容纵横古今、具有浓厚文化品位的图书，作者提供的书影多是

> 编辑工作是一项创造性劳动，其中重要的一点就是对稿件的提炼与加工。好的编辑不能坐享其成，也不应全盘接受，需要有批判性思维和创造性加工。

来源各异、年代久远的藏书，有些封面斑驳残缺、模糊，有些还贴着馆藏标志，另外一些配图也是有新有旧，清晰度不一。如何才能将这些不同风格和质地的图片组合到同一本书中呢？苦恼了一段时间之后，我亲自登门拜访了合作多年的设计师，向他道出心中的困惑和担忧。在分析书稿内容、参考相关图书设计风格之后，我们达成了一致：这是一本必须做成"老照片"风格、带有年代感的图书，史料价值和艺术观赏性要兼顾。整体设计效果偏厚重感与历史积淀内涵，其他人物、风景、器物等插图，也要配合主题起到画龙点睛的作用。

为了方便读者赏析，要为每一篇书话都配上书影，同样一本书有不同的版本，书影要与作者所写版本完全对应，就要不厌其烦地查找和鉴别，100余幅书影全部完备之时我真是长舒一口气啊。

（四）难以完善的细节展现

书中100篇书话涉及的图书大大超过100种，为了让读者能够"按图索骥"，精准地找到原著，相关图书的作者、出版社、出版时间信息必须准确，作者提供的要一一查证，作者没提供的，要从多个版本中鉴别挑选，进行这项工作时感觉自己就好像一个"强迫症"患者。

图书封面右上角的一枝红梅，原本作者是建议去掉的，但考虑到广大读者并非都是如作者一般的钢铁直男，这一枝梅花也许会给这么一部厚重的图书增添一丝文艺、浪漫的气息吧，于是我坚持了原有的设计，成书在手时，似乎真的嗅到了一袭紧扣书名主题的"香气"。我想这就是编辑工作的日常吧，总是在作者本意和读者需求之间小心翼翼地平衡着，很多时候是难以两全的。

一部优秀的科学文化图书的诞生，离不开编辑出版环节每个工作人员的辛勤付出，只要坚持认真负责、精益求精的工作态度

编辑的责任心就在于对作者的辛勤创作负责，为他们锦上添花；对读者的殷切期望负责，为他们雪中送炭。精益求精，认真负责是图书编辑最可贵的品质和职业操守。

和热情，最终就一定能够达到精良的出版品质。

　　读了此文，对金涛书话感兴趣的读者，不妨关注一下 2018 年 11 月出版的《书林漫步——金涛书话续编》，这本书收入了作者最近五年创作的 104 篇书话，不仅内容有所拓展，而且收入了 4 篇颇有分量的附录，书中还将几十幅作者手绘图稿作为插图使用，这应该也是一份意外的惊喜吧。

作者简介

吕鸣：中国科学技术出版社副编审。

编者：张志敏

8. 浅谈少儿科普图书的选题策划
——以《啊！蜻蜓》为例

□ 陈捷翔

【提要】

对科普图书编辑来说，要坚持"内容为王"原则，做好内容。在选题上，要贴近少儿需求；在表达上，要融科学性、思想性、艺术性、通俗性、趣味性于一体；在装帧上，可以采用图解形式化冗杂为简洁、化枯燥为生动，以强烈的视觉冲击吸引小读者；在营销上，除了传统的发行渠道，还应当注重新媒体传播方式的运用。

少儿科普是全民科普的重要起点。少年智则国智。少儿科普图书的出版与发展，直接关系我国公民科学素养的提升。然而，综观国内少儿科普图书，尽管自 2008 年底，在国家一系列政策的支持下，少儿科普图书逐步呈现出复苏之势，但仍面临着"叫好不叫座"的尴尬局面。

20 世纪 80—90 年代，福建少年儿童出版社曾经在科幻图书出版领域拥有着广泛的影响力，先后出版过科幻方面的图书 100 多种，被中国科幻界和出版界誉为"科幻出版重镇"。伴随着近年来科幻市场的低迷，福建少年儿童出版社已将出版方向调整至市场需求量较大的科普领域。这与福建的生态大省定位和政府的扶持有着较大的关系。作为"海峡出版发行集团"的直属出版社，福建少年儿童出版社规划的科普板块产品线已被纳入该集团的重点发展产品项目。怎样策划出形式丰富多彩，既能满足少儿读者需要，又能获得经济效益的科普图书，是值得当今出版人仔细思考的问题。本文以笔者策划的第三届中国科普作家协会优秀科普作品奖获奖作品《啊！蜻蜓》的选题策划为例，简略分析，与出版界同人共同探讨。

一、市场分析

中国第6次人口普查结果显示，截至2013年，我国0—14岁儿童超过2.2亿人，约占人口总数的16.6%，是一个庞大的消费群体。随着人民群众生活水平的提高，少年儿童的健康成长已经成为众多家庭关注的焦点。少年儿童也需要更多优秀的少儿科普产品，使他们受到科学精神的熏陶。当下，少儿科普形式已呈现多样化，但据调查显示，阅读科普图书仍然是最主要的受众传播方式。由此看来，少儿科普图书市场有稳定的刚性需求。如此大的市场需求，以及"科教兴国"的基本国策，给我国少儿科普图书的发展带来了巨大潜力。

目前，我国少儿科普图书市场，无论是从品种还是销售数量上看，引进版科普图书都占据主导地位，如《昆虫记》《我的野生动物朋友》《世界上脏脏的书》等图书长期位于少儿科普图书排行榜前列。其中，《昆虫记》这本书引起了本人的极大兴趣。法国著名作家法布尔的《昆虫记》是一部不朽的科普著作，作者将昆虫世界化作读者可以从中获取知识、趣味、美感与思想的精美散文，堪称科学与文学结合的典范，被誉为昆虫界的"荷马史诗"，深受广大读者喜爱。如今《昆虫记》因为进入了语文新课

编者语：

选题的市场分析，是选题策划的首要环节，如果没有科学和准确的市场分析，就不可能有成功的选题。

标必读书目，又进入了公版期，市面上的版本是非常多的，其中北京科学技术出版社出版的《法布尔昆虫记》（儿童彩图版）配上充满童稚的插图，销量已经突破350万册。《昆虫记》系列产品的热销，充分说明了读者对昆虫题材科普作品的喜爱。昆虫种类繁多、形态各异，是地球上数量最多的动物群体。它们的踪迹几乎遍布世界的每一个角落，对农业生产和人类健康造成重大影响。如今，城市化的进程越来越快，人们的生活也越来越便捷，虽然城市里不乏公园、绿化带、游乐场，但是，居住在里面的昆虫是越来越少。被困在钢筋水泥里的孩子们，再也找不到那种和小伙伴们一起捉虫扑蝶的快乐。因此，策划一系列以昆虫探索为主题的少儿科普图书，方便小读者进一步深入了解昆虫知识，既能体现少儿科普图书编辑的社会责任感，又能在一个潜力巨大的市场里分得一杯羹。

二、内容定位

媒介融合的大背景给图书的"内容为王"带来了挑战，也带来了机遇，为图书在坚持"内容为王"创造了更宽广的空间。对图书这种传统媒体来说，"内容为王"是应对新媒体冲击和媒体融合双重压力下，寻求战略突围的一个突破口。

做图书，实际上是"做内容"，近些年来，"内容为王"被越来越多的人所提及。科普图书的选题广泛，凡是普及和推广科学文化知识，传播科学思想、科学精神的内容都可以列入其中。根据市场调查分析发现，购买少儿科普图书的读者多分布在大中城市。虽然昆虫的种类繁多、形态各异，但大中城市中的少年儿童最有机会接触到的昆虫却是苍蝇、蚊子、蟑螂等害虫。小学一年级语文教材里有一篇课文——《要下雨了》，文中提及"蜻蜓低飞，要下雨了"的自然知识。可实际上，在城市里，蝴蝶、蜜蜂尚能在公园或绿化带里时不时见到，蜻蜓却越来越少，几近绝迹。这是因为蜻蜓是一种水生昆虫，它的幼年是生活在水里的，而城市建设导致城市里的很多河流湖泊消失。栖息地被破坏了，没有适合生活的水域环境，蜻蜓自然就没有了。虽然我们已经说不清，到底是什么时候，这种曾经伴随着一代代人成长的小生灵离我们的城市渐飞渐远，但只要我们现在意识到了，就不算太晚。因此，本人决定策划一本以蜻蜓为主题的少儿科普图书。希望通过这本书激发孩子们的求知欲望，培养他们的科学精神和环保意识。

三、遴选作者

少儿科普图书不仅要具备科学知识属性，而且要把抽象的、深奥的、枯燥的科学知识形象浅显地表达出来。少儿科普读物要融科学性、思想性、艺术性、通俗性、趣味性于一体，这不仅要求创作者兼具较高的科学素养和文字表达能力，而且还要熟悉当代孩子们的一些心理特质，哪一方面薄弱都不会创作出好作品，这也是科普图书的与众不同之处。目前国内有志于少儿科普图书创作，同时又具有较高综合素质的作者相对缺乏。自然科学工作者创作的少儿科普读物通俗性、趣味性较弱，社会科学工作者创作的少儿科普读物又常有科学性不足的问题。

在找寻作者的过程中，我们有幸遇到了台湾的出版人邱承宗先生。邱承宗先生是台湾著名的生态摄影师和插画师，曾经策划和出版过许多昆虫题材的绘本及科普读物。工作之余，他从未间断昆虫摄影和调查。他曾选择蜻蜓作为拍摄对象，花费数年时间，详细记录了蜻蜓从出生到成熟产卵的整个过程。作为一名生态摄影师，对于物种的观察会比一般人更敏锐、更细腻。邱承宗先生不仅拥有前述特质，还具有研究家的精神与过人的耐心，让一般人很难观察到蜻蜓生活史的过程记录，得以在照片中精彩呈现，例如产卵的过程、卵粒的形状和孵化，以

很多人觉得少儿作品门槛低，大家都可以上手写，实则不然。能把科学给孩子讲得深入浅出，活泼有趣，实在是一项很大的本领。

及蜕皮等历程，邱承宗先生花费许多时间和精力一一捕捉到这些珍贵的镜头，带给我们巨大的震撼。而这些科普素材都是在内地的少儿科普出版物中前所未有的。自 2009 年以来，福建少年儿童出版社致力于两岸儿童文化界和少儿出版界的交流事宜，取得了业界的广泛好评。在与邱承宗先生的交流中，他非常认可我社科普图书的出版理念和引进台湾优秀童书的出版规划，因此决定将他之前在台湾地区出版过的科普图书《啊！蜻蜓》的内容授权于我社，并将该书纳入我社的"台湾科学绘本馆"系列里。

四、编辑加工与装帧设计

我们在与作者的沟通过程中达成共识：虽然海峡两岸同文同种，在社会与历史背景上存在诸多相似之处，但仍存在不小的文化差异，加之原书不是专门针对少年儿童制作，因此需要对原书进行重新编辑加工。在编辑过程中，我们改造了原书中不符合内地出版规范的语句，在遣词用语上下功夫，使文本更通俗易懂，并对生僻字加注拼音，使之更适合少年儿童阅读，加强了可读性与趣味性；对书中涉及的数据逐一排查与核实，保证了科学性和严谨性。考虑到少儿科普图书的读者对象是非专业的未成年人，装帧方面图文并茂非常必要，且少儿科普的社会效益要高于经济效益，我们选择高成本的四色铜版印刷。原书有大量精美彩色照片，为了达到更好的显示效果，我们有意扩大了书中图片的篇幅，图解形式的少儿科普书化冗杂为简洁、化枯燥为生动，可以提高阅读效率、缓解阅读疲劳、增添阅读情趣，并精心重新设计了封面，以强烈的视觉冲击吸引小读者。定价方面也采用了更低的价格，虽然减少了利润，但是与我社做精品童书的初衷相吻

对科普创作，尤其是面向少儿的科普创作，务必谨记一句话：一张图胜过千言万语。

合。只有做成精品书，才能靠质量赢取市场，靠口碑赢取声誉，靠销量赢取利润。

五、多元化营销

这么一本优秀的少儿科普图书，我们当然不希望图书出版后默默无闻，无人问津，因此我们在这本书的营销上采取了多元化的方式，数管齐下，多措并举。通过我社所掌握的中国各省、自治区、直辖市的主要图书地面店渠道，结合各地区的消费水平与人文特色，配合图书的出版进度、市场周期，拟定图书推广方案。依托拥有"全球最大中文图书音像网上商城"之称的当当网为主要网络销售平台，针对本图书的特点，进行富有针对性的营销和宣传。

除了传统的发行渠道，我们更加注重新媒体传播方式的运用，例如以目前用户群最大、资讯流通速度最快的微博为平台，借助福建少年儿童出版社、海峡儿童阅读研究中心的官方微博，通过书讯、书评等信息的发布，以及与作家、出版人、阅读推广人、热心读者的微博互动，从图书的出版阶段开始进行不间断的预热、造势与宣传活动。加大图书宣传推广的深度和广度，取得了良好的效果。

此外，我们的宣传工作还有个突出的亮点，就是组织开展了多种形式的阅读推广活动，借助各地的幼儿园、绘本馆和图书馆的平台，以该图书为素材，邀请著名台湾科普作家、资深幼教专家、阅读推广人到内地举办各种主题的巡回讲座。在讲座现场，主讲人通过现场演示，现场提问，与孩子、家长互动等环节，在轻松愉快的氛围中，将知识传播给小读者，教育意义不言而喻。并通过网络平台实时发布、更新阅读推广活动的实况、后续情况

新媒体为图书营销创造了很多新的方式，每种新媒体营销方式也有各自的特色，可以弥补传统图书宣传制作成本过高、时效过低、投放目标太泛、单向传播等不足。

等资讯，提升了图书的宣传效果。

通过不断实践，多元营销的方式不但扩大了图书社会影响力，也带来了与之相应的经济收益，实现了社会效益与经济效益的双丰收。

编者：姚利芬

作者简介

陈捷翔：福建少年儿童出版社编辑。

9. 少儿数学科普图书编创管见

——结合《让你想不到的数学丛书》说起

□ 杨多文

【提要】

如何获得一个好的选题，是所有图书编辑面临的共同问题，数学科普图书也是如此。想获得好选题有几条途径：一是参加学术活动优化选题朋友圈；二是品读样稿获取选题策划灵感；三是分析样稿确定选题定位。另外，在内容编排上也要有章法，应依据内在逻辑编制书目和篇目，遵照出版管理规定严把编校质量关，按照市场需求推敲书名和篇名。数学科普作家青黄不接，加强培养势在必行。

老爸问道："你说多少根头发算秃头？"

"一根头发没有呗！"我顺口答道。

"那有一根头发算不算？"

"显然也算啊！"

"那两根头发呢？"老爸继续发问。

"算！"

"那三根呢？"

"算！——您也别一根根加了，您再加多少根也是秃头。"

"别这么忙着下结论！"老爸提醒道，"你说加多少根都算秃头，那要是有 100 根头发算秃头不算？"

　　"这 100 根嘛……"我沉吟了片刻，"好像不应该算了，顶多就是头发稀疏。"

　　这是《让你想不到的数学丛书》中《多少根头发算秃头》一文的片段。透过主人公我（王晓侯）和老爸（王教授）活灵活现的对话，生动有趣地剖析了深奥晦涩的数学概念，让读者在轻松愉悦地阅读中体会模糊数学的韵味。

　　《让你想不到的数学丛书》是著名科普作家星河的新作，包括《"常识"真的不可靠》《测测你的智商》两册，因选题策划、内容编排等亮点突出、特色鲜明而受读者青睐（中国科普作家协会评语）。作为该书的责任编辑，在此分享一下编辑工作体会。

一、好选题往往更加垂青有准备的编辑

（一）参加学术活动优化选题朋友圈

编者语：

在大数据时代，图书策划编辑除了精进业务，还应当充分收集、利用关联信息，积累并拓展人脉资源。

　　编辑的学养和人脉，某种程度上决定所在出版社产品的品位和品质。因而，有责任感、有担当的编辑都十分重视参与学术活动。从业 20 多年来，只要条件允许，我便争取参加相关学术活动，了解学术动态及其出版状况，向前辈学者学习做人做事，与同辈学人切磋交友，在教育学、心理学、科学史、科普等诸领域，建立了良好的朋友圈。1998 年，我加入中国科普作家协会，是金涛、吴岩和王临安等一批科普界前辈将我领入科普界，科普界的朋友圈成为我策划优质科普图书有力的人力资源。2012 年 10 月，中国科普作家协会第六次全国代表大会暨第二届"中国科普作家协会优秀科普作品奖"颁奖典礼在中国科技会堂（北京）

隆重举行。我作为提名奖作品《李毓佩数学故事会》的责任编辑应邀列席颁奖典礼。午餐后，在科技会堂大厅巧遇星河老师。星河老师是协会常务理事，他知道我有午休的习惯，于是关照我到他的房间休息。正是这次巧遇，成为《让你想不到的数学丛书》选题的诱因。事后我想，如果不是我十多年前参与科普活动的因缘（有准备的），如果没有星河老师给予我近距离与他交流的机会（机缘巧合），很难想象在短时间内"策划"出这等好选题。

（二）品读样稿获取选题策划灵感

星河老师是"年轻的老作家"（金涛评价），是新生代科幻作家的代表，著有《残缺的磁痕》《带心灵去约会》等优秀科幻作品，曾获"五个一工程"奖、国际科幻大会银河奖等重要奖项，出版和发表了数百万字作品。他的作品语言特点鲜明，情景创设精巧，被吴岩称为"青春期心理科幻"。虽然我们彼此相识十多年了，其间也合作过，但由于我阅读面所限，当时我对他的认识仅仅局限在科幻创作上的成就，希望能在长篇科幻创作上合作一回，捧得大奖。当星河老师发来一篇篇数学小品文时，我为那精巧的故事情节设计所打动，渐渐改变了心意。星河老师告诉我，这些作品许多都在《我们爱科学》"智力加油站"栏目连载过，读者反映很不错。

我细心品读着，每篇短文大体是一篇微型小说，1500—2000字，所述的是数学之家，三个主人公（初中生王晓侯，经济学教授老爸，金融工作者老妈），一家三口在家庭生活里，自觉探讨数学问题，有问有答，有反问有诱导，在严谨默契之中，亲子不失诙谐幽默。故事情节多数连续，问题或来自生活实际，或来自对学习的反思，或来自科学家掌故。内容涉及初等数学，比如进度问题、易损问题、四舍五入、指数、方程、不等式、代数、几何、集合、极坐标、数列、计时问题、二进制、概率；高等数学，如生物数学、级数、混沌（蝴蝶效应）、数论等，以及新兴数学领域，比如运筹学、模糊数学、拓扑变换、图论等。通过对话形式，或进行数学逻辑推理，或展示数学运算技巧，或对数学概念加以阐述，或提出数学假设并运用既有知识加以判断分析等。

可以毫不夸张地说，每一篇短文都可作为构思精美的科普短剧剧本。这些是不可多得的选题素材，编辑一部优质数学科普作品绰绰有余。在星河老师的引导下，我渐渐形成选题构思，决意集中精力编撰一套趣味数学故事书。

（三）分析样稿确定选题定位

细读星河的数学小品文，在我的脑海中浮现出两位老先生的身影，仿佛在品读两位前辈的作品。我国数学小品作家首推上海第二军医大学谈祥柏教授，他的作品文理兼优，思想深邃，引人入胜，极富启迪性；数学童话故事创作，以首都师范大学李毓佩教授为最佳，他的作品故事设计精巧，人物生动形象而富有童趣。正因为如此，两位先生的作品长期受到市场的青睐，并得到官方的高度认可——荣获包括国家科学技术进步奖、全国优秀科普作品奖在内的多种大奖。本人有幸分别与二位老先生合作并因此而获得过荣誉。

星河的作品与两位先生的作品有诸多相似之处，星河的数学小品集谈祥柏作品说理性强和李毓佩作品故事性强的优点于一体，以文艺的形式在更广的范围内讲述数学故事。于是，我对星河老师有一个全新的认识：如今的星河，不仅仅是著名科幻作家，而是货真价实的、高品位的少儿数学科普作家。我想，如果能加一把火，假以时日星河必能成长为我国少儿数学科普界的实力派人士。我暗下决心，一定要像编辑《李毓佩数学故事会》《谈祥柏数学小品汇》那样，编辑一套星河趣味数学故事丛书，为我国少儿数学科普创作出一份力。

二、科普图书内容编排要有章法

（一）依据内在逻辑编制书目和篇目

星河老师先后发给我近 70 篇小品文，如何编辑成书？首先，利用 Word "字数统计" 工具统计字数，约 18 万字。如果制作成纯文字图书，每篇排 3 面，可做成一本 240 面的图书。其次，我们对文章内容进行了分析，既涉及通常意义下的算术、几何、代数等初等数学知识，也涉及诸如概率论、布尔代数、运筹学、拓扑学、模糊数学等很多高深的数学知识。尽管涉及的内容貌似高深，但是在阅读时并不感到多么高深和复杂，反倒能轻松地理解和阅读。经过分析和沟通，我们决定，增补 10 篇袁园圆、"胖仔"和 "眼睛" 等初中同学研学活动的连续故事短篇，编辑成两册，每册大略收入 40 篇小品，内容选择各有侧重。《"常识"真的不可靠》，通过有趣的故事，告诉读者一些有趣的数学概念、数学分支及其最新发展，学习以数学家的眼光来看待我们这个世界：数学虽然来自生活，但数学对于生活的解释，并不一定符合我们平常所熟悉的 "常识"，甚至有时候数学还会跟我们开一些小小的玩笑；《测测你的智商》，在一些有意思的故事中蕴藏了一些有意思的题目，这些题目说难不难，说易也不易，可以教会读者一些解题思路，对读者有所启发，同时体会到：解题既是一个技巧性极强的工作，还是一个揭示美的过程。

为了便于初中生阅读，同时也为了弥补文字的不足，我约请《安徽文摘》资深美术编辑吴宗民先生绘制了精美的插图，每篇短文配一幅与其主题大意吻合的插图和一幅尾图，这样每篇可排 3—4 面，成书每本大概 140 面。吴宗民是理工科出身的美术师，能够确保抓住要领，为本书增色不少。

（二）遵照出版管理规定严把编校质量关

本书所收文章基本上都在《我们爱科学》的《智力加油站》栏目连载过（2004—2013年），按理说其文字质量是可以保证的。然而，正是这十年里，国家出版管理规定不断创新，文字使用规范常有变化，最常见的如"做""作""象""像"等以及标点符号、数字用法等，弄得编辑防不胜防。因为，编校质量是图书的生命线，万分之一红线是图书编辑校对的底线。故此，在进入文字编辑加工阶段，我非常重视语言文字问题，一发现疑问随即给作者留言，及时沟通；到付型环节还利用黑马校对工具把关校对，同时请社里审读室安排专业人员把关，以确保编校质量合格。

（三）按照市场需求推敲书名和篇名

如今图书市场已经进入眼球经济时代，新书放到书架上，能否被读者识别出来，书名和书面广告语至关重要；而读者从书架取下书来决定购买与否，标题目录和封底内容提要又起决定性作用。因此，书业早有共识：好的书名是成功的一半。首先，我们将丛书名取作《让你想不到的数学丛书》，突显数学科普这个主题，在封面上突出"让你想不到的"字样，以捕捉读者猎奇的心态。其次，将两种既有联系又略有侧重的书名，分别取作《"常识"真的不可靠》和《测测你的智商》，前者突出一些貌似常识性的现象，其背后往往有着深刻的数学原理，因而不能全凭常识来判断，侧重于数学概念的解读；后者利用人们对自己智商的关注，以吸引读者的瞩目，通过故事引导解答数学问题，提升读者的解题技巧。最后，我们在编辑加工时，还根据两本书的内容差异，对目录标题仔细做了推敲，做到简洁醒目、突出观点，以最大限度地增强作品的内在和外在活力。

根据《图书质量管理规定》，图书编校差错率不能超过万分之一，因此，图书编辑应按照出版规范，对书稿内容进行认真编校，确保差错率低于万分之一。

一本图书首先引起大家关注的就是书名，作者和编辑应当在深刻把握图书内容的基础上，合力打造一个好书名，激发读者阅读及购买欲望。

三、原创数学科普创作队伍亟待培育

（一）我国数学科普作家队伍青黄不接

《让你想不到的数学丛书》2013 年 5 月出版发行，获得比较好的市场反馈，得到科普界的肯定——荣获第三届中国科普作家协会优秀科普作品奖银奖，是一套相对成功的少儿数学科普读物。

纵观全国，每年出版纸质科普图书有 1 万种之多，其中少儿科普读物约占六成。比较而言，数理科普图书市场表现较好，特别是数学科普，有一批专家长期坚持创作数学科普作品。例如，科学出版社的《好玩的数学丛书》《数学魔法》，湖北少年儿童出版社出版的《李毓佩数学故事系列》，上海教育出版社出版的《平面几何中的小花》《从 2 谈起》，中国少年儿童出版社出版的《趣味数学专辑》《院士数学讲座专辑》，华南理工大学出版社出版的《我是数学侦探王》等销售情况看好。比较而言，销量大的以引进版居多，例如上海科技教育出版社引进出版的《加德纳趣味数学系列》《对称》，上海教育出版社引进出版的《通俗数学名著译丛》，人民邮电出版社引进出版的《数学万花筒》《陶哲轩教你学数学》，复旦大学出版社引进出版的《什么是数学》，上海科学技术出版社引进出版的《古今数学思想》《果戈尔数字奇遇记》，北京大学出版社引进出版的《美国新数学丛书》《数学女孩》等。

稍加分析不难看出，品质和市场号召力较强的数学科普作家高龄化倾向严重，引领数学科普的"三驾马车"谈祥柏（1930年生人）、张景中（1936 年生人）和李毓佩（1938 年生人）以及林群（1935 年生人）均耄耋之年，余俊雄（1939 年生人）、易南轩（1940 年生人）、单墫（1943 年生人）、柳柏濂（1944 年生人）、苏淳（1945 年生人）、李尚志（1947 年生人）、沈文选（1948 年生人）已是古稀老人，于启斋（1957 年生人）、朱华伟（1962 年生人）、星河（1967 年生人）也年过半百，国内原创数学科普青黄不接。此外，这些作家多是自发成长起来的，难以形成群体优势。

（二）科普组织要在发现、培养和使用创作人才上有所作为

我国的科协组织是科普工作的主力军。据统计，截至 2017 年底，全国已建县（区）级以上科协 2881 个，学会 65482 个，企业科协 10674 个，大专院校科协 328 个，街道科协 4191 个，乡镇科协、科普协会 32511 个，已经形成从中央到地方完善的科普组织，这是一支最具中国特色的科普队伍，是新时代社会主义科普文化建设的生力军。

中国科普作家协会（简称"协会"）作为中国科学技术协会直属学会，40 年来在发现、培养和使用科普创作人才上发挥了重要作用，先后开展了四届优秀科普作品奖评选活动，起到了很好的示范作用。科普教育专业委员会（简称"专委会"）是协会的分支，于 2017 年 9 月份成立。成立伊始，专委会便计划在科普教育资源研发方面有所作为，力争提高我国科普教育的软实力。

数学教育具有投资小见效快的特点，数学科普比起其他门类科普也具有这一特点；再则数学的时效性不明显，其成果可以经年产生效益。因此，专委会有必要吸取《让你想不到的数学丛书》编创的成功经验，以少儿数学科普创作为突破口，有效发现、培养科普创作人才，加大我国科普创作团队建设力度，快速提高我国科普创作水平。为此，可以在如下 4 个方面发力。

其一，发挥高校科协和团委、学生会的作用，组织数学科普创作社团，择优挂牌指导。

其二，发挥各级科协组织的作用，组织全国性优秀科普作品（短剧、中短篇、长篇）大赛。

其三，组织力量翻译引进优质少儿数学科普图书，借鉴学习他人优点，提升我国少儿数学科普创作水平。

其四，征集优秀少儿数学科普作品，推荐给出版社出版。

"世上无难事，只要肯登攀"。只要有效借力协会和各级科协组织，发挥专委会人才和平台的优势，脚踏实地，务实求效，咬紧青山不放松，不久的将来我国少儿数学科普创作园地定会人才辈出，结出异彩纷呈的果实。

作者简介

编者：邹贞

杨多文：理学硕士，安徽教育出版社编审，中国科普作家协会科普教育专业委员会秘书长，安徽省科普作家协会秘书长。

10. 编创科普图书的四个选择

——《听伯伯讲银杏的故事》编辑手记

□ 王思源

【提要】

优秀的创作团队是确保科普图书品质的重要因素。面向少儿的林业科普图书一方面需要权威专家为作品科学性把关，另一方面需要文科背景，甚至教育学背景的人员共同参与，从少儿心理出发，用适合少儿的语言表达。在新媒体时代，科普读物，尤其是面向少儿的图书，应当利用虚拟现实、增强现实、声音、影像、二维码等科技手段，多角度立体化丰富图书内容。

刚刚接手《听伯伯讲银杏的故事》时，已是该书的第三次印刷。那会儿，笔者还是一名菜鸟编辑。现在想来，真的为有幸参与林业科普图书出版，并接触到这么优秀的创作团队感到骄傲。

当时，创作团队中的郑老师和郁老师为第三次印刷前部分内容的修改特地来到北京。他们与责任编辑、美术编辑一起讨论、研究、修改了两天。也是在这个过程中，笔者第一次了解到了该书的策划思路，认识了该书创作团队。作为一名参与者，笔者希望通过对《听伯伯讲银杏的故事》前后修订出版发行过程的一些感悟，阐述一名年轻编辑对林业科普图书出版的认识和思考。

科普读物，顾名思义指"科学""普及"类出版物。对于这类图书来说，"科学"性是首要的，然后才能"普及"给大众。既然是向大众普及，深入浅出、通俗易懂又是必须具备的。针对不同的读者，还需要不一样的呈现形式。以下便从内容、创作团队、呈现方式和推广发行4方面来说明。

一、内容的选择

中国林业出版社是林业系统的科技出版社，擅长方向是生态文明、林业科技、园林景观等。回想自己对科普读物的认识，最早接触的大约是小时候订阅的《少儿科学》杂志。当时，只觉得像走进一个生动有趣的科学世界，热闹，奇妙。来到中国林业出版社工作，接触到《听伯伯讲银杏的故事》一书，然后翻阅查找各种相关类型的图书，可以说是少之又少，且大多出现在启蒙教育阶段。那么作为专业出版生态、林业科技类图书的出版社是有义务承担起相关知识的普及工作的。试想一个小孩，看到一棵苹果树，那么首先一定是先认识和了解这是一棵苹果树，而不是牛顿万有引力定律。通过对《听伯伯讲银杏的故事》一书出版的观察发现，中国林业出版社聚积了大量植物、花卉、动物等方面的专家，该类型科普读物的出版便是自然而然了。

大的内容定位很明确，然后是具体内容的设计。科普什么样的内容，从哪方面来科普，如何科普？这都要从科普对象出发。《听伯伯讲银杏的故事》一书，读者对象是9岁以上的中小

编者语：

科普需要因地制宜，因人制宜，因时制宜。首先要了解目标对象，这样才能有的放矢，而不会对牛弹琴。也就是说，要以读者为中心，为读者量体裁衣，量身定做个性化的科普。

学生，需具备一定的理解能力。曹福亮院士从"银杏美丽名字的由来""银杏是人们心中神奇的树种""银杏从诗画的王国中走来""银杏是恐龙的朋友""银杏婀娜的身躯充满了奥秘""银杏种植有讲究""银杏浑身藏满了宝贝""银杏跨洋过海走天涯""银杏不朽的精神与天地同在"9方面将银杏的来龙去脉、文化、历史、种植、价值等方面以对话的形式娓娓道来，引人入胜。该书选取了一种常见植物——"银杏"，然后从大众较为感兴趣和较容易理解的方面来展开叙述。总之，林业内容丰富万象，做好一本或是一系列林业类科普图书，便要从实际出发，从现有资源、读者需求、可行性等方方面面来考虑，即出版的"天时、地利、人和"，缺一不可。

知易行难，这其中隐含着大量的调研与实践，只有实践才能出真知。

二、创作团队的选择

感到幸运的是，本书的出版遇到了包括曹福亮院士在内的多位的创作成员。首先，科普图书需要业内专家进行科学性把关。曹福亮院士是我国研究银杏的大专家，先后出版过《中国银杏》《中国银杏志》《中国银杏种质图谱》等专著，荣获植物新品种保护权10余项，授权专利50余项。请曹福亮院士当主编，保证了图书内容的权威性。其次，本书希望从孩子们观察事物的角度入手，语言平实通俗，尽量设置有趣情景，回避专业术语，于是中文系的老师和江苏少儿出版社的编辑也参与其中，给予一系列的帮助。最后，本书是以漫画形式呈现的，绘画也是必不可少的。本书绘画卫欣老师是南京林业大学人文社会科学学院的副院长，和曹福亮院士的著作团队密切配合，很快就能理解所要表达的内容，从而绘制出贴切主旨的绘画。笔者在经历了创作团队修改的过程，深刻感受到创作团队严谨认真、专业负责的态度，对每一

科学性是科普图书的生命线，所以需要科学家进行把关，尤其是科研与科普均达一流的科学家，他们知道该如何让科学的内容普及化。

也就是从读者的视角出发，有时候需要蹲下来，把读者放在第一位。

句话的表述都反复斟酌，力求表达清晰合理；每一幅绘画都要多次返工，琢磨到位。作者、责任编辑、美术编辑聚在一起，只为尽可能呈现一部优秀的著作。

所以说，一本图书的成功，需要创作团队通力合作，密切配合。创作团队是一本书的灵魂，创作团队的选择基本决定了图书整体的质量和水平。

三、呈现方式的选择

《听伯伯讲银杏的故事》是一本少儿科普读物，依旧根据读者群体的特征来考量，选取一种最适合少年儿童、最能够吸引少年儿童、最容易让少年儿童接受的呈现方式。采用卡通漫画形式，将文字表述同新鲜活泼、幽默风趣的画面巧妙结合，形成了一个个涵盖知识点的生动故事。

《听伯伯讲银杏的故事》一书于 2009 年第 1 版出版，笔者认为，10 年过去，放眼市场，当前的科普读物，尤其是少儿科普读物早已不限于静态的呈现。虚拟现实、增强现实、声音、影像、二维码等一系列科技手段的加入，已经让科普读物的呈现形式越来越多样化、灵活化，与时俱进。林业类的科普读物，内容一般与植物、动物和生态环境有关，所以对于呈现方式来说，可触、可摸、可感，基于内容出发，高科技手段的加入完全可以增强阅读效果，吸引大众眼球。因此，本书在获奖作品基础上，又组织林学、科普、美术、文学、出版等方面专家学者，精心创作出电子版图书、手机软件、科普讲座课件等多媒体科普系列作品，针对少年儿童特点，全方位普及银杏起源演化、生物学和生态学特性、培育、利用和文化艺术等知识。

曾经一图胜千言，而今，一屏胜千图，动起来的科普读物可以充分调动读者的各种感觉器官，从被动的阅读变成主动的体验。

四、推广发行的选择

《听伯伯讲银杏的故事》一书获得国家科技进步二等奖，这是林业科普作品首次获得国家奖励。为了扩大图书的社会影响，通过线上线下等多种途径、多种手段进行了推广。

好的图书需要推广出去，发行量好才能体现其价值，科普图书更是如此，发行量一定程度上也代表了普及度。出版业属于传统媒体，纸媒的传播速度和广度都有一定的局限性，那便更应该利用好互联网，就《听伯伯讲银杏的故事》来说，该书专注普及一种植物，可以"银杏"为中心，打造全方位的新媒体网络知识服务平台，在传统推广方式的基础上，微信、微博、手机软件、垂直网站、微课堂等同步推广，甚至可以在一定的基础上，创造文创产品，融入旅游业中，尽量做到最广范围的普及，让尽可能多的人了解到相关知识，关注到"银杏"。

一本好的科普读物，离不开好的策划、好的思想、好的创作团队、好的推广方式。笔者参与《听伯伯讲银杏的故事》一书的编辑工作，多次听主创团队的老师们讲到其中的艰辛，甚至有过想放弃的时候，好在，老师们热爱"银杏"，关注少年儿童，全心全意地想要为自己所热爱的学科和社会科普教育贡献一份自己的力量。成功的科普读物，更重要的是参与其中的每一个人，策划、创作、设计、编辑、推广都有着一颗温暖的心。

林业类科普读物，虽然没有宇宙星空的神秘莫测、没有家国历史的磅礴细腻、没有食品健康的广受关注……但是，生态、自然、动物、植物一样可以勾勒出美丽的世界。

科普图书的推广也需要全身心的投入，而面对市场竞争越来越激烈的现状，更需要懂科普，懂受众，更懂市场的专门化人才。

科普图书是最终产品，而从创意到产品是一个系列过程，是对读者负责任的操守，是对科普无限的热情，更是苦尽甘来的一种结晶。

作者简介

王思源：中国林业出版社建筑分社编辑，中级职称，主要从事建筑家居及林业科技等类型图书的出版工作。

批注者：王大鹏

11. 一个新手编辑的成长

——《发明不是梦》背后的故事

□李　红

【提要】

　　要策划和编辑一本被大家认可的科普图书，策划编辑需要有对社会的情怀、对科学的感悟，以及参与社会活动抓住机会认识作者、发现好选题的工作积极性。新手编辑的成长是在实践工作中摸索出来的。

《发明不是梦》一书出版于 2013 年 10 月。它是我 2011 年开始从事出版工作后策划的第一本科普图书，荣获第三届中国科普作家协会优秀科普作品奖图书银奖。这本书能被大家认可，我想主要功劳不在我。

俗话说"巧妇难为无米之炊"，这个荣誉主要归功于几十年如一日辛勤工作在教育第一线的作者——卢大明老师。作为策划和责任编辑，我只是有幸发现了好作者和好选题，把一块"璞玉"略加雕饰呈现于读者面前。不过，从这本书的诞生过程我体会到，要策划和编辑一本被大家认可的科普图书，策划编辑需要有对社会的情怀、对科学的感悟，以及参与社会活动抓住机会认识作者、发现好选题的工作积极性。

编者批注：

　　一本优秀科普图书的产生离不开慧眼识珠的编辑，只有与科普保持亲切的互动，把读者放在心中，以及对科学与社会关系的深切感悟，才能发掘出有价值的科普素材。

一、选择科普编辑之路

2011 年 7 月 1 日，从日本归来的我放弃了超临界水领域的科研工作，来到科学普及出版社从事图书出版工作。到 2012 年 9 月，我着手做《发明不是梦》前的一年有余的时间里，一直从事人物传记和其他学术图书的出版工作。回国后之所以放弃国内其他行业，转而选择出版并且选择科学普及出版社，其实是看中了科普工作。

在日本仙台东北大学近 5 年的博士后研究工作中，我能时时感受到鲁迅先生的存在。东北大学片平校园就坐落在当时鲁迅先生就读的东北医专的旧址上。鲁迅先生青年时代伟大的爱国主义情怀，一个多世纪过去了，仍世世代代受到仙台人民的尊敬，片平的校园中央花园中矗立着鲁迅先生的半身雕像，每周数次去青叶山校园时，就在它的对面等班车；鲁迅先生当年听课的大阶梯教室至今还保留着，供来自世界各地的人们参观；先生就学时居住的民居，就在学校北门外不远的路边，仍然被房主完好地保留着。先生弃医从文，励志于用笔唤醒昏睡的国人，拯救民族危亡的爱国情怀，曾激励着中国一代又一代人。几年来鲁迅先生的爱国精神曾是我努力钻研，攻克科学道路上一个个阻碍的原动力，甚至在我回国对工作的选择上也起了决定性的作用。回国后是继续搞科研还是从事其他工作是每个归国人员必须面对的首要选择。当时通过朋友获悉国内的科学普及出版社需要搞版权工作的懂日语的编辑，这一消息触动了我改行做科普的神经。可是，要放弃自己一直从事的科研工作，迈入一个新的领域确实需要能够说服自己的理由和勇气。我在片平校园中徘徊，犹豫……那时那刻，我想到了"身边"的鲁迅先生。当年年轻的鲁迅看到麻木的、作为"看客"的同胞，清醒地认识到"凡是愚弱的国民，即使体格如何健全，如何茁壮，也只能做毫无意义的示众材料和看客，病死多少也不必以为不幸的"，他选择了弃医从文，成了伟大的文学家、思想家和革命家。自己虽然是个普通人，当然不能与先生相比，但是在海外生活十几年，切身感受到"祖国"二字意味着什么，她的强大是我们海外华人强大的后盾，祖国的强盛关系着生活在世界每个角落的中国人的幸福与尊严。科学和民主是中华民族崛起的必要条件，科学技术的发展靠我们广大科技工作者的不懈奋斗；民主是社会健康发展的保证，而民主社会的真正建立是以全民族的科学素质的提高和科学精神培养为基础，培养不唯上、不唯权、善于理性思维的社会风气，能更好地引导广大人民群众理解和贯彻执行党和国家的各项大政方针，加快民族振兴的步伐，因此，科学普及是与科技发展一样非常非常重要的大事，也需要人投入全身心地去做。自己已过不惑之年，已经过了做科研的黄金时期，那么去做科普工作并为之贡献后半生不也是值得的吗？而科普图书正是科学知识、科学思想和科学精神的载体和传播手段，加入国内顶级的科普图书的出版单位——科学普及出版社，做一名科普图书编辑不是可以满足自己心愿的绝好途径吗？

日本是出版大国，科普图书也做得非常好，自己在日本生活了十几年，确实感受到日本科普工作的无处不在，能够感受到日本科普图书编辑选题策划的独特视角，从图书名到内文的版式设计，特别是他们的科普图书中内容的切入视点都是生活中司空见惯的现象，都使图书对读者产生一种吸引，使读者想翻开书看个明白和究竟；而读后，产生恍然大悟的感觉，"哦！原来是这样啊！"这样，在不知不觉中懂得了生活中的科学。读者的这种感受客观上会对读者的思维方式产生影响，长此以往，

科普的作用是功在当代，利在千秋，只有体会到这种作用，才能一心扑在科普上，把科普作成科普事业。

对生活中的现象不会熟视无睹，从而养成追究生活现象背后道理的思维习惯，更重要的是人们养成了不盲从，不人云亦云，而是凭借自己所掌握的知识对身边的事物进行思考、判断，并对自己的决定勇于承担责任的思维和行为习惯，这比单单知道一些科学知识重要得多！

于是，我下定了回国做科普工作的决心，也开始在日本利用公共图书馆阅读关于出版的图书，收集一些日本图书特别是科普书的资料信息。回国后，便欣欣然来到科学普及出版社做了一名图书编辑。

自己作为一名出版新兵，首先要学会和练就图书出版的基本功，于是我进入出版社后一面积极学习出版基础业务，一面大量阅读有名的科普图书编辑前辈的"经验之谈"，同时注意搜集和积累科普图书的选题和版式设计等方面的材料。

我利用自己会日语的优势，从日本亚马逊网站、北京国际图书展及从日本购买图书，搜集和积累日本图书的封面和内文的版式设计资料，也注意其他出版社的科普图书，同时向社里的老师学习科普图书的做书方法，渐渐地对"做"科普图书似乎有了一些感觉。

二、结缘《发明不是梦》

2011 年 9 月中国科协第 13 届年会在天津市召开，因为自己半年前刚从日本回国，对国内科技和科普情况也不甚了解，我想参加会议正是了解和学习的好机会，所在人物研究所的顾问张秀智老师也鼓励我积极参加，开阔眼界，同时结识作者。的确，在这次会议上，我收获颇丰，完全达到了预期的目的。不但从宏观上对国内科普现状有了认识，同时通过参加分组会议，倾听科普专家的报告，理论水平上有所提高。我也在分组会议上积极参与讨论，发表自己对科普创作的见解，结识了不少关心科普的朋友，对以后自己的工作奠定了基础。其中一位宝山钢铁公司来的朋友，我在2017年帮助他成功申请了中国科协三峡图书译著资助项目，将俄罗斯创新大师的著作《TRIZ——创新的技术》翻译出来，并在科学普及出版社出版。江苏科普作协系统的方路老师向我谈起了与他同房间的一位代表撰写的讲述"如何进行科技发明"的稿子。方路老师对此部稿件给予很高的评价，特别是原创性。其内容完全是自己与学生们科技实践的总结，不像已经出版的讲解发明的图书，内容都是古今中外内容的拼凑，没有实践性，也没有系统性，方路老师问我愿不愿把它出版。我没敢贸然答应，请方路老师将稿子拿来我看看后再做决定。在年会上，我倒是注意到一位在会议休息期间积极与中国科协副主席陈赛娟院士合影留念的参会代表。方路老师告诉我他就是那位"发明"稿件的作者，是天津市蓟县县城一个中学的科技辅导员。但是后来直到会议结束，这部稿件也没有拿给我。方路老师说作者说了稿件要修改等定稿后再送给我看。我想这部稿子也许是"另寻高就"了！不过，那也没有办法，毕竟自己还没有什么经验，谁不愿意把稿子交给有经验的老编辑呢？

　　科技发明是科技创新的重要内容之一，而科技创新是当今社会发展要大力倡导的方向，理应是科普图书出版的重要内容。所以，会议结束后回到北京，这部关于科技发明的稿子我一直没有忘，对此类图书在网上和书店里做了一些调研工作。我发现正如方路老师所说，国内讲述科技发明的原创图书并不多，内容一般局限在讲述中外科学家故事，或将中外科技发明的事例汇集成册而已，作者往往处于讲述他人发明创造的"局外人"地位，给读者以惊讶的同时，似乎对如何进行发明却没有什么启发和帮助。

科普要紧跟时代步伐，把科技创新成果及时地传递给更好的人，从而为科技创新奠定更坚实的基础。

没想到同年 10 月底的一天，方老师到中国科普作家协会办事，顺便真把那部"发明"的定稿送到了我的面前，看得出稿件是在街边的复印店装订好的，在浅蓝色封面上写着——天津蓟县燕山中学卢大明，这部《发明不是梦》的初稿就这样终于交到了我的手中。

我急迫地翻开稿件，稿件虽然在语言上略显粗糙，插入的图片也欠精美，但是它的内容和整部图书的框架还是吸引了我。从《前言》中我才知道作者卢大明老师的具体情况，他任教于天津市蓟县燕山中学，毕业于天津美术学院，他是一位实实在在工作在教育第一线的并且做出优异成绩的科技辅导员。

从结构上看，整部稿件分为 5 章，从了解发明和认识发明开始，讲到如何培养发明思维，然后归纳出发明的 10 种方法，最后又用大量的实例来讲解这 10 种方法的运用。除了介绍发明部分引用了中外发明家的事例，其余部分全是自己学生的"杰作"，这部稿件有"十足"的原创性。整部稿件逻辑清晰，将上百个的发明事例从方法论的角度进行归纳总结。我读后也是眼前一亮！以往一提到发明，自然就想到爱迪生、牛顿等了不起的天才科学家，认为发明是"聪明人"的"专利"，而且还不是一般的"聪明人"，是天才！而按照这本书中的讲述归纳，只要遵循一定的思维方法，人人都可以做发明，发明离普通人并不远！古语说：授之以鱼，不如授之以渔。此稿件的内容比市面上已经出版的图书的"高明"之处在于使读者不停留于对发明家聪明才智和精神的赞叹，而是可以引导读者培养发明的思维方式，不觉得发明只是"聪明人"的专利，自己掌握了一定的方法，进行发明创造也不是那么难。卢老师是从方法论的角度对发明进行了剖析，我感到这正是当时讲发明类图书所缺的精髓！多年从事科研工作的经历使我认识到这部稿件的独到和可贵之处。另外，卢老师与学生们的发明都是从日常生活或乡村生活中司空见惯的物品着眼，例如便携式书包、笼屉、炉子的烟囱、工厂的推拉门……针对这些物品应用上的缺陷或不方便之处，运用科学发明的思维方式，动脑筋，想办法，得到的发明成果使生活更便利、也更环保或更节能。这不正是日本科普图书给我的感觉吗？

同时，当我读着一件件发明事例，渐渐地也唤起了我一种既熟悉又遥远的记忆。我到 7 岁为止一直生活在农村的姥姥家，现在也有许多亲戚生活在农村，在与他们的往来中，我感受到许多农村家长和学生本人对学习的认识只停留在升学上，如果孩子没有希望考上大学，就放弃学习去参加工作。这部图书是不是也能给学生们很好的启迪？读完这本书恍然领悟到，学习不是为了升学，有知识动脑筋，就可以使自己身边的生活变得更加便利和美好！我想这部图书出版后一定要走进图书馆和农家书屋，让更多的乡村学生读到它，并从中得到启发！科普图书不但告诉读者具体的科学知识，而且还能有助于增强读者科学意识、加强科学思维的培养。这不正是科普图书所要达到的最高境界吗？

虽然稿件的初稿还不是很理想，在文字和图片处理等方面存在一些问题，但是它给我的感受和我的想法使我按捺不住自己的兴奋，当即就决定接受这部作品要开始"做"自己的第一本科普书。

科普一方面要普及知识，更重要的是引导读者树立科学思维与科学态度，这样才能有效地提升科学本质，通过科普让生活更美好。

三、专注于"做"书，得道多助

在转年的春天，我突然收到张开逊先生的一封短信，内容是推荐作者卢大明老师撰写的关于发明的稿件。信中说卢老师请他审阅了稿件，他提出意见和建议后卢老师对稿件进行了修改；这是一部难得的好作品，希望我社能够出版。原来稿件一直没有送来，作者在做这些事情。张开逊老先生的这封信更使我确信这是部好稿子！我将此事给老编辑张秀智老师汇报，她提醒我，这应该是部好稿子，但是，目前"采集工程丛书"的出版任务很重，时间也很紧，如果没有时间就提早与作者联系，让作者请其他编辑或出版社出版，千万不要耽误了作者稿件的出版！她的话给我提了个醒儿，自己的确是个出版新手，虽然做了几本学术图书的责任编辑，但科普图书还没有"做"过，能给人家出好吗？出不好，作者能答应吗？但总是隐隐觉得这是部难得的好作品，它所呈现出的特点实在让我难以割舍，不忍把作者推出去！

当时，自己确实有些怕"做"不好的忐忑，但是，多年科研工作养成了自己不惧怕困难、勇于挑战未知的心理素质。不会就学，多向别人做成的"书"学，多请教富有经验的编辑老师，只要"用心"去做，即使做不出最好的，应该也不会差！怀着这种信念，我抓紧时间，特别是节假日的休息时间认真撰写选题报告，尽自己所能向总编室说明此稿件的独特之处，此选题顺利得到了批准。不久，卢老师也把稿件寄来了。

拿到稿件后，我对稿件进行了认真的编前审读，对整部图书的结构、版式和语言要求有了具体的设计。对写作上的问题提出修改意见和建议，并且逐字逐句地批改了全部稿件的文字内容，随后逐章反馈给作者，与作者边探讨边修改，直至定稿；同时对每张图片和插图也提出了具体要求。

近两个月后，我请卢老师利用到北京出差的机会来出版社，与他面对面交换了意见。为了让他了解我对此部稿件的策划意图，我拿出收集来的已经出版的国内外科普图书向他讲解我希望做成什么样的科普书，要采用什么样的版式，希望他提供什么样的图片。对于文中需要插图的地方，如果没有理想的图片，也没

科普编辑需要很强的实践技能，而通过多学多看有助于培养对科普图书的操作手法，可以百炼成钢。

有关系，但要尽量提供图片，方便以后版式设计人员手绘出表现相同意思的插图。恰巧卢老师是学美术出身，沟通非常顺畅，两人对稿件成书后所希望得到的形态也达成了共识。当时真是要感谢卢老师对我的信任，他没有嫌弃我是出版新手可能会耽误了自己的图书，不但没有要求高额稿费，还同意以50%稿费做抵押，自己推销3000册图书，以支持此书由我在科学普及出版社出版。我真是感叹，他不愧是人民教师，不但教书育人，而且通过自己稿件的成书过程培养了我这个科普图书的编辑！

稿件文字内容定稿后，下面的工作就是我们编辑的"活儿"了，对我的"考验"也开始了。针对自己出版经验不足的"短板"，首先，我请一位有经验的李惠兴老师作为责任编辑，负责初审，把控住编辑出版的质量关。版式设计是这部图书成功与否的关键工作之一，我请社里有经验的科普图书编辑向我推荐了3个版式设计公司，先让他们分别提供版式样章，最后选定了最接近我要求的公司做版式设计。在版式设计过程中我与负责的设计人员一页一页确定图片和插图，把自己在北京图书博览会上搜集的日本图书资料提供给他们，说明自己所希望的版式形式，并保持随时与绘图人员的交流。当时，在大办公室里经常通电话担心影响其他人的工作，也是怕在电话里说出些出版的外行话让同事笑话，就跑到门外打电话；开本、用纸和印刷等问题不懂，就亲自到印务部门负责老师面前请教；对社里复杂的审批流程，记不住的就到各部门多跑跑，用我的话说，"脑子记不住，腿儿还记不住吗？"确实，通过这部书的制作过程，我熟悉了出版社的出版流程，在短时间内为今后工作扫清了障碍。所以说，在干中学是最快的！40岁出头了又跳到一个新的完全陌生的领域工作，也只有这样才能更快地掌握新工作的技能。说实话这也是没有办法的办法！当时，四十好几的人了还像小学生一样去请教比自己小得多的年轻人，也曾有过退缩的念头；面对因不理解自己的一些同事不配合的态度，自己心里感到窝火和委屈，自己曾质问自己，凭什么你要来这里遭这份白眼，要是做科研，凭几十年做超临界水的科研经验，足以被称为老师！但冷静下来，又想到自己来科学普及出版社的"原点"。是啊！来这做科普书是为了什么，是为了博得他人的赞赏，不是的！不要忘记自己的目标啊！自己要心无旁骛，用心去做，只有这样，出来的结果一定不会差！

在图书出版过程中，作为策划和责任编辑的我一直有一种紧迫感，就像在做科研工作时写论文投稿盼着自己的研究成果率先发表出来一样，唯恐其他出版社抢在前面出版了此类图书，使我的书失去在市场的立足之地。于是，我抓住一切可利用的时间，努力往前赶进度。为了在作者要求的 2013 年 10 月底前付印出版，即使是全国编辑职称考试的前一天，我还在为这本书加班到晚上8 点多。那是一种像做科研一样久违了的全身心投入的状态。

在自己闷头干的同时，我也注意调动作者的积极性，并且得到了作者的有力支持。比如，图书书名的确定，像卢老师介绍的那样，他利用学校里的便利条件，请广大在校学生投票推举书名，确定了书名为《发明不是梦》，虽然目前的书名不能说是最好的，但也得到了很多青少年读者的认可。再如封面设计，我与作者反复鉴审版式设计公司设计的封面，卢老师是学美术的，他也提供素材和设想，为封面最后的确定起到的关键作用。

此书出版后受到了读者的欢迎。天津市科学技术协会用它作为科技辅导员培训用书，在国内中学，这本书也受到了学生和老师的欢迎。

2014 年深秋的一个星期天，当时的社长苏青将电话打到我家里，告诉我此书获奖的好消息！我当时很觉意外，但好像也觉得在情理之中。因为我坚信卢老师给我提供了一部好稿子，此书对发明在方法论角度上的总结是非常独特和可贵的！我也要感谢此书出版中给予我大力支持和帮助的老师们，以及排版公司的设计师，社里负责图书初审、复审、终审工作的同事们，印务部门等给予我建议和帮助的老师们！一个好的科普图书编辑的成长离不开好的稿子、好的作者，以及图书出版中各个环节的协同配合，图书出版是一个系统工程，一名合格的策划编辑就是将以上各个要素整合起来，调动起来，既是设计师也是施工者。行内有句话，编辑是杂家。对一名科普图书编辑来说，除了要有图书编辑的具体技术要求，还需要有文学素养和较高的科学素质要求。能够抓住这个选题不放，确实是自己的科学素养起了很大作用。作为一名科普图书编辑，自己还有很长的路要走，自己刚刚站在起跑线上！这本图书的获奖也成了我以后努力成为优秀科普图书策划和责任编辑的动力和鞭策。

科普图书的成功是群策群力的结果，也是各方面努力的结晶，既需要好的选题，需要把科普视为责任与使命的科研人员，也需要文学与科学素养俱佳，以及富有坚忍不拔之精神的编辑。

编者：王大鹏

作者简介

李红：工学博士，编辑。策划、编辑的《发明不是梦》《北京花开》等图书多次获奖，译有《水什么都不知道》。

读者品鉴

1. 花鸟鱼虫兽皆文章

——读《贾祖璋科学小品菁华——花鸟鱼虫兽》

□ 林思翔

【提要】

　　贾祖璋的科普作品历久弥新，让人百读不厌。贾祖璋的科普作品通常具有几个特征：一是注重科学性，科普作品首先姓"科"，科学性是第一位；二是强调文学性，将科学与文学联姻在一起，给人以文学的滋养；三是追求严谨性，依靠广博扎实的科学知识，严谨治学。

　　贾祖璋是著名的科普作家、生物学家和编辑家。他长期在福建省生活、工作，曾任福建省科普作家协会首任理事长，一生创作了大量的科普作品。前些年，福建科学技术出版社曾出版《贾祖璋全集》（5卷），先后荣获第十三届中国图书奖、第五届全国优秀科普作品奖荣誉奖和第六届国家图书奖荣誉奖。贾柏松和尤廉两位先生从贾祖璋多年的作品中精选出有关花鸟虫鱼兽的精华文章编成《贾祖璋科学小品菁华——花鸟鱼虫兽》，以使更多人了解贾祖璋及其代表作品。真应该感谢编者和出版社同志为繁荣福建科普创作事业做了一件好事。

　　贾祖璋的科普作品让人百读不厌，因为它言之有物，文辞华美，耐读、好读。就这本书而言，读后有三点收获。

一是获得科学知识。科普作品首先姓"科"，科学性是第一位。贾祖璋拥有广博的生物学知识，因此，书中介绍每种生物时，都由浅入深，由表入里，条理清楚，讲述明白，读后让你对这种生物的特征、功用、属种乃至前世今生的历史掌故都有所了解。比如在《梅》一文中，作者先从"岁寒三友"讲起，引出"梅妻鹤子"和"望梅止渴"的故事，接着分别叙述梅花、梅子，然后讲梅的形态、种类以及观赏和实用价值。而且还引用了多首古人咏梅的诗词，读后让人对梅的方方面面有个总体印象。在《花儿为什么这样红》一文中，作者围绕人们关心的花的颜色何以是"红"色这个问题展开论述。作者从花的物质基础花青素讲起，接着讲光波对花色的影响，然后又讲了进化论的原理和昆虫的作用，最后再讲到人工选择对花色形成的意义。娓娓道来，由浅入深，读后让人不仅了解了"花儿为什么这样红"的科学道理，还明白了如何培育不同花色植物的方法。

二是受到文学熏陶。贾祖璋作品中有许多堪称美文的名篇。与其说是科普小品，不如说是优美散文，是科学与文学联姻的典范篇章，读后给人以文学的滋养。在《我爱桃花》一文中，作者写道："我爱桃花，爱它庭心墙角，篱边宅旁，山陵原野，湖畔路侧，不择地宜，随处安身。爱它临窗映户，陪伴了我整个童年。爱它最接近人，人人都认识它，熟悉它。"寥寥几笔就把这位"童年朋友"的适应性说得清清楚楚。接着作者写道："我爱桃花，爱它是春的使者。桃红柳绿，便是最通俗的描写春景的字眼。'一曲桃园树，平沙十里春。'（明·方九功）。云蒸霞蔚，红雨成阵，烂漫春光，凭它装点。"如果说前面一段是写实，写桃花的生活习性的话，那后面一段则是写"虚"的，虚也不虚，写出了桃花装点大自然的功用。这些优美的文字，虽有形容成分，但人们并不觉得虚无缥缈，而是感到这位"春的使者"的可爱可亲，从而与作者产生共鸣，萌生爱桃花之情。

贾祖璋是把科学小品当作散文来写，文中经常引用相关的古诗文，不仅增添文采，且十分贴切、自然。在讲秋菊时，作者先引屈原《离骚》名句"朝饮木兰之坠露兮，夕餐秋菊之落英"，进而引晋代陶渊明"采菊东篱下，悠然见南山……"诗句，用文学的美感和名人爱菊故事唤起人们对菊的喜爱，而后再讲菊的特征和栽培方法。先"软"后"硬"，这样人们就容易接受了。《含笑说含笑》一文更是围绕苏轼等多位古人有关诗句展开的，从人的喜悦神态讲到花树的品种，巧妙地回答了"而今只有花含笑，笑道秦皇欲学仙"（苏轼句）。把文学与科学揉在一起，使人们在欣赏美文的同时也了解了相关的植物知识。还有一些文章，作者直接用古人诗句作为题目更引人注目，如讲牡丹时用李白名句"云想衣裳花想容"，讲菊花时用陶渊明名句"秋菊有佳色"，讲桂花时用毛主席名句"吴刚捧出桂花酒"，这些名人名句，一下子就把人吸引住了，令人非读下去不可。

三是感受严谨学风。贾祖璋能写出如此优美的科学小品，在于他广博的科学知识和扎实的文学功底，而这些都缘于他刻苦好学和严谨治学。文如其人，从他的作品中我们也能感受到这一点。在《南州六月荔枝丹》中，他对白居易在《荔枝图序》中讲到的"壳如红缯，膜如紫绡"就提出了质疑，他认为，缯是丝织物，丝织物滑润，荔枝壳却是粗糙的，荔枝壳表面有细小块状裂片，好像龟甲，有的还尖锐如刺。至于"膜如紫绡"，他认为白居易是把壳内壁的花纹当作膜的花纹了，因为膜是白色的。北宋诗人黄庭坚误把兰花与古代的"兰"等同起来，贾先生经过考证也予以指出。贾祖璋这种一丝不苟的严谨的科学态度难能可贵，值得科普作家认真学习。

作者简介

林思翔：福建省科协原党组书记、副主席，福建省科普作家协会第六届理事长。

2. 一部好看的科技英雄传记

——读《可怕的微机小子乔布斯》

□ 洪时中

【提要】

　　"好看！"一位"零零后"少年读者不经意说出的两个字，其实包含了广大读者对作家的渴望和要求。一部作品，只有写得好看，才能吸引读者，也才能够发挥更大的社会效益。

　　松鹰是我的老相识、老朋友，也是一位高产的作家。他所撰写的一系列科学人物传记，是他众多作品中一个突出的亮点，《可怕的微机小子乔布斯》（以下简称《乔布斯》）则是其中的一部新作。

　　与过去松鹰写过的那些科学巨人不一样的是，乔布斯和我们是同一个时代的人，很长一段时间，我们随时随地都能感觉到他的存在。记得在20世纪80年代中期，我们那个小小的单位购买的第一台个人电脑，就是大名鼎鼎的"苹果Ⅱ"。我早期的一些科研计算工作，正是在那台苹果Ⅱ上用BASIC编程完成的。那时我就已经知道了史蒂夫·乔布斯的大名，听说过两位年轻人在自家车库中鼓捣出世界上第一台个人电脑并一举成名的故事。此后，乔布斯更多地出现在各种新闻媒体中：苹果公司的辉煌，最年轻的亿万富豪，石破天惊的商业广告《1984》，他本人黯然离开苹果公司，《玩具总动员》的大获成功……一直到他重返苹果公司执掌大权，紧接着是 iMac、iBook、iPod、iPad，以及一款又一款 iPhone 的产品发布会，重塑辉煌的《Think Different》……令人眼花缭乱。直到今天，那个身穿黑色长袖 T 恤衫在电视机屏幕上介绍新款 iPhone 的乔布斯的音容风貌，仍然深深地留在我的脑海中，挥之不去。至于他身患癌症和英年早逝的消息，更成为世界瞩目的热点新闻，这一切好像就发生在昨天。2013 年 10 月，当我得到松鹰亲笔签名馈赠的《乔布斯》一书后，立即一口气读完，我的第一感觉是——此乃松鹰的又一佳作！

我有一位"忘年交"小朋友，是 2013 年我到成都市一所小学做科普报告时认识的。这个孩子品学兼优，非常有抱负，也非常阳光，在小伙伴们中有着相当的威信和号召力，后来上初中三年级时，还获得了成都市教育局评选的"成都市优秀学生干部"称号。我曾通过他的家长，向他陆续推荐过松鹰写的一些科学家传记，包括《电子英雄》《牛顿》《爱因斯坦》等，也包括后来那两本《可怕的微机小子乔布斯》和《可怕的微机小子比尔·盖茨》。这些书他都非常喜欢，而对后两本更是钟爱有加，放在床头，看了又看。问他为什么喜欢这些书，又特别喜欢后两本？他的回答很简单："好看！"

"好看！"，这位"零零后"少年读者不经意说出的两个字，其实是非常高的评价。一本书要达到"好看"的水平，是非常不容易的一件事。仅就科普作品而言，现今面世的那么多作品中，真正能够称得上好看的，又有多少呢？

"好看！"，这位"零零后"少年读者不经意说出的两个字，包含了广大读者对作家的渴望和要求。一部作品，只有写得好看，才能吸引读者，受到读者的欢迎，也才能够发挥更大的社会效益。

"好看！"，这位"零零后"少年读者不经意说出的两个字，也引起了我的进一步思考。我读过松鹰的许多作品，确实感到他的作品相当好看。那么，这"好看"究竟体现在哪些地方呢？他为什么能够写得那么"好看"呢？最近，我又把《可怕的微机小子乔布斯》重读了一遍，仔细琢磨了一阵，有了以下几点粗浅的体会。

一、善于讲故事

作为普及读物的人物传记，不同于研究历史人物的学术专著，它没有必要也不可能进行繁复的考证、细密的分析、深入的探讨和全面的历史评价，它只需要好好地讲述传主的故事，通过这些生动的故事来感染读者。对于那些以青少年学生为主要对象的科普读物而言，更是如此。

《乔布斯》一书就是这样做的。通观全书，找不到作者本人的旁征博引、长篇大论，有的只是一连串的故事，从传主的出生到去世，一个故事接着一个故事，大故事套着小故事，虽然没有惊险曲折的情节，却真实可信、生动感人、扣人心弦。

例如，仅就"创立'苹果'"（苹果 I 诞生和苹果公司成立，书中的第 3 章）这一段历史而言，就包含着"第一桶金""'牛郎星'的召唤""'苹果'诞生"和"车库里飞出凤凰"4 个相对独立的故事（正好是该书第 3 章中 4 个小节的标题），这里面又包含着"沃兹制作'乒乓'机，与雅达利公司结缘""乔布斯与沃兹共同开发出'打砖墙'游戏机，挣得第一桶金""'牛郎星'问世，沃兹脑洞大开""苹果 I 诞生""苹果公司成立""获取第一批订单""全家总动员，车库成车间""初战告捷"等一连串小故事，而每一个小故事又有许多情节，峰回路转，跌宕起伏，比如仅就"苹果公司成立"这个小故事来说，就包括了"说服沃兹""游说投资者"（游说的对象有雅达利、惠普等公司）"自筹资金""韦恩的加盟"和"公司取名"等情节。这么复杂的过程，作者用了整整 30 页的篇幅，讲得头头是道，来龙去脉和人物关系交代得清清楚楚。要知道，松鹰先生写过许多小说，是一位讲故事的高手。正是他这种善于讲故事的本领，将这一连串故事讲得娓娓动听，才使得这本书十分好看，受到读者的欢迎。

我还注意到，在这本书中，作者基本上采用"平铺直叙"的手法，按照时间的顺序来讲故事。在虚构的文学作品中，特别是在推理小说中，许多作者往往采取插叙、倒叙、隐喻、暗示等技巧，以制造悬念，渲染气氛。松鹰本人写过不少小说，尤其是几本推理小说更是脍炙人口，他在这方面有着很高的技巧和水平，但他在写人物传记时，这些技巧却几乎一概摒弃不用，没有节外生枝，没有设置伏笔，没有卖关子，没有故弄玄虚，只是老老实实、原原本本地把故事讲清楚，《乔布斯》一书就正是如此。大道至简，我想，他这样做是非常有道理的。

二、善于塑造人物形象

作为一位资深作家，松鹰很善于描写人物，塑造人物形象，在他的这部《乔布斯》中，同样是如此。

首先是写好传主。现实生活中的乔布斯本人，就是一个非常有个性、也非常复杂的人物。他勇于创新，奋斗终生；他百折不挠，永不言败；他具有强大的人格魅力、天才的远见卓识和出众的超凡品味，同时又有许多旁人难以容忍的缺点和怪癖；他是天才，是英雄，同时又是"疯子"，是"魔鬼"。作者在书中，花费了大量的笔墨，真实地展现了这一切，为我们描绘出一个活生生的、真实的乔布斯。

　　过去的某些人物传记中，特别是一些以青少年为主要读者的作品中，往往容易出现一种片面化的倾向，即过分地拔高传主，过分渲染传主的伟大成就和崇高品格，力图树立起一个"高大全"的形象，而对他们的缺点、错误和局限性等负面的东西，却有意无意地"为尊者讳"，往往避而不谈。这样做的结果适得其反，不仅扭曲了真实人物的形象，给读者造成许多误解和错觉，甚至可能会引起一些读者的反感。我注意到，松鹰在这方面就做得很好。他笔下的那些伟大的人物，从牛顿一直到乔布斯，就既写了他们的功绩、成就和光明磊落的一面，也毫不讳言地写了他们不那么光辉的一面，写出了他们的缺点、错误和历史局限性。书中就写了乔布斯许多负面的故事，比如"打砖墙"游戏机的开发，明明是沃兹和乔布斯两个人共同劳动的成果，而且沃兹还是技术方面的主力，但事成之后，乔布斯只分给沃兹一半的开发费750美元，自己却独吞了老板给的全部奖金。又比如在苹果公司旗开得胜之后，一些与他一起创业的老员工却得不到应有的股份，表现出乔布斯对于手下人的冷漠。他对女友克里斯安和亲生女儿丽莎的遗弃也令人感到寒心（当然，后来他也承认了自己的错误，与丽莎恢复了父女关系）。更不要说他在公司的独断专行、错误决策和瞎指挥等。对于这些，作者都坦然直言，毫不回避，客观而公正，真正把人物写活了。

　　乔布斯和比尔·盖茨是同时代的人物，两人有许多交集，他们既是竞争对手，又是惺惺相惜的朋友；他们都是"可怕的微机小子"，却又各具特色。正如松鹰先生本人所精辟概括的："作为软件巨头，比尔·盖茨的'可怕'，在于他的胃口极大，想鲸吞所有的竞争者。乔布斯的'可怕'，则在于他屡战屡败，屡败屡战，永远不会趴下。"他正是抓住了这一点，在《乔布斯》和《比尔·盖茨》这两部姊妹篇中，始终注意到把这两个微机小子放到一起写，不断地把两人进行一次又一次的对比，互相衬托，互相呼应，让这两个人物的形象更加鲜明生动，在书中活了起来。

在《乔布斯》一书中，不仅主角写得好，配角也写得非常生动。乔布斯养父母的善良、创业搭档沃兹的技术天才与厚道，苹果公司首任 CEO 斯科特的雷厉风行与武断，另一位 CEO 斯卡拉的铁腕、干练与胜利冲昏头脑，爱妻劳伦娜的真挚多情……都令人印象深刻，充分显示了作者的写作水平与功底。甚至一些非常次要的人物，在书中一闪而过，仅寥寥数笔，就给人以极其鲜明的印象。比如那位以棒棒糖和 5 美元作为奖励，激励乔布斯学习热情的希尔小姐，虽然着墨很少，但一个善良而睿智的好老师的形象，却跃然纸上，让人难以忘怀。著名科普作家陈芳烈在《又"见"松鹰——读"可怕的微机小子"姊妹篇有感》一文中说得好："在松鹰的两部新作中，不仅传主光彩夺目，就连与他们共同创业的合作者，以至父母、师长、发小，都写得十分生动。作品并没有把传主写成单枪匹马闯天下的英雄，而只是一个群星闪耀时代里勇立潮头的人物。这不仅还原了历史的真实性，也使作品更加可信，更具有打动人的力量。这反映了作者对传和史的关系有一个较深刻的理解。"

三、选材恰当，篇幅不长

在不少写科技人物的作品中，为了帮助读者了解传主的成就，往往需要进行一些科普，介绍一些有关的科技原理和科技知识。这样做，当然是必要的。如果读者对相对论没有最起码的了解，又怎能理解爱因斯坦的伟大呢？但是，这往往会增加作品阅读的难度，影响作品"好看"的程度。

乔布斯一生的成就，与电子信息产品分不开，这里面涉及许多电子工程与信息科学的知识。松鹰先生本人，就是一位资深的电子工程与信息科学的专家，按说，介绍这方面的科技知识是他的拿手好戏，但是，在《乔布斯》一书中，他并没有用大量的篇幅来进行这方面的科普，在选材方面，他似乎有意缩减或者绕开了这方面的内容。

我认为松鹰这样做是有道理的。一则是没有必要。正如普通的电脑使用者，并不需要掌握二进制计算和系统软件的技术细节，也完全可以熟练地使用电脑。广大的读者要了解乔布斯的生平，也没有必要一定要掌握那么多有关的科技知识。二则是用不着。如今世界早已进入了信息时代，随着电脑、手机和互联网的高度普及，对于有关的知识和工具，广大民众早已耳熟能详了。什么个人电脑、平板电脑、智能手机，乃至 Apple、iPad、iPhone、WiFi 那些英文名称，连许多学龄前的小孩也不陌生，还用得着专门来解释和科普吗？三则可以减少篇幅，降低阅读的难度，使得这本书更加"好看"。正如陈芳烈先生所说的那样："并没有觉得这里有使我们难以卒读的科学术语、名词，而是在不知不觉间，便随着发明家的足迹一步一步走进电子世界、网络时代的殿堂，分享他们创造的乐趣。"

在有关乔布斯的书籍中，最权威、最有名的可能当属《史蒂夫·乔布斯传》（Steve Jobs by Walter lsaacson），那是乔布斯"本人唯一授权传记"，作者又亲自采访了乔布斯本人和许多相关人士，独家掌握了大量第一手资料，非其他类似的作品能够相比。可那本书却是一本巨著，其中译本约 56 万字，相当于松鹰这本《乔布斯》（18 万字）的 3 倍多。当今是一个快节奏的时代，人们的阅读更趋向于"短平快"，能够静下心来仔细研读数十万字巨著的人，恐怕是越来越少了。更何况广大的青少年学生，在沉重的升学考试压力之下，课外阅读的时间被大大压缩，要阅读大部头的书籍就更加困难。从篇幅和选材上来说，松鹰的《乔布斯》一书，显然更加适合中国的广大青少年读者阅读，也更"好看"。

四、语言生动流畅，通俗朴素

语言生动流畅，历来是松鹰作品的一大优点。

《乔布斯》一书的前言，就很有文采。一开始，作者抛出了那段关于"三个苹果"的著名比喻，吸引了读者的注意；接着，仅用了4句话、90个字，概括了乔布斯的一生；然后点出了两位"可怕的微机小子"各自的特点；总结了乔布斯的贡献和地位；最后落脚于"这是一个硅谷少年如何重塑自己以及改变世界的故事"。整个前言不到600字，真是酣畅淋漓，一气呵成，引人入胜，字字珠玑。

《乔布斯》一书的目录，也颇有特色。"硅谷少年""人生起步""创立'苹果'""一鸣惊人""被逐的英雄""生命下一站""重返'苹果'"及"辉煌"这8章的标题，简明而生动，不仅准确地概况了全书的内容，还具有一种韵律美。

作者还非常善于用对话来描写人物，推动情节的发展。比如，那个石破天惊的《1984》广告片制作成功以后，董事会却反对播出，颓丧的乔布斯回到办公室，正好碰到了一起创业的伙伴沃兹，书中第154页写了乔布斯与沃兹之间的8句对话，这8句对话非常简单，却非常生动形象，非常传神，两个铁哥们的性格、情绪、友谊以及英雄所见略同的慧眼，都展现无遗，故事的发展也直转急下，进入了"柳暗花明又一村"的境地。

正是如此生动形象的语言，使得松鹰的作品"好看"，受到广大读者的好评。

文字干净、通俗、朴素、直白，是松鹰作品的又一特色。在他以青少年读者为主要对象的那些作品中，没有拗口的语句，没有大段复杂的欧式复合长句，没有华丽辞藻的堆砌，也没有生僻难懂的典故，完全用"中国普通话""大白话"写成，任何人都能看懂。这也是他的作品"好看"的重要因素。前面提到的那位"零零后"的少年，在阅读《乔布斯》的时候，还在读小学，但他却看得津津有味，就是一个很好的例证。

与此形成对比的是，那本最权威的《史蒂夫·乔布斯传》的中文译本，尽管翻译得相当不错，但受制于英文原文，对于大多数中国读者来说，阅读起来恐怕就没有那么轻松，显然不如松鹰先生的《乔布斯》那样"好看"。

这就是我对《乔布斯》一书之所以"好看"的初步认识。显然，对于松鹰的另一本姊妹篇《可怕的微机小子　比尔·盖茨》，以上四点也完全适用。

除此之外，我还想到以下这些：

我们的时代是一个创新的时代，乔布斯则是世界公认的创新者的代表。如果《乔布斯》一书再版时，能够在"创新"二字上做足文章，可能会更加完美。

我一直很欣赏《非同凡响》（Think Different）的那段精彩旁白（此处的中译文引自《史蒂夫·乔布斯传（修订版）》第509页）：

> 致疯狂的人，他们特立独行。他们桀骜不驯。他们惹是生非。他们格格不入。他们用与众不同的眼光看待事物。他们不喜欢墨守成规。他们也不愿安于现状。你可以认同他

们，反对他们，颂扬或是诋毁他们，但唯独不能漠视他们。因为他们改变了寻常事物，他们推动了人类向前迈进。或许他们是别人眼里的疯子，但他们却是我们眼中的天才。因为只有那些疯狂到以为自己能够改变世界的人……才能真正改变世界。

这段话既是创新者的自白和宣言，也是对乔布斯一生的最好总结。那部片子的配音有两个版本：一个由专业演员配音；另一个则由乔布斯本人配音。当初公开播放的是前者，乔布斯本人配音的那个版本，直到他去世之后，在他的追悼会上才第一次播放。《史蒂夫·乔布斯传》在其修订版中特别增补了一个后记，详细记录了乔布斯葬礼举办的全过程，正是以上述这段旁白作为全书的结尾，显得特别铿锵有力、荡气回肠。这一手法似乎值得我们学习与借鉴。

愿松鹰有更多"好看"的作品问世，愿中国的科普作家们能创作出更多更好的优秀新作。

愿我们的祖国涌现出更多的创新者，在中华民族的复兴之路上做出更大的贡献。

作者简介

洪时中：地震学家、研究员，成都市防震减灾局原局长，中国科普作家协会会员。

3. 用药知识，看这一本就够了

——读《全民健康十万个为什么：用药有道》

□ 吴一波　高文桢

【提要】

　　问答是一种富有吸引力的科普内容展现形式。它用精心设计的问题为读者搭建了一条独特的云梯，并任命严谨不失风趣的回答为领路人，带领读者一步步走进科学与生活交融的圣殿。问题的设计要贴近生活且全面，回答要兼具科学与可读。它简单在形式单一，难在问题的选择与回答的构建。问之间的逻辑及版式的创新会为读者带来更多的"悦读"感受。

　　"人吃五谷杂粮、没有不生病的"，而药物便是用以预防、诊断及治疗疾病的物质。从古至今，药物就与我们的日常生活息息相关，在我们的生活中起到重要的作用。当我们的身体受到疾病的侵扰，小到感冒、腹泻，大到重大疾患，这个时候，药物就可以大显神通，起到调节机体或治疗疾病，从而恢复人体健康的作用。因此，健康离不开药品，我们的生活更离不开药品。

　　然而，药物在造福人类健康的同时，也给人类带来灾难。

　　目前，中国约 2000 万听力残疾者中 60%—80% 为链霉素、卡那霉素、庆大霉素等不合理应用而中毒所致。据世界卫生组织报道，全世界死亡患者中，有 1/3 并非死于自然疾病，而是死于包括用药过度、用药错误等在内的不合理用药。2009 年著名歌星迈克尔·杰克逊则死于精神药物过量。

一个小小的用药不正确，就可能会给患者，乃至一个家庭带来极大的痛苦和伤害。因此，掌握安全合理的用药技能和知识，知道正确用药的方法对于每个人都是必备的生活技能。

然而，随着医疗科学技术不断进步的今天，不断有新的药品被研制开发，药物的使用注意事项也随之更加繁杂，药品如何正确使用便成为一个让人十分头疼的问题。如果你有以下问题：

药物是什么？

什么样的人需要服用药物？

什么药物用什么送服？

餐前或餐后？什么时间服药最合适？

服用这类药物时能同时服用另外的药物吗？

服用特别药物时，饮食上需要什么特别注意吗？

家庭小药箱我应该常备一些什么药物？

那么，这本书一定是你的不二选择。《全民健康十万个为什么：用药有道》不仅会解决以上问题，还会以独特的问答形式将更多的问题展现出来，让你在不断的提问，回答，纠正，解惑中领略到更多科学上的严谨与奇妙，并从中了解到更多的相关用药知识，掌握正确使用错综复杂的药品说明书的方法与技巧。

问答是一种富有吸引力的科普内容展现形式，它用精心设计的问题为读者搭建了一条独特的云梯，并任命严谨不失风趣的回答为领路人，带领读者一步步走进科学与生活交融的圣殿。问答是它的全部风貌，是它的骨与魂。

问的选择是重中之重，因此也是个不小的挑战，它不仅要求问题内容贴近生活，语言生动活泼，还要求做到纵行的深度和水平上的广度，既可以将单个问题包含全面，又可以做到全面包含所有问题。

　　该系列丛书在专家的严格把关下，很好得实现了科学规范性并全面而准确地介绍了与老百姓日常生活保健、求医用药密切相关的科普知识。

　　《全民健康十万个为什么：用药有道》书中的 117 个问题是很接地气的问题，是实实在在的、在我们用药过程中遇到最多、感觉最困惑的问题，而编者通过细心选排，精心策划，真正做到了让科学知识和实际生活接轨，让科学知识真正走进大众生活，告诉大众我们所"不知道、想知道和应该知道"的药品相关类知识。

　　同时，书中所编排的问题涵盖了生活中用药的各个方面，各个角度和各个人群，更重要的是它在广泛涉猎的同时，也做到了有所侧重和详略得当。书中的目录也以问题为导向，极大地方便了读者在使用这本书的时候，能快速准确地找到自己所需要的答案。

　　这本书以"了解药物 ABC""学会正确用药""用药有误区，要做明白人""用药治病，还是致病"以及"特殊人群的用药之道"和"家庭如何备药保平安"六个章节为基础，全面囊括了有关药品的基础知识，合理用药的正确方法，常见用药误区，备用药物的选取。特别的是，第五章"特殊人群的用药之道"聚焦于老年人、婴儿以及孕产期和哺乳期妇女，讲述适用于他们的用药之道，使这本书更加贴近家庭备书的定位——满足每一个家庭成员的用药知识需求。

　　科学性是医学科普的骨架，人可以面黄肌瘦，但不可无骨架，医学科普亦是如此。如言，"医药学图书是医药学及人类健康知识的载体，它直接为人们的健康负责，为人们的生命负责，其图书的编校质量远非一般图书所能比，其重要性也就不言而喻了"。医学科普中的科学性问题是人命关天的大问题，容不得半点马虎。

《全民健康十万个为什么》系列丛书作为国家科技支撑计划"公众健康普及技术筛选与评价研究"项目的主要成果之一，为保证其科学性和公信力，国家医学界权威的中华医学会、中华预防医学会、中国药学会等9家机构在组织国内的医学、药学、健康领域的专家编撰的同时，还邀请了包括中国科学技术协会名誉主席韩启德等在内的院士、专家任《全民健康十万个为什么》丛书专家指导委员会委员，并由北京协和医学院公共卫生学院原院长黄建始教授担任审稿工作。

医学科普图书要想吸引读者，除了内容好坏，其章节编排也要有逻辑性，而不是简单杂乱地罗列知识点。此外，版式创新也会使科普书具有艺术感、形式活泼、赏心悦目。

编者在问题的编排上颇费心力，使得整本书思路清晰、逻辑顺畅。以第二章"学会正确用药"为例，导读说到："用药对症能消除病痛，而一旦错误用药，轻者没有治疗效果，重者贻误病情甚至致人死亡。"简单几句话点明合理用药的重要性，引出本章节主要问题。第二章开篇第一个问题"什么是合理用药？"先从定义着手，展开整个章节的布局。细看本章33—36号问题"哪些药物服用后要多喝水？""哪些药物服用后宜立即饮水200毫升？""服用哪些药物不宜多喝水？"以及"哪些药物不宜热水送服"，四个问题全面又细致的讲述药物和用水送药的关系。

科普类图书可以利用数字、符号、字体、字号变化、专家点评等多种形式丰富科普图书的编排，结合内容穿插一下卡通图或者漫画，不仅活跃版面，还增加读者的阅读兴趣。另外，通过形象逼真、活泼可爱的图画，也可以帮助读者理解科普内容。这本书在一些回答下，贴心地增加了"相关链接""温馨提示"等小栏目，更加细致地进行药学科普，更重要的是，回答中结合各种图片，使每篇回答的排版简洁大方，清晰明了，使人没有"长篇大论"的压迫感，也不会产生"厌读"的情感。

当然我们也不得不承认，这本书仍然具有一些不尽如人意之处：

医学科普不是一般的知识普及，对于普及内容除了要求具体详尽、完整准确，还应该注意语言的通俗性，便于读者学习、掌握、应用。一本好的科普图书应该是文字简练、层次清楚、表达准确的，语不乏味、言有生活气息，语言既生动又富有趣味性，即兼具科学性与可读性。

整本书中的语言偏生硬，针对有些问题的回答只是简单罗列知识点，缺少相应的解释性说明，很难让人有继续读下去的欲望。比如"哪些药宜在饭前吃？"文中只是罗列出"健胃药、促消化药、促胃肠动力药、胃黏膜保护剂、抗菌药物、抗骨质疏松药、滋补药、利福平等"，缺乏对于为何这些药物需要饭前服用的原因，或者只是简单一笔带过，若是可以在此解释一下原因，人们会更容易接受和应用。此外，少部分回答的易读性较差，其中涉及一定的医学名词，但并未展开进行解释，如果可以用简单通俗的语言解释一下，普通百姓理解起来会比较容易。

总结一下，尽管《全民健康十万个为什么：用药有道》在易读性和书中语言应用仍有待提升，但整本书的逻辑编排十分合理，且相较市面上其他药品相关科普的书籍来说，这本书的权威、广泛与细致不容置疑，基本做到"看得懂、学得会、用得上、行之有效"的医学科普图书定位，完全可以作为您了解药品类相关知识的"手边书"。

此外，《全民健康十万个为什么》系列丛书除《用药有道》之外，还包括《挑战慢性病》《知"瘟"防"疫"》及《科学求健康》，这三本书分别讲述了各种慢性疾病的防治方法、各类传染病的防治知识以及科学的健康理念和知识，整个系列的图书受北京科普创作出版专项资金资助，均为"国家科技支撑计划项目"科普系列图书。全系列四本书着重介绍了与我们日常生活保健、求医用药密切相关的科普知识，对我们在日常生活中进行自我健康管理、学习健康知识、掌握科学的方法、践行健康的生活方式有着极大的帮助。

作者简介

吴一波：北京大学药学院药事管理与临床药学系研究生。

高文桢：山东大学口腔医学院医生。

4. 在夏日的世界与他者相遇

——评译作《夏日的世界》

□ 姚利芬

【提要】

自然写作是一种以文学表述揉合知性科学、理性思维的文类，通常以个人叙述的方式进行，多以日志、游记、年记、报导等形式呈现，容许独特的观察与叙述模式。自然文学往往包含大量对自然的描述，要求作品从形式上要具有更强的艺术表现力。

贝恩德·海因里希是佛蒙特大学的生物学荣誉教授，被誉为目前仍健在的最杰出的博物学家之一和名副其实的梭罗的信徒，在《夏日的世界》中，他分享了在佛蒙特州和缅因州的家中进行的有关动物、植物的思考和实验。"林蛙为什么在交配前会组建合唱团？""毛虫为什么要变色，有时还要模仿成蛇的样子？"——切莫以为它是一本干巴无趣的百科科普读物，相反，它充满了物之生趣与深入立体的物之思索。

一、散而有凝的篇章设计

《夏日的世界》由 23 篇散文组成，构建成了一个反映夏日世界的整体印象。23篇散文顺次为"为夏日做准备""苏醒""林蛙""早归的鸟""白斑脸黄胡蜂的巢""泥蜂及其行为""灰蝶""充满艺术感的食客""伪装大师""赛大蚕蛾""大蚕蛾濒临灭绝""新英格兰天牛""飞虫""蜂鸟与啄木鸟""死亡与复活""极端的夏季""苔藓、地衣和双叶不死草""永远属于夏季的物种""蚂蚁的战争""黑鸟""沉寂的夏季""夏季的结束""最后的唧唧声"。

这23篇散文结构上相对独立、各有标题，但都是围绕夏日这一中心背景展开的。各篇文章所记录和描写的都是夏季的生命因素，都指向了夏日这一中心主题，从不同角度折射了夏日这一季节景观所独有的整体特色与启示意义。23篇散文虽各自成篇，描写角度不同，但都是构成作品整体的有机部件，中心主旨明确且集中。同时，这23篇短文在内容上也相互关联、呼应，大体依据时间顺序缀结成篇，具有很强的系列性和互补性，都是围绕着核心主题来进行描写与记叙的，体现了"形散神不散"的散文文体特征。这一点很好地继承了美国自然文学的结构传统，与梭罗的《瓦尔登湖》、利奥波德的《沙乡年鉴》和迪拉德的《汀克溪的朝圣者》完全一致。

二、昆虫生理学家之眼：观察记录型写作

自然写作是一种以文学表述揉合知性科学、理性思维的文类，亦呈现了人类理解自身与所处场域关系的过程。从形式上来看，自然写作常常是一种个人叙述的文类，常以日志、游记、年记、报导等形式呈现，容许独特的观察与叙述模式。《夏日的世界》的作者海因里希以对自然的极大谦卑，以实地的观察经验作为枝干，依赖庞大的数据、记录、档案、文件，并进一步深入现

场，以田野工作为基，以现实与实证相互印证。因此，他观察林蛙、灰蝶、泥蜂们时，发现了地域、历史，也让我们体验了现场的温度、高度、精度与湿度。

身为昆虫生理学家，海因里希对"夏日世界"里动物（以昆虫为多）的观察的专业性历历可见，随处可见的精确数字反映了作者观察的精度。例如，作者对毛虫的观察，"两天之后，我再次爬上了树，发现有 37 个新叶卷（估计是我放出的 80 多条毛虫制造的）。一条毛虫正在被盾椿享用；8 片部分卷起（或完全打开）的叶子里面空空如也；12 片部分卷起的叶子中各藏有一条毛虫，但叶子一点没有被食用；7 片完全卷起的叶子里面藏有毛虫，叶子部分被食用了；有 9 个被切断的叶柄"。

海因里希观察之专业性恐怕少有人望其项背，而自然写作最迷人之处也在于它必须有非常牢靠的观察或者基本资料，就是所谓的田野工作；作者很牢靠地踏在他们所观察的土地上，无法偷懒，每日记录，有了这样坚实的基础，在写作技巧的剪裁下，才可铺衍出一篇篇美妙的自然日记。这也让《夏日的世界》有着坚韧可考的科学性，成为从脚下的土地出发，从昆虫生物学家之眼出发的自然写作的典范作品。读之，每一篇似乎都是单为你写的科学家日记，向你倾诉最近刚探望过的田野里和小路旁出现的夏日里昆虫的新情况。

文学性与科学性、教育性并存也成为《夏日世界》散文语言的重要特点。作者将自然史的写作中对自然知识科学性的要求融入自然散文创作中，用文学方法处理科学题材，让读者在获得审美愉悦的同时增加了自然知识。自然文学的散文要兼具科学性，不能空中楼阁凭空建造，要在遵循事实基础上再创造，自然散文要有自然知识的科学性。我们也在作者身上看到了一个科学家追求观察准确的精益求精和尊重事实的态度，也看到了科学家身上忠诚持久的魅力。他所依据的"观察之道"是如实记录和观察事实和实践，不强加自己的意识、感情或者思想到观察对象身上，帮助读者按照自然对象本来的面目认识它们。特别在描述有趣的画面时，更要严格控制在真实的范围之内。"按照事物的本来面目看待，不用自己的感情或者成见去渲染或修饰。简而言之，就是不但用感觉而且用理智去看，做一个观察者，认真阅读自然之书"。

三、摄影写作语言与图画之言说

自然文学自身往往包含着大量对自然的描述，这也就要求作品从形式上要具有更强的艺术表现力。《夏日的世界》通篇可见摄影机一般的语言，即在文学写作中用摄影机一样的语言来对对象做精实详尽的记录，在作者的笔下，我们可以看见摄影机一般的技巧，比如长镜头、广角镜、快慢速度、微距镜等方式，呈现出对视、突出重点、特写、景深浅等效果，使自然生态呈现出美的一面，长镜头可以捕捉动物的神态动作或生态行为，这两种摄影语言对自然写作的参与，使作品表现自然之美的能力扩展到了某些文字语言所无法捕捉到的程度。

文中的手绘及拍摄的图片不仅仅是某种"插图"，而是与文字融合在一起成为复合的表现形式。它们既是"现场记录"的证据，还是对于文字书写的一种补充说明。图片与文字的结合将视觉化的艺术带进了非虚构的写作，这不仅能够让读者更加贴近现场去感受真实，同时也大大增强了作品的感染力和生命力。例如作者在文中对丘鹬的描写：

"无法言语来恰当地描述丘鹬的空中舞蹈。作为前奏，胸脯胀鼓鼓的丘鹬看上去像一只迷你版矮脚公鸡，在它那一小片杂草丛生的领地上来回走动，时而发出小而断续的"砰咔"声，它给人的感觉就像是在游行的醉汉，但随后它呼呼地扇动翅膀，像火箭发射一样飞了起来。"

身为昆虫生理学家的贝恩德·海因里希手持铅笔，捧着笔记本，静静观察，以细腻的写作与绘图笔触雕刻着他所观察到的丘鹬之舞，笔力鲜活，纤毫毕现，读之仿佛感觉到一只丘鹬冲破纸面，正在向你飞来。这是融合文学语言与科学语言为一体的尝试。

对于这样一本书的意义，不妨借用刘华杰教授之言来点出："博物学传统中有大量值得提取的积极内容，它强调对人类经验的重视，对生物多样性、对外部自然世界的尊重，一定意义上的非人类中心论，一定程度上对数理模型保持着本能的警觉。这样一些品质，对于克服当前自然科学模型化日趋严重所强加于人类思想和生活方式的恶劣影响是有帮助的。"

海因里希以其敏锐的视觉与听觉，让他的肉体化为一株触须，为我们探索许多无知与未知。他更化为一支感应迅速的天线，接收来自缅因州那些动植物的信息密码。他的书写不只是提醒你身边居住的地方有这么多"他者"存在，也在警告我们对周遭所患的"失明症"有多严重。我们当然不会遗忘他运用文字之如匠人般的纯熟精敏，更不会遗忘自然写作不能只是视为书写的非虚构。它更是一场与他者相遇，与其他生物凝视之旅。

作者简介

姚利芬：文学博士，中国科普研究所助理研究员。

5. 行走在七彩的大自然里

——读《西沙有飞鱼》

□李红林

【提要】

　　从事自然文学创作，作者必须"亲历现场、亲身经历、亲眼观察"，取得第一手资料，这正是自然文学的价值所在。考察大自然，与大自然和谐相处，将融入自然的过程、考察探索的所得记录下来，从某种角度来说，探索的过程甚至比结果更有意义。

　　你可能在去往西沙群岛的海轮上观海上日出："东天一片轰轰烈烈的绛色云，云层上迸射出万道霞光，将蓝天耀得光彩夺目……红艳辉映，湛蓝的大海有了另一种色彩、风韵……初阳普照，大海犹如鸢尾兰盛开的花海，蔚蓝中闪烁着淡淡的紫艳，焕映着明丽的青翠。"

　　你大概在横越天山的汽车上看公路两旁的西部风光："车就像匹白马在山脚盘旋……白杨树消失了，河谷和山坡出现了阔叶树林，浓郁树冠泛着墨绿色。阔叶树的上方，沿着山陇，直立如锥的云杉树，如彩带飘拂，衬得雪山晶莹。"

　　跟随刘先平著的《西沙有飞鱼》，大自然的七彩斑斓在我们眼前显现，在海上，在天上，在深山，在浅湾，在足迹可至眼神可及的各个地方。

但是，大自然常常并不会让你那么轻易地就看到这些风景，你可能需要在云深雾重的山林中攀缘：

　　　　"路在苦竹、灌木丛中蜿蜒，忽上忽下。雨中的青苔特别滑溜。苦竹太茂密，路成了穹隆……竹水淋淋，竹上攀附的有刺藤条还总是拉拉扯扯……更有黄麂、野猪、黑熊的足迹在小道上时隐时现，还得胆战心惊地提防着…陡坡，很滑，爬几步就得停下喘口气……垭口风狂、雨更大……"

　　又或者在茫茫大雪中的高原推车上山：

　　　　"路两旁是终年不化的陡峭的结冰的山崖，冰崖泛着灰色，冰豆和雨水增加了它的神秘莫测……刺骨的寒风，冻得人直哆嗦，可身上却冒着虚汗……缺氧，人头发晕，脚发飘……推一会儿就得停下来，大张着嘴喘气，寒风似乎要把肚肠变成冰箱……"。

　　很多时候，恰是这些跋涉的艰辛、旅途的孤寂、危险中的战栗甚至绝处逢生的刺激令作者看到的风景更加迷人，也让他们被展现在读者面前时更多一份厚重的含义。

　　刘先平是我国现代大自然文学的开拓者，他曾两进帕米尔高原，三穿塔克拉玛干大沙漠，四探怒江大峡谷，六上青藏高原，多年跋涉在横断山脉，在大自然中凿空探险四十余年，出版了四部野生动物世界探险长篇小说和几十部大自然探险奇遇。"我的七彩大自然"系列丛书是刘先平在探险大自然的过程中集成的短篇集，《西沙有飞鱼》是其中一部。

　　自然文学以自然为主题对象进行文学写作，探索人与自然的关系，通常是作者以第一人称来描述对自然的体验与实践。在这个过程中，观察可能是首要的。科普作家金涛就指出，要从事自然文学创作，作者必须"亲历现场、亲身经历、亲眼观察"，取得第一手资料，这正是自然文学的价值所在。这种观察可以是远观，可以是近看。

但是，刘先平把这种观察更推进了一步，他用双脚"丈量大地，探索祖国大自然的神秘"。因而，他的创作更加具有一种探索性姿态，常常能让人有身临其境、正在现场之感。在"探寻华南虎"一节中，笔者读起来感受尤为深刻，仿佛跟随作者一起徒步攀越梅花山，恰如笔者徒步西山、征服三峰的种种体验，尤其是历尽艰辛登上山顶，围坐歇息的轻松与惬意，更是感同身受。

这种探索性，跟作者的经历有关，但他的这些经历，恰恰是他一直秉承的创作理念所推动的——"我要写的是原旨大自然文学，因而把考察大自然看作第一重要，然后才是把考察、探险中的所得写成大自然探险文学"。实际上，他是在用另一种视角开展对自然的观察——和大自然相处，融入自然，相互对话交流地探索，这个探索的过程往往比结果更有意义，"发现过程的艰辛，自有一种蕴藏在平常中的特殊魅力和快乐"。

在日渐远离自然的现代生活里，喧嚣忙碌让探索自然成为偶能为之的奢侈。幸好，我们还可以在书中去触摸和感受。古人云，"读万卷书，行万里路"，让我们跟随刘先平的书，来一场七彩的行走，看日月经天、江河行地、山呼海啸、花谢花开、鱼翔浅底、鹰击长空、鸟叫虫鸣、燕舞莺飞、山高水长、生荣死哀，体味沧海一粟的渺小、苍穹浩瀚的无限和其中道不尽的人与自然。只因为，这一场行走里，自然在场，你我在场。

值得一提的是，在这场"行走"里，作者和出版者对"同行者"的界定稍显模糊。从这套书的书名章节、封面装帧、插画配置乃至封底推介，看起来都像是面向青少年读者群体的读物，但是，就笔者读来的感受，可能需要有高中以上文字基础的读者才能比较顺畅地阅读和理解。这一点，可能算作是本书的一点不足之处。

作者简介

李红林：理学博士，中国科普研究所副研究员。

6. 图片，一把打开科普之门的密钥

——读《啊！蜻蜓》有感

□ 邹贞

【提要】

对于科普图书来说，图片发挥的科普作用不容忽视。作者原创的高品质图片对提升科普图书品质大有助益。通常情况下，这些优质图片往往需要作者具有良好的摄影背景和专业的摄影技能。读者在读图的过程中，不仅能学习科学知识，而且可以掌握科学观察方法。

蜻蜓，是一种常见的昆虫。可是，如果多问几个问题，情况可能就会超出我们的想象。蜻蜓住在哪儿？蜻蜓有几只眼睛？蜻蜓可以活多久……这些问题，即便是成人，可能也一时难以回答。细细一想，我们可能并不真正了解这种看起来熟悉、自以为认识的小昆虫。

中国台湾生态插画家邱承宗一直专注于昆虫摄影和调查，他用自己手中的摄影器材记录了蜻蜓的点点滴滴，他把那些稍纵即逝、精彩纷呈的画面捕捉下来，配以简洁明了的文字，集结成册，取名《啊！蜻蜓》。该书是中国台湾第一本详细记录蜻蜓从出生到成熟产卵过程的出版物，在中国台湾荣获第 36 届金鼎奖；2012 年，由海峡出版发行集团及福建少年儿童出版社联合出版发行，2014 年获得第三届中国科普作家协会优秀科普作品奖金奖。

作为一本科普读物，该书出色地完成了传播科学知识的重要任务。《啊！蜻蜓》普及了蜻蜓生态及生活习性科学知识。作者简明扼要地介绍了蜻蜓的栖息地——水田、泥沼、湖泊或人工水池等接近水边的环境，以通俗易懂的语言描述了蜻蜓的身体构造——头部、胸部、腹部、翅膀和六只脚，对蜻蜓看似简单实则复杂的眼睛进行了详细描写，并展示了蜻蜓交配、产卵、孵化、羽化、成长直至生命终结的全过程。

该书最有特色的地方是，原创制作了大量高品质珍贵图片。这些图片是整本书的亮点，对提升图书品质起了锦上添花的作用，也使该书和同类别图书有了明显的区别。

图片的产生和作者的摄影背景密不可分。邱承宗本身非常喜欢摄影，他在东京念过专门的摄影学校，在较长一段时间里，他专注于昆虫摄影。在拍摄过程中，他发现有些内容很难用普通相机记录下来，比如，在观察霜白蜻蜓的卵粒变化时，肉眼和相机都显得无能为力，因为卵粒长度只有 0.05 厘米左右，根本无法看清。为了解决这一问题，邱承宗开始改进工具，想办法捕捉肉眼看不到的微观世界画面。在好奇心的驱使下，他买了一台显微镜，并将其和相机组合在一起，经过夜以继日的改造和无数次测试，最终打造出了一台画面质量令人满意的"显微镜摄影机"，由此开启了昆虫观察的新篇章。

在显微镜的帮助下，邱承宗用镜头记录了卵粒的阶段性变化过程。卵粒在出生后的第一天，外观由乳白色变为鹅黄色，继而变成淡褐色，内部逐渐产生块状物体，之后，块状物体变大，内部出现眼睛斑点，并逐渐具备胚胎雏形，大约一周后，眼睛和六只脚隐约可见，成熟的胚胎卵准备进入孵化。

这些基于"显微镜摄影机"的图片，不仅成为该书的特色和精华，也成为带领读者，尤其是孩子开展科学观察的基础和前提。1919 年五四新文化运动中，维新派提出科学"不仅是科学知识和科学技术"，而且还有"科学态度和科学方法"。时至今日，我们在进行科学传播的时候仍然强调，要传播科学知识，更要传播科学精神、科学方法及科学思维。

优质原创图片，也为该书传播科学方法提供了基础和可能，读者在读图的过程中可以相对轻松地了解掌握科学观察方法。在《啊！蜻蜓》中，较多地使用了定位观察和比较观察的方法。在"产卵的瞬间"部分，通过定位观察的方法，将蜻蜓产卵的过程展现得淋漓尽致。例如，在蜻蜓的尾端插入水中后，选定位置，开始观察水面下的一系列变化：卵粒在尾端——腹部用力挤压，卵粒微量扩散——卵粒随着黏液向下扩散——卵粒成串释出——身体准备脱离水中。在"从胸部辨识蜻蜓"及"从腹部辨识蜻蜓"部分，通过确立辨识要点开展比较观察。例如，晏蜓的辨识要点在腹部前端斑纹，阳明晏蜓有"面具形黄斑"，李斯晏蜓是"没有鼻子的面具形黄斑"，朱黛晏蜓是"山字形黄斑"。

如果说在图片方面，还有什么不足的话，我想可以在排版上稍加改变。作为读者，阅读的过程就是跟随作者进行观察和思考的过程，书籍的排版应尽可能方便读者阅读思考。在本书多个地方，左右两页共同描述一个主题，通过两页上图片对比，来揭示蜻蜓从出生到成熟产卵过程中的细微变化，书中至少可以看到图 1、图 2、图 3、图 4 的四种排列方式。

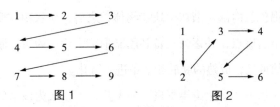

图 1　　　　　　　　　图 2

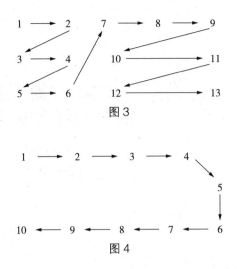

图3

```
1 ──► 2    7 ──► 8 ──► 9
3 ──► 4    10 ──────► 11
5 ──► 6    12 ──────► 13
```

```
1 ──► 2 ──► 3 ──► 4
                    ↓
                    5
                    ↓
10 ◄── 9 ◄── 8 ◄── 7 ◄── 6
```

图4

　　图中的箭头指向代表读者阅读的基本顺序，可以看出，图4是最简介、最合理的，任何一张图片在做邻近位置比较时都很便捷，图1次之，图2再次之，图3显得最凌乱。

　　《礼记·聘义》："瑕不掩瑜，瑜不掩瑕，忠也。"作为一本优秀的昆虫题材绘本，书中的精彩照片可以带领读者们进入一个多彩奇妙的丰富世界。该书不仅普及了有关蜻蜓的各种科学知识，而且可以教会读者掌握观察事物的科学方法。尽管该书定位于少儿科学图画书，但是，成年人依旧可以在书中获取科学知识，了解科学观察的基本方法，书中的图片不仅仅适合少儿，成年人同样适用。

作者简介

　　邹贞：文学博士，中国科普研究所与中国科学院科技战略咨询研究院联合培养博士后，从事科普创作、科普作品书评、青年科普创作人才培养研究。

7. 揭秘气象灾害原理、提升全民气象科学素质

——评《地球大气中的涡旋——揭秘气象灾害》的创作

□ 刘　波

【提要】

　　创作气象科普类图书，向公众普及气象灾害知识的同时，也要把其背后蕴含的科学原理，包含的科学方法和科学思想，向公众讲清楚，说明白。只有这样，公众才能更好地了解灾害，在灾害来临时更好地抵御灾害，最终达到提升全民气象科学素质的目的。

　　"雨像盆里的水倒下来一样，对面三尺不见人"。在雨前村庄鸟雀遍山坡，雨后鸟虫绝迹，死雀遍野。这不是什么科幻或是恐怖小说的情节，而是 1975 年 8 月上旬在河南省南部、淮河上游的丘陵地区发生的一次历史上罕见的特大暴雨的真实写照。8 月 5—7 日最大降水量达到 1605 毫米，暴雨的强度极大，1 小时和 6 小时雨强均创我国历史上的最高纪录。据不完全统计，灾民达 1000 多万人，1.1 万平方千米耕地遭受严重水灾，死亡 2 万多人，直接经济损失超过 100 亿元人民币（1975 年河南全省的 GDP 不足 128 亿元）。

　　对于 1998 年生活在长江流域的人们也许一辈子都不会忘记，

在当年的 6—8 月，天好像破了个窟窿，大雨、暴雨和大暴雨频
繁的出现，造成山洪暴发、江河湖水泛滥、堤坝溃决，城市内
涝、局地山体滑坡、泥石流严重，暴雨致使鹰厦、浙赣、京九铁
路一度中断，据不完全统计，受灾人口超过 1 亿人，受灾农作物
10 多万平方千米，死亡 1800 多人，伤（病）100 多万人，倒塌
房屋约 4.3 万平方千米，损失房屋 800 多万间，经济损失近 3000
亿元。

无论是亲身经历过，还是从不同的渠道了解过，这些在历史
上对中国人民造成巨大伤害的气象灾害永远都不应该被忘记。但
仅仅了解这些历史和一些基础性的气象知识是远远不够的，只有
进一步利用科学的方法和手段对这些灾害进行系统的分析，才能
掌握灾害背后的原理，掌握灾害发生、发展和消亡的规律，我们
才能更好地监测灾害、预报灾害，提前预警灾害，真正做到更好
地防御灾害。而且也只有广大公众提升潜在的灾害防范意识，具
备必要的应对灾害的知识和技能，才能在灾害来临时更好地自
救互救，保护好国家和个人的生命财产安全。《地球大气中的涡
旋——揭秘气象灾害》就是这样一本内容涵盖气象灾害监测、预
报、预警和防御，并深度解析这些灾害背后科学原理的科普书，
上面两段话就是书中举的两个关于暴雨洪涝灾害的例子。该书于
2013 年 1 月由科学普及出版社正式出版，是"当代中国科普精品
书系·应对自然灾害卷"中的一个分册。由中国气象局徐祥德、
李泽椿、陈联寿、许健民四位院士，柳崇健、丁国安两位研究员
以及中国环境科学研究院任阵海院士历时两年编著完成。该书从
大气涡旋这一隐藏在诸多天气气候现象背后的"幕后操盘手"出
发，通过真实的案例，深度剖析和揭秘暴雨、台风、龙卷风等气
象灾害的科学原理，揭示了灾害成因中各类大气涡旋机制的神秘
面纱，知其然又让人知其所以然，是一部集科学性与通俗性、专

业性与大众性、知识性与趣味性的科普精品著作，是一部能够启迪读者科学精神并兼顾培养实际技能的科普精品著作，是一部根据《全民科学素质行动计划纲要》、结合我国的科普工作政策方针及气象科学特色的科普精品著作。

我国的气象灾害种类多、分布广、频率高、强度大、损失重，属世界罕见。据统计，在我国所有的自然灾害中，71%是气象灾害。随着全球气候变暖的不断加剧，在我国发生的极端气象灾害呈现频发、多发、重发的特点和趋势，尤其是随着我国经济社会的快速发展、城镇化水平持续提高以及社会经济总量的不断增大，气象灾害所造成的经济损失和社会影响也在不断增大。如上文提到的1998年长江流域的大洪水以及2008年发生在我国南方的低温雨雪冰冻灾害造成的经济损失都在3000亿元左右，其产生的影响也涵盖生态环境、水资源、健康、农业、交通、通信等多个领域。鉴于此，党和政府也越来越重视气象在防灾减灾中的重要作用。《中共中央国务院关于推进防灾减灾救灾体制机制改革的意见》中指出防灾减灾工作要"坚持以防为主、防抗救相结合，坚持常态减灾和非常态救灾相统一，努力实现从注重灾后救助向注重灾前预防转变"。"坚持以防为主"就是要把灾害发生之后一时的、被动的、消极的救灾活动，转变为灾害发生之前长期的、主动的、积极的、全社会参与的防御行为。而这种防御行为的养成必定依赖于公众防灾减灾意识的形成和提高，需要开展大量的、深入的、持久的、广泛的防灾减灾科普工作，从而不断加强公众气象方面的"四科两能力"，即了解必要的气象科学技术知识，掌握基本的气象科学方法，树立气象科学思想，崇尚气象科学精神，并具有一定的应用它们处理实际气象问题（有效应对气象灾害和适应气候变化等）、参与公共气象事务的能力（气象服务保障生态文明建设、气象助力乡村振兴和精准扶贫、气象服务"一带一路"建设等）。最终达到提升全民气象科学素质的目的。

目前大部分气象科普图书更多偏重基础科学知识的普及，往往有意或是无意忽略对背后原理、科学方法、科学思想和科学精神的普及。究其原因，我个人认为有两个方面的原因，第一，科普图书在很多时候，被认为是给小朋友看的，并不需要给他们讲高深的原理；第二，在科普图书里面要把高深晦涩的科学原理讲得通俗易懂，对于大部分作者来讲都是一件有相当难度的事情，而且可能就算讲清楚了，真正去看的人也是少数。但《地球大气中的涡旋——揭秘气象灾害》这本书却"明知山有虎偏向虎山行"，全书除了开头和结尾，绝大部分篇幅都是在讲解大气涡旋和天气气候现象、气象灾害之间的联系，解释是什么样的物理机制在推动不同类型气象灾害的发生，虽然有些内容需要一定的专业背景才能理解，但作者们的努力读者们应该能够体会到。如果能够对于书中涉及的一些大气科学的专业图形，如雷达图、气压图等，给予一些更通俗易懂的讲解，让读者能够自己看懂这些图的话，会进一步增强该书的可读性，让更多的读者体会到气象的奥秘和乐趣，也有利于该书覆盖更多的读者群体。

党对科普工作的要求从十八大报告中的"普及科学知识，弘扬科学精神，提高全民科学素养"，调整为十九大报告中的"弘扬科学精神，普及科学知识，开展移风易俗、弘扬时代新风行动，抵制腐朽落后文化侵蚀"。这是未来科普工作的总纲领和总目标，这说明中国特色社会主义进入新时代以后，当社会的主要矛盾转化为人民日益增长的美好生活需要和不平衡不充分的发展之间的矛盾之后，科普工作的重点（主要矛盾）也随之由普及科学知识转化为弘扬科学精神，对科普作品的创作也有了更高的要求。

《地球大气中的涡旋——揭秘气象灾害》选择了从大气科学中大气涡旋这个经典的研究领域出发，从浅显的日常气象科学知识讲到气象灾害背后的高深原理，从覆盖全球的重大气象灾害讲到不同灾害的防御知识和自救互救技能，中间穿插了气象综合观测、气象预报预警的历史、现在和未来的发展趋势，用一个大气涡旋的概念串起来整个大气科学发展史，在过程中把一些基本的气象科学方法和科学思想融入其中。该书在表现形式上采用了很多科学原理图、实时灾害图和动画图，这让该书在具有严谨科学性的基础上增加了很多趣味性和科普性，有助于非气象专业的读者更好的理解大气涡旋、理解气象灾害和理解大气科学。

　　习近平总书记在 2016 年 5 月 30 日召开的全国科技创新大会、两院院士大会、中国科协第九次全国代表大会上的讲话中明确提出"科技创新和科学普及是实现创新发展的两翼，要把科学普及放在与科技创新同等重要的位置。希望广大科技工作者以提高全民科学素质为己任，把普及科学知识、弘扬科学精神、传播科学思想、倡导科学方法作为义不容辞的责任"。该书虽然成书于2012 年，但由于主编和副主编都是行业内的院士和顶尖专家，对很多问题的观点和思维都具有前瞻性。因此，该书其实非常好地体现和契合了习近平总书记对科普工作的要求。书中的内容不仅是对一些大气涡旋知识的简单梳理和总结，更是用一种公众能够容易接受的方式来传播知识，并将一些前沿高端的、晦涩难懂的科学方法和研究成果用更浅显通俗的形式表达出来，将高深的科学思想融入该书的体系中，贯穿始终，这本身就是对科技创新和科学普及放到同等重要地位的体现。五名院士和两名资深专家花费了两年时间来完成本书，也是用实际行动体现对科普工作的巨大支持，也真正体现了他们对科普工作巨大的热情和把科普工作当做自己义不容辞的责任的崇高品德，为更多年轻的科学家从事和投入科普工作起到了表率和榜样的作用。

总之,《地球大气中的涡旋—揭秘气象灾害》在让读者了解气象灾害的基础上,能够进一步让读者深入理解气象灾害背后的科学原理,提高读者的气象灾害防御能力,有效提升读者的气象科学素质。该书是一部与时俱进,符合新时代中国特色社会主义文化建设要求的精品科普图书。

作者简介

刘波:中国气象局气象宣传与科普中心,研究员。

8.

妙笔生花书一卷，
春风化雨润心田

——欣读陈芳烈《通信·天涯咫尺》有感

□ 甘本袚

【提要】

　　写出这本通信科普著作，既是发挥了作者的专长、做了他本专业的份内事，又是他半世纪挥洒笔耕的创作结晶品。那一对对故事与科技知识的匹配，那一首首诗词与内容的呼应，那一个个提示与警语，那一幅幅精美的插图和应景的邮票图案……充分显现了作者所具有的专业功力、文化底蕴、创作经验、博广见识。

　　2018 年 4 月，中国科普作家协会（简称：作协）邀我为陈芳烈佳作《故事中的科学》之《通信·天涯咫尺》写一篇评论，我欣然接受。为什么？一来作为荣誉理事却又常居海外，许多作协的活动都无缘参加，实为憾事，如今作协要出书，理应共襄盛举；二来这本书我早已拜读，而且也写过推荐语；三来芳烈是我多年挚友，他小我一岁，今年正好八十。值此华诞，权以此文赞誉他为我国科普事业所作的贡献。

　　这本书，我翻阅过多次，而且正经八百地通读过三遍，每遍都有新的收获、新的感触。

第一遍读这本书是在 2013 年 2 月下旬，本书付印之前，电子工业出版社策划编辑彭婕传来该书电子版样稿，邀我写推荐语之时。下载完后，立即快速扫视了一遍，感到赏心悦目。然后就正襟危坐开始通读，这一读就兴趣盎然、欲罢不能，几个小时下来，令我对这本书的印象甚佳，欣然赞道：好！非常的好！

第二遍看到该书是 2013 年 10 月中旬，收到寄来的样书之后。说实话，比之电子版，我更爱纸质书，因为它更亲切、更有真实感。我拿到这本书时，我真可谓爱不释手。禁不住又把每一个故事、每一幅插图细看了一遍。芳烈不愧为一个资深科普作家，他的专业沉淀和创作功力令我钦佩，不由得要喊出：高！真正的高！

第三遍细读该书就是这次写本文之际。因为一晃五年过去，为慎重起见我又从头到尾仔细地阅读了一遍，而且在著文过程中又多次翻阅。在上两次的基础上又多了一个感叹，那就是芳烈作为一个老编辑家，他的书融入了独特的编辑智慧和技巧，令人读起来会拍案叫绝：妙！实在是妙！

好在哪里？请看我的推荐语：

《通信·天涯咫尺》是作者沉浸多年所推出的科普力作。本书以讲故事的形式，谈古论今，娓娓讲述人类通信变"天涯"为"咫尺"的历史。本书构思新颖、寓意深刻，文词精练，插图精美，彰显作者之丰厚积淀和科普创作之功力。我相信读了这本书一定会是开卷有益、回味无穷的。

对此不必多加解释，只要读者去读一下这本书，你就会发现：我这几句推荐语，既不是即兴之言、溢美之语，更不是推销书籍的广告词、应邀难却的捧场话。而是斟词酌句论实情、反复推敲说真话。

高在何处？这需要多说几句。

芳烈是 1962 年北京邮电学院电信专业毕业的，在他半个世纪的工作生涯中，始终没有离开过电信出版事业。用他自己的话来说："把传播信息科学、讴歌信息时代作为自己的使命。我写的科普文章也大都落笔于此。"

我是学无线通信专业的，而且也喜爱写有关信息技术的科普文章。出于专业兴趣，对于通信方面的科普文章我非常留意。我不敢说我读了所有通信科普著作，但我却能说，在我读过的通信科普著作中，芳烈的著作所占比例最大、也最好！早在 1980 年 3 月他就在《知识就是力量》杂志上发表了他的第一篇通信科普短文《人类怎样通信》。1984 年又出版了他的第一本科普书《现代顺风耳——电话》。该书收入由我组织编写的《电子应用技术丛书》中，而且我还担任了该书的责任编委。在随后这些年，他又著译了《电信革命》《现代电信剪影》《现代电信百科》等专业类和科普类图书 20 余种。《通信·天涯咫尺》这本书正好是 2013 年 3 月出版，因此，写出这本通信科普著作既是发挥了他的专长、做了他本专业的份内事，又是他半世纪挥洒笔耕的创作结晶品。你看，那一对对故事与科技知识的匹配，那一首首诗词与内容的呼应，那一个个提示与警语，那一幅幅精美的插图和应景的邮票图案……无一不是生动地说明了：本书高就高在充分显现了芳烈所具有的专业功力、文化底蕴、创作经验、博广见识。

妙在何方？妙在策划生魅力、创新出精品。

芳烈不仅是一个资深科普作家，而且是一个为电信著作的编辑事业奋斗了一生的资深编辑家。这就造就了他写的科普书与一般专业工作者的业余创作有明显优势。他从大学毕业直到退休，始终在电信著作编辑这个岗位上打拼，从助理编辑一直做到总编辑。几十年来，他不仅创作了300多篇短文和20多种图书，而且编辑过大量的文章和书籍。他不仅担任过《电信技术》《电信科学》《中国数据通信》等杂志的主编，而且担任过人民邮电出版社和中国电信网站的总编辑。策划过《e时代N个为什么》《科学丰碑》《爱问科学》《绘图新世纪少年工程师丛书》等获奖图书。很少有哪个科普作家有这样的经历！一句话：看得多、编得多、写得多，不出精品也难！

只要你看上一遍他这本获奖图书，你不仅会佩服他的资深作家的经验和功力，而且会为字里行间所透露出的编辑家特有的智慧和技巧点赞。例如，精心策划用"天涯咫尺"为主线把众多与通信相关的离散故事串了起来。又如，通篇所显现的人文精神。再如，故事的切入角度、前后文的呼应铺垫、知识点的链接和延伸、图文间的配合处处都彰显了编辑家的别具匠心。

总之，多次读了之后令我受益匪浅、启迪甚多。有诗为证：

作家著佳作，编辑出极编，文人倡人文，心中有中心。

什么中心？就是以作家兼编辑家的智慧和功力、用科学与人文相融合的形式，献给读者一本又好、又高、又妙的佳作！

作者简介

甘本祓：微波技术专家、教授、高级工程师，中国科普作家协会荣誉理事。

9.

万物皆刍狗，
芥子纳须弥

——评《天外天：人类和黑暗宇宙的故事》

□ 王秦歌

【提要】

　　虽然人类只是茫茫宇宙的一枚芥子，但我们的智慧与勇气却可以带着我们冲破未知的黑暗，寻找一个又一个天外之天。

　　距今两千年的《道德经》中有这么一段话是这样说的："天地不仁，以万物为刍狗"，说的是天地无所谓仁义，它创造万物，但却毫无仁慈，只把万事万物当做祭祀用的草狗，说扔就扔。那么今天，人类和宇宙又是什么关系呢？人类在天地间扮演着什么角色？《天外天：人类和黑暗宇宙的故事》这本书或许会带给你一些启发。

　　宇宙在大概寂静了137亿年以后，终于在银河系的边边角角，一个名为太阳系的系统中，孕育出了人类。人类最初的确如老子所言，不过是宇宙漫长生命周期中的一只刍狗。不出意外，人类将和寒武纪那些生命力极强的三叶虫或是白垩纪的爬行动物一样，在短暂的辉煌后走向灭亡，甚至来不及抬头看向天空。

　　然而意外时有发生。10万年前，一批来自非洲的现代智人离开家乡，第一次见识到世界的广袤。以她们小小的脑袋恐怕永远不会想到，日后她们的子孙不仅成了这个星球的霸主，更有着向更深邃的太空探索的野心。发展到今天，人类已经掌握了足够多的知识，称得上是通晓万物，能断古今。虽然在很多领域我们仍旧不得奥秘，但已经可以媲美《西游记》中那只上天入地的六耳猕猴了。

但是人类并不满足，继承了祖先勇气的我们把目光转向了陪伴千年的星辰。从发射卫星，到载人航天，再到轨道对接，最后我们甚至建立了人类的太空据点——国际空间站。我们用了不到一百年的时间实现了人类上千年的飞天梦，但这就是人类的全部梦想了吗？显然不是，深嵌在人类灵魂中的探索精神不断推动着太空事业的发展，促使人类研发更强大的飞船去往更遥远的星球，发射更先进的太空望远镜以观测宇宙遥远的过去，建造更庞大的对撞机去寻找黑洞的奥秘。

当我们对这个世界了解得越来越多，与这个世界相连的未知世界就越大。这句话用来形容人类今天的科学探索毫无疑问是恰当的。我们发现了数以千亿计的星系，却寻找不到黑暗物质的踪迹；我们寻找宇宙的起点，却无法看到宇宙的归宿；我们不断猜想宇宙的样子，却永远猜不到宇宙之外的一切。宇宙的终极奥秘就像是伊甸园中的苹果，不断诱惑着人类去探索，却又将人类推入一个又一个未知的恐惧。而我们的每一点进步都建立在这恐惧与疑问之上。

天行有常，不为尧存，不为桀亡，宇宙向来如此。黑暗与寂静是宇宙的真理，寒冷与沉默是宇宙的真性情。人类的存在虽然渺小，却算得上是宇宙上百亿年历史中的重要时刻。恒星聚变了又坍塌，黑洞形成了又蒸发，所有的一切都是匆匆过客，即使留下了痕迹，那也是在星际间穿梭的孤独粒子。所以才说人类是这宇宙中最有人情味的那个，我们不但将宇宙发生过的一切尽可能的记载下来，而且为他们树碑立传。即使是热脸贴了宇宙的冷屁股，人类也未曾停止这一切，你如要问我这宇宙中最伟大的是什么，我必然会说，是人类的心胸，是探索精神。佛经上说，"须弥纳芥子，芥子纳须弥"，恒星、行星、黑洞和大大小小的陨石，以及看不见的黑暗物质组成了我们所看到的宇宙。而在我们看不到的地方，其实也有一个宇宙。组成我们人体的细胞，是由DNA、RNA、蛋白质组成的宇宙；而遗传物质，又是原子组成的宇宙；而原子的内部，又是基本粒子组成的宇宙。就像这本书的书名——《天外天：人类与黑暗宇宙的故事》一样，我们所处的大千世界，不过是其中一个天外之天，我们自以为浩瀚的宇宙，或许只是其他宇宙中的一枚芥子。

朝菌不知晦朔，蟪蛄不知春秋。倘若人类没有不断发展的智慧和与生俱来的探索精神，我们断不会在微如芥子的地球上发展出今天的文明。我们人类智慧的广度，决定了我们对科技所能探索的深度。虽然我们只是这茫茫宇宙的一枚芥子，但是我们的智慧与勇气却可以带着我们冲破未知的黑暗，寻找一个又一个天外之天。俯仰之间，是天地，也是古今，立足于根本，放眼于未来，这或许是本书想要带给我们的东西吧。

作者简介

王秦歌：清华大学人文社会科学院科学史系硕士研究生。

10. 斗转星移方寸寻，天上人间

——读《邮票上的天文学》有感

□ 岳丽媛

【提要】

　　小小邮票上居然也可以有宏大的天文学。把人类对天文的关切和天文学历史的纪念一一呈现出来，展示了"天上"之科学与"人间"艺术品的美妙结合。引导着我们从人间（地球）出发，跨越时空，重拾人类探索广阔宇宙获取天文知识的漫长历史。

　　《邮票上的天文学》令人耳目一新，作为非集邮爱好者，先是惊讶于小小邮票上居然也可以有宏大的天文学？翻阅开来，更惊叹于邮票之丰富精美和天文学之悠久深邃，一种"星瀚历历，今夕何夕"的时空穿越之感油然心生。合上书，惊赞于此书带来的深刻印象，"天上"与"人间"竟可以如此巧妙地结合在一起，这种联结看似一种偶然，实则有着多方面的线索可寻。

　　这是一本"天文"+"邮票"的跨界书。书中来自上百个国家的数千枚天文学邮票，把人类对天文的关切和天文学历史的纪念一一呈现出来，展示了"天上"之科学与"人间"艺术品的美妙结合。著名哲学家康德曾言，"有两种东西，我对它们的思考越是深沉和持久，它们在我心灵中唤起的惊奇和敬畏就会历久弥新，这就是我们头上浩瀚的星空，和心中的道德律"。其实人类对"天"的兴趣，从古人夜晚辨星识方向时就开始了，可谓古已有之，源远流长。哲学家和科学家思索和洞察天，诗人和作家描绘和赞美天，当下人们也常常向往不仅"脚踏大地"，还能"仰望星空"的生活，饱含着对理想主义的追求和现实生活的热爱。而邮票，作为一种人类发明的邮政服务的有价凭证，却因其视觉图像形式，能够把日月星象、科学人物、仪器设施等更直观、更形象地呈现出来，通过"向来都充满着别具匠心的设计和意味深长的寓意"，展示了"古往今来人类探索天文的种种趣事，折射出的宇宙的壮丽与奇美"。

更进一步，天文学本身就是"人间"探求和欣赏"天上"的学问，承载着"人间"对"天上"的认识和应用。书中一图一文，娓娓道来天文学学科的发展历程，引导着我们从人间（地球）出发，"畅游太阳系、欣赏星座美景，领略银河壮观，遥望远星系世界……"跨越时空，重拾人类探索广阔宇宙获取天文知识的漫长历史。这些被展示出来的天文学成就，实际上是古往今来"人间"天文学家们对于"天上"认识和发展的结果。天文历法、天文导航等历代天文学家的发现，是天文知识在人间发挥实际用处的最好见证。而那些关心、探索、研究和应用天文知识的天文学家们本身，以及从日晷、星盘、天球仪、望远镜，到天文台等天文学研究工具，和在人间传播天文知识的天文馆等，作为一种纪念意义，也都出现在了天文学邮票上，在此书中历历在目。

除了正统的天文科学，还有一种"天上"的知识，那就是星占。来自西方天文学中的占星术是根据人出生时间对应的星象来预测人生的学问。在过去很长一段时间有着无可置疑的真实性。即便今天很多人对天文学已经不再那么感兴趣，但仍然对星座学说津津乐道，欲求根据天上的星座来关照和预测人世间的种种运势。当然有些人只是为了消遣、娱乐，但总还有人对此痴迷不疑，甚至影响到了恋爱和求职等人生大事之抉择，也由此带来了一种"星座文化"的流行现象。这本集邮册里也能有此内容，说明"人间"并未因对主流"天上"科学的关注，而忽视某些边缘的、另类的天学知识……而人们这种对"星座"的热衷，其实也算是"人间"延续着对"天上"之学兴趣的另外一种形式吧。

这本书通过邮票这一视角，把"天上"的知识，传播给"人间"的大众，邮票为"天上人间"架起了一座桥梁。如今，人们对世间俗物的关心已经远远超过仰望天空，对天文学的兴趣其实越来越淡漠了。一方面，我们的大学里设有天文系的都已屈指可数，天文学学科发展与人才培养前途堪忧。另一方面，就如前文所述，人们对于天文的关注，更多地也仅限于对占星术的甚至伪星座算命的关注。相对于遥远的太空，人们更倾向于关注个体命运的运势起伏。在如今天文式微，星占盛行的背景下，这本书以邮票这一老少咸宜、喜闻乐见的形式，细致描绘了天文学发展的漫长历史，或许能为那些对天文学比较陌生，和对集邮知之甚少的普通大众，提供可能的机会开阔天文知识的视野，增长邮票观赏的乐趣，通过"寻觅方寸之妙"，来"探求星空之美"。在酷爱集邮的著名物理学家卢瑟福看来，"一切科学要么是物理，要么是集邮"。联系到天文学的天体物理学属性，此书与此言可谓相映成趣！

回想儿时的夜晚，在自家小院里抬头就能看见满天星星，北斗七星清晰可辨，银河系闪亮奇幻，而这一切已仅存于记忆中，随着工业化进程的加速，在北京这样的城市星空已经十分罕见。若干年以后，我们及我们的后代，是不是只能在邮票上看到璀璨的星空了？当天上的万千景象只能退缩到方寸之间的邮票上，而邮票也将逐渐退出人间的历史舞台，最后，也许我们只剩下苦苦追问：此景只应天上有，人间能得几处寻？从这一意义上讲，这本书不仅值得细细品阅，更值得收入珍藏！

作者简介

岳丽媛：清华大学社会科学学院科学技术与社会研究所助理研究员。

11. "救"在你身边
——雨中遐想《首席专家李宗浩谈急救》

□ 毛晓钰

【提要】

　　现代急救的观念和方法何时才能如雨一般润物细无声，潜移默化中深入人心呢？急救，必须从医生的手中被解放，向公众普及。全书围绕着"挽救生命，减轻伤残"的急救理念，从生活中的意外伤害，到现代性的天灾人祸，从医学急救的历史到简单急救的操作方法，娓娓道来。

　　杏花时节，窗外的雨不知疲倦地下，风云将雨酿成美酒，惹人醉。清宵难眠，我倚着暮春的肩头，在江南的烟雨中，静静地聆听李宗浩教授讲他的故事。

　　雨是生命的自由落体，在土壤中绽放出活力，滋润着冥冥苍生。生命大美，殊不知美好易逝。意外与灾难，鬼鬼祟祟，藏在生活的角落。繁华的马路，狭小的弄堂，拥挤的人流，呼啸的鸣笛打破了市井的宁静。疾驶而过的急救车中，上演着一幕幕悲欢离合，浓缩着人生百态。老百姓与"急救"数次擦肩而过，但现实生活中，绝大部分人都不是医生、护士，却"赤手空拳"进入了急救状态。作为"第一目击者"，面对处在死亡线上的病人，心理和技术上都存在巨大的压力。如何去逾越这个"鸿沟"，争分夺秒抢救病人？李宗浩教授给出了答案。

　　李宗浩教授是一位在国内外都有重要影响力的急救、复苏、灾害医学专家，半个世纪以来，他先后参与了唐山、汶川、雅安地震的救援工作。在从事急救工作时，李教授意识到，"急救，必须从医生的手中被解放"，向公众普及。"生命不该终止，必将重现辉煌"！李教授情之所至、发自肺腑，将半个多世纪的人生都贡献给急救事业。《首席专家李宗浩谈急救》便是他的心血之作，该书也获得了第三届"中国科普作家协会优秀科普作品奖"金奖。开篇的彩页上附着照片资料，多年奔赴急救一线的李宗浩教授皮肤黝黑，虽已年逾半百，但精神矍铄，让人颇有"老骥伏枥、志在千里"之感。在李教授的故事中，可以看到他的凌云壮志，古道热肠，也能感受到他在急救科普中大声疾呼，势单力薄。

　　每个人心中都栖息着一片江南，月桥花院，深弄雨巷，油纸伞下伊人的倩影是江南；太湖之滨、苕溪之旁，南栅镇郊的亭子与假山，是李教授记忆中的江南。李教授和友人在"嘉业藏书楼"的园林中，"谈"出了现代医学要大力普及的急救知识。本书语言自然流畅，文字简洁清丽，毫无造作，令人如沐春风。开篇的引子中描绘了婀娜多姿的江南小镇，石板小路，苍穹石桥，芳草萋萋，让读者恍惚间融入景中。全书围绕着"挽救生命，减轻伤残"的急救理念，从生活中的意外伤害，到现代性的天灾人祸，从医学急救的历史到简单急救的操作方法，娓娓道来。随着现代社会发展，灾害的种类越来越多，所造成的损失也越来越大，医疗急救面临的压力与挑战更加艰巨。这种条件下，现代化的急救体系建设刻不容缓，急救知识面向公众普及，既是社会发展的必然，也是现代生活的需要。

　　从江南小镇到国际前沿，纵然相隔千山万水，故乡的雨也能滴落在李教授的心里，冲淡伤亡的忧伤，滋润生命的渴望。对于芸芸大众，现代急救的观念和方法何时才能如雨一般润物细无声，潜移默化中深入人心呢？现实生活中，由于种种条件的限制，现代急救的推广与实践仍然不尽人意。尽管如此，急救科普却必不可少。每一个平淡的日子，每一个人都有可能与"意外"相遇，成为"第一目击者"：

——当你坐在餐厅享受美食，邻桌的食客却被食物噎住，连连咳嗽，满面涨红。

——当你在车站候车，却听到"寻医广播"紧急播报有乘客突发急症，晕倒在地。

——当你怡然自得地在湖边散步，却看到淹溺的孩子刚被救起，呼吸停止，不省人事。

——当你夏日外出，却看到户外劳动者因中暑面色潮红，恶心呕吐，全身痉挛。

当意外到来，急救刻不容缓，在一片仁爱之心的驱动下，你想要伸出援助之手，将病人从死亡的边缘解救出来。但，你真的敢救吗？这个棘手的问题，像一块烫手山芋，让人左右为难。"人人会急救，急救为人人"目标的实现，并不能单纯依靠急救的科普，这个目标背后还存在着利害冲突、道德伦理的多重困境。"急救掌握在自己手中"虽是"路漫漫其修远兮"，但是急救科普并不能因此止步不前。李教授说，他写下这些书，虽是"粗茶淡饭"，但人间至味是清欢，还是希望读者能在书中汲取"营养"。书中对众多急救故事的回顾，李教授希望越来越多读者能深入浅出地理解急救，逐渐成为掌握急救知识的"第一目击者"。

昨夜一霎雨，天意苏群物？雨中苏醒的大地，隐隐约约透露着生命的萌芽。当我合上这本书，仿佛也醉在江南烟雨中。恍惚中，看到一位熟悉的老人，一步，一步，在淅淅沥沥的雨中从容前行。雨雾虽模糊了视线，但困不住坚定的步履。那样星星点点的雨散落在老人脚边，跌落在手心，洇开一朵朵未来的春天。

作者简介

毛晓钰：清华大学人文社会科学学院科学哲学硕士。

12. 《图解畜禽标准化规模养殖系列丛书》评介

□ 陈　强

【提要】

　　精选近5000帧生产与科研现场实践照片，按照标准化规模养殖整体套路编制，比较系统全面地介绍了10个畜种的标准化养殖模式和实操方法，对规模养殖标准化实施是一套很好的实操手册。

一、图册原著括注

　　2009年，四川农业大学王之盛、刘长松教授率先编写出版了《奶牛标准化规模养殖图册》。2010年，中华人民共和国农业农村部出台了《关于加快推进畜禽标准化规模养殖的意见》，要求大力推行畜禽标准化生产，积极开展畜禽养殖标准化示范创建活动。由四川农业大学牵头，组织了全国畜牧科研院校以及相关养殖企业等多家单位的长期在教学和生产一线工作的教授和专家，编写了这套《图解畜禽标准化规模养殖系列丛书》（以下简称《丛书》），该丛书共分猪、奶牛、肉牛、蛋鸡、肉鸡、山羊、绵羊、鸭、鹅、兔10种畜禽的标准化规模养殖图册。《丛书》精选了近5000帧生产与科研现场实践照片，是国内首套以图片系统、直观描述畜禽标准化规模养殖的系列丛书。《丛书》由中国农业出版社2013年1月出版发行，是"十二五"国家重点出版规划项目图书，2013 年科普图书金奖作品。全套丛书采用精装硬封面铜版纸印刷，图像清晰，感受力强，所以成本也较高。全套丛书定价合计 1006 元，各册按内容多少定价从 68 元到 168 元不等。

二、图册价值和特点

2008 年，中华人民共和国农业农村部组织制定了《奶牛标准化规模养殖生产技术规范（试行）》（以下简称《规范》）。《规范》以规模化奶牛场和奶牛养殖小区为对象，包括选址与设计、饲料与日粮配制、饲养管理、选育与繁殖、卫生与防疫、挤奶厅建设与管理、粪便及废弃物处理、记录与档案管理八个方面的技术要求，为转变奶牛养殖生产方式提供技术性指导。《奶牛标准化规模养殖图册》就是以《规范》要求为主体框架，对奶牛场标准化生产的整个过程进行了系统描述。适合于奶牛规模养殖生产实践的管理者参照。但该图册并未局限在规范要求范围之内，在奶牛繁殖、饲料配制等章节中的关键技术环节上也进行了直观描述。特别是在青贮制作上，分窖贮、垛贮和捆贮三种方式的每个步骤都有配图和简洁明了的图解。例如，青贮的切碎步骤的技术指标要求长度 2 厘米和破节率 75%，是我们现在常用揉切机能够达到的水平，很是科学实用。

《猪标准化规模养殖图册》对疫病控制、环境卫生和生物安全方面进行了较为详尽的表述。尤其是在人工授精的步骤、饲料营养监测等关键技术环节，讲解非常透彻。显示了四川农业大学养猪科教团队丰富的实践功底。

由于我国规模化养羊发展较晚，圈养也是近年来禁牧后被迫实施，所以《山羊、绵羊图册》着重于规模化养羊场建设设计以及如何解决圈养状态下羊的营养和日粮配合技术问题；图册给出了绵羊常用饲料成分及营养价值表，便于生产者查询使用。

《家禽图册》包括肉鸡、蛋鸡、鸭、鹅四本，基本上都在规模化养殖全过程编排性收录了生动、逼真的原创图片。肉蛋禽产业实施规模化比较早，养殖模式比较统一。图册突出特点是对不同禽类的防疫免疫方法和疫病生物学防控办法都进行了详尽的描述，有很多值得效仿之处；图解技术规范、标准，易懂易学，适合养殖场及相关技术人员参考。

《兔标准化规模养殖图册》在内容上汇集了国内外关于规模化和标准化养殖方面最新的科技成果，特别是公益性行业（农业）专项"肉兔高效饲养技术研究与示范"和国家兔产业技术体系启动运行以来的最新成果。书中的大量图片多来源于我国家兔规模化和标准化养殖实践，具有较高的实用价值。

三、综述和建议

（一）规范性

全套图册都是按照标准化规模养殖整体套路编制的，比较系统全面地介绍了十个畜种的标准化养殖模式和实操方法，对规模养殖标准化实施是一套很好的实操手册。

（二）适用性

奶牛、猪、蛋鸡和肉鸡图册对常规适用技术介绍的比较全面和详尽，通俗易懂，适宜我国目前养殖业生产者借鉴和仿效。同时对基层技术推广部门提供了适用的培训教材。

（三）通俗性

各畜种图册知识点全面而且简洁明了，该有的都有。觉得搞养殖业者的尤其是要读读这本书。笔者也收集了些此类的书籍，很明显的感觉到，以往编辑的图册差距甚远。尤其是那些某畜种养殖大全或教科书，随便翻开一看，密密麻麻的字，繁复杂乱的配图，明明一两句话就可以说明白的，一张图就可以说清楚的，非要先下个定义，再解释一大堆。而且，相关知识都是抄袭来的，千篇一律，人家怎么讲的我也怎么讲，一点也没有创新。本人特别喜欢李胜利老师在《奶牛图册》序言说的："既有实用的理论知识，又有丰富的实践功底，图文并茂、浅显直观、科学准确、真正做到了一看就懂，一学就会。"可以看出这是一本有个性的、有趣的书，作者收集和精选这些图片可是废了不少心血。每一张配图都很专业清晰明了，不像有些大部头专业书籍配图的专业性很差，一点都不考虑读者的感受。

（四）作为畜牧技术推广管理人员，我对此类专业性科普读物提点建议

养殖标准化常规技术以图谱形式作为科普读物也算是差强人意，如果对畜牧行业现代科研成果和产业高新技术以图册形式向广大读者介绍的话，《丛书》的关注度会大大提高。比如将奶牛生产性能测定（DHI）及其解读方法，饲料的氨基酸平衡技术以及人工授精的深部输精技术等。甚至可以将基因芯片技术在育种上的应用（分子标记快速选育技术）等介绍给广大畜牧工作者。使其能够更宽泛的了解国内外畜牧科研工作和成果，积极主动的渗入生产实践中去，这样我们的科技贡献率才能更快地提高。同时，也能够引起广大读者的兴趣。

作者简介

陈强：全国畜牧总站研究员，国家科技进步二等奖获得者，主要从事畜牧技术推广、职业技能开发与鉴定。

13. 蘑菇的"魔力"

——读《多彩的蘑菇世界——
东北亚地区的原生态蘑菇图谱》

□ 任思腾

【提要】

　　在这本略显安静，寡言少语的图鉴中，我们有机会细细欣赏这些活生生的蘑菇们。它们的生命有温度、有价值，是美丽的存在。

　　俗话说："吃四条腿的不如两条腿的，两条腿的不如一条腿的"。这"一条腿"指的便是蘑菇。蘑菇是人们餐桌上的常客，而令我印象最深刻的吃蘑菇经历，都发生在云南。几乎每个云南人对于吃蘑菇这件事都颇有见地，久居于"锡都"个旧的大姨也不例外。这第一次经历，是她从清晨的早市上买来一种看起来普普通通的褐色菌子，告诉我这叫做"见手青"（点柄乳牛肝菌）。这古怪的名字，生动地描述了这种菌子的特点：被刀切开或是被手摸到时便会变成青色。若是没有变色，便要警惕了，或许这是混入其中的毒蘑菇，一定要分拣出来。见手青香味浓厚，只是加入菜油和蒜瓣翻炒，便能让我只就着它吃下两大碗饭。

　　第二次是在昆明吃松茸。松茸作为"山珍"的名气可不小，但想要吃到它只能进行野外采摘，不可进行人工培育。另外，松茸生长季节性强，受到当年的降水条件影响，产量波动很大。不仅如此，一旦松茸生长至成熟、伞盖完全打开时，风味便丢失了许多。因此即便是当地人也十分珍惜新鲜的松茸，甚至直接将其切片生吃，追求菌子自身的清甜鲜味。

回到北京以后，"见手青"这样奇特的菌子自然是无从寻找；而松茸也只在超市的冷冻柜里才能见到，挂着高昂的价格标签，令人望而却步。小小的蘑菇，负载着巨大的经济价值。这也难怪以蘑菇为主题的博物书籍中总是围绕这一点来进行介绍。

不过，除了食物这一角色，蘑菇也是文学和艺术作品中的常客。从"采蘑菇的小姑娘"，到童话书封面上经常出现的装饰元素，再到单机游戏的经典之作《超级玛丽》中的道具蘑菇，随处可见它们的身影。或许是因为色彩缤纷、样貌可爱，蘑菇扮演的大多是正面形象。那么在符号化的审美价值之外，真实的蘑菇是否也同样值得我们去欣赏呢？答案是肯定的。吉林农业大学菌物研究所教授图力古尔所著的《多彩的蘑菇世界——东北亚地区的原生态蘑菇图谱》(以下简称《多彩蘑菇》)一书中展现出的正是它们的生命力与美。

不同于以往的菌类图鉴书，《多彩蘑菇》使用了蘑菇在自然环境中生长着的真实照片，而不是只将单个蘑菇截取下来处理为模式图。这使我们能够观察到蘑菇生长环境的更多特征，如地形、湿度、光照，以及周边的生态群落形态。作为一本16开的大书，本书配图十分"大方"，还不时穿插着整页或大跨页的整幅高清彩图，蘑菇的细节分毫可见；加上寥寥数语不引人注目的解说，仿佛连读者也被一下子缩小了，正与这些大地的孩子们面对面。

很多时候，对于人类，蘑菇不过是一种不起眼的存在。但是若能仔细去进行观察，我们便不难发现：它竟能呈现出如此丰富多彩的特征，具有如同深海生命世界中的动植物那样充满了想象力的外表，是自然界中能给人们带来惊喜的精灵。《多彩蘑菇》

中的图片能给人带来的体验与震撼正是：在那些最普通的自然环境中，在黑乎乎的朽木或是挂着露水的草地上，娇小却鲜亮的蘑菇饱含着生命力钻了出来，以你意想不到的方式旺盛地生长着。它们有的形单影只，翠绿透明；有的成群结队，嫩黄滑亮；有的状如马蹄，有的状如珊瑚……只要翻开这本书，就一定会感叹："竟然有这样的蘑菇！"在目前已经被发现的150万多种菌类中，被人类记载和熟知的只有5%。还有许许多多的蘑菇，正等着人类去发现和欣赏。

可惜的是，以往的科普作者对于菌类价值的介绍往往只关注于其经济价值和毒性识别。现在不少菌类已经在市场上获得了极高的地位。从上百元一片的松茸、猴头菇，到上千元一克的黑松露，其精加工产品走向餐桌的价格就更加高昂。在消费文化的推动下，人们对于菌类的价值判断变成了有用与无用的简单二分，答案全部明码标价地写在价目表上。市场行情的走俏使得人工培育大量开展，这反过来又使得野生菌的价格进一步上升。与此同时，追求品质的消费者却更热衷于为了野生的标签付出金钱。原本在林间自在呼吸的野生菌类成了消费欲望的牺牲品。然而它们和人工养殖的蘑菇有什么本质差别吗？

我想，这差别不仅仅在于营养成分或是口味，而是将自然的赠礼变为了量产的人工制品。菌类虽然通过传播大量孢子进行繁殖，但是它们的生长分布却往往是少量而随机的。采集蘑菇标本的过程更像是一场寻宝的愉快冒险。在杳无人迹的树林中，缓慢地步行，弯着腰四处查看，或是绕到朽木的背后细细搜寻。若是突然发现了一丛色彩鲜艳、茁壮成长的菌子，该是怎样的喜出望外！生命的偶然性与发现的过程之美，在温室和大棚中无从寻找，剩下的只有营养价值分析、价格走势图表和烹饪方法推荐。每年都会出现人们自己采摘和误食蘑菇中毒的新闻，然而我们却依然乐此不疲。是因为买不起超市的蘑菇吗？大约不是，而是这份满足好奇心的美味和乐趣既充满危险又引人入胜。

蘑菇究竟有什么魔力？这本书正是以无言的方式回答这个问题。在这本略显安静，寡言少语的图鉴中，我们有机会细细欣赏这些活生生的蘑菇们。它们有的晶莹剔透，有的颜色艳丽，有的呈现出强烈的几何设计感。这样的审美价值，我们很难在集市上的一筐牛肝菌里，或者一包干干的香菇，亦或是粉末状的灵芝孢子粉中找到。不信请看，浅绿色的黄柄小菇、毛茸茸的雪白环柄菇、披着橘红色网格"披风"的黄裙竹荪……这些美丽的身影，有的只在蘑菇的生活史中昙花一现，有的从它们离开土壤那一刻就开始褪色。蘑菇的世界不是千篇一律，它们的魔力等着有心人俯身去探索与发现。

作者简介

任思腾：清华大学科学史系博士研究生。

14. 银杏：金色的浪漫

——评《听伯伯讲银杏的故事》

□ 王怡萌

【提要】

　　讲述关于银杏的历史故事、诗歌、画作和精神价值，让印象中单薄的银杏叶变得立体，夹带着历史的沧桑、生命的顽强和超脱世俗的气节。一本成功的少儿科普读物同时也会对成年人起到科普教育的效果。

　　在我高三的深秋时节，正是我因备考而忙得焦头烂额，生活一片天昏地暗之际。某日走过教学楼下时，我惊喜地发现那里的银杏树仿佛一夜之间被染成了金色，那种感觉就仿佛是昏暗的乌云之间的一丝阳光，让人总有种挣脱同样昏暗无味的生活的冲动。终于，为了不让老师发现这种"开小差"行为，我拉上我的朋友趁着上午课间广播体操结束后那仅有的几分钟，快步流星地赶到那里。但是，可供"欣赏"的时间毕竟极为有限，而可供拍照的手机也被家长和老师禁止携带，我们只能在一地的银杏落叶中捡拾起几片品相不错的，便马上奔向教室，趁着老师还没走进教室门的时候，拿起那本几乎当时人人必备的、厚达千页的《牛津高阶英语词典》，轻轻地把这片银杏压在里面。此后，每次查阅字典不经意间翻到那片叶子的时候，心情总会有些恍惚和闲适，仿佛在一瞬间，自己从这样单调甚至苦涩的生活中走了出来，走到了那片金色的银杏林。于是，这片小小的、黄灿灿的、像蒲扇一样的叶子便成了那个时候最简单的浪漫与奢侈。第一次看到这本《听伯伯讲银杏的故事》时，我脑海中便浮现出了这段关于银杏的故事。

因此在阅读之前，我虽然有极大的兴趣，但是禁不住有些担忧：作为一本科普书籍，那么它是不是会按照"科学"的方法，把银杏肢解、粉碎、放大，放在显微镜的视角下让你去"欣赏"它的细胞质、细胞壁，或者是含有什么钙铁锌硒之类的"营养元素"？纵然多多学习科学知识并没有什么坏处，可是如果全书按照这样的方法写作的话，那个属于我的"浪漫的银杏"的记忆今后恐怕会荡然无存，说不定就会变成细胞质、铁、钙等"科学元素"冷冰冰的集合。

幸好，这本书很好地保护了我这段特殊年代的浪漫回忆。虽然这本书确实也介绍了银杏的生物结构、繁殖方式和药用价值等，例如，仿生农药专家利用银杏体内的杀菌抑菌成分制出农药，减少了对环境的污染。银杏叶药物被用于治疗心脑血管系统疾病；银杏叶可用作抗生素的替代品被加入牲畜饲料中；银杏活性炭可以净化空气等。这样全面的介绍确实大大增加了我对银杏的科学知识。

但是，真正让我惊讶的是，作者将大部分的篇幅放在银杏的历史故事、诗歌、画作和精神价值等。原来，画家尹瘦石的名作《乡情》，正是借由一棵普通的银杏树表达了对故乡的忧思。在那幅画中，其中的人物周遭似乎都因战争的动荡而故迹无存，只有那村口的银杏仿佛还像他 50 年前离家时一模一样，在等他归来。原来，在广岛、长崎遭受核难而被夷为平地后，原本不可能再有任何植物生长的核辐射地带上，一棵银杏树竟然冒出新芽，健康地生长着。看到书中那棵新生银杏的照片，我突然想到，那些失去一切的人们在看到这抹绿色时会升起何等的希望和感动。原来，银杏的历史可以追溯到白垩纪，与恐龙相生相伴。面对书中那颗银杏化石，我们仿佛可以穿越亿万年的沧桑，感受人类的渺小与短暂。在整本书中，我跟随着伯伯和可爱的"小金果"小朋友一起，欣赏过往一个又一个诗人歌颂银杏的生生不息，看一个又一个圣贤把银杏当作圣树而值于自家庭院、视为珍稀。于是，我原来印象中单薄的银杏叶仿佛变得立体了，它夹带着历史的沧桑、生命的顽强和超脱世俗的气节。

曹老师在书中提到，一本成功的少儿科普读物，同时也应该起到对成年人进行科普教育的效果。在如此全面的对于银杏知识的介绍面前，我仿佛也变成了一个孩子，听曹伯伯讲一个又一个有趣的睡前故事。合上书，我又想起了属于我的那片银杏，我和我的朋友仿佛又回到了那个时节，回到了那片金色的树林，回到了那个属于我的金色浪漫。

作者简介

王怡萌：清华大学人文社会科学院科学史系博士研究生。

15. 重走"长征"路
——评《沿着人类祖先迁徙的脚印旅行》

□ 刘炫松

【提要】

　　将旅行见闻与科学思考融合，让生动的大地图景和充满活力的理论面貌交织，交替牵引读者的思维，经历一场关于人类起源和迁徙之路的、有趣的现代重游。

是谁呢?

是谁最早说这些奇怪的语言呢?

是谁留下了这些奇怪的壁画石器和动物骨骼然后又离开了呢?

他们来自哪里我们又来自哪里呢?

几个世纪以来，这些问题一直都吸引着人们的目光。在人们思考这些问题的同时，19 世纪初，探险家终于第一次踏上了南极大陆，于是从广袤的非洲沙漠到地中海之北的欧洲平原，从黑暗的巴西雨林到最偏僻的南太平洋岛屿，从"世界屋脊"到茫茫的北极圈雪地再到永远冰封的南极大陆，人类祖先全球迁徙的"长征"走走停停跌跌撞撞，最终将人类的足迹留在了世界几乎所有土地之上。

何不重走这条路呢? 一边行走旅行，见识丰富的世界，一边思考人类的起源和迁徙? 将这个充满野心的设想付诸实践，褚嘉祐先生尝试融合游记与科普写作，在本书中按照人类起源和迁徙之路构造了一种有趣的现代重游。

但想要重走这条"长征"之路又谈何容易。让我们想象一个有此野心的现代旅行家。他摊开一张世界地图，看着五颜六色挨在一起的国家，发现自己根本不知道该从哪里出发，经过哪里，最终到达哪里。科学家们为了复原这条迁徙之路用尽了各种办法，他们穿梭出入沙漠、雨林和洞穴，寻找古代化石、壁画石刻和居留遗址，他们也倾听记录不同人类聚落的语言和传说，从中发现令人惊喜的相似性。可是如果古代化石遗失了，古代建筑倒塌了被掩埋了，古代语言消亡了呢？科学家又应该怎么办呢？科学家找到了有力的新工具，他们利用实验室中的分子，利用这些在人群之中"代代相传，客观记载着进化事件"的遗传标记，利用分子遗传学研究，来"回答化石和文献没有说清"（原书第170页）和无法说清的问题。

这样我们就有了这条路线大致的模样。根据"走出非洲"假说，现代人类的祖先从距今10万年前开始了他们的史诗"长征"，从发源地非洲大陆开始一路辗转，分两支进入欧洲和中东地区，进而由中东入亚，继续沿南亚、东南亚进入澳洲与南太平洋诸岛，沿途不断分支，数次北上，逐渐深入分散于欧亚大陆腹地，并由路桥进入美洲大陆，一路南下，直到南美洲的最南端。

褚嘉祐集结他多年的旅行积累，依照同样的旅行路线排定顺序，整理成书。沿途欣赏优美的自然风物和古老文明遗迹，与不同肤色、不同民族、不同文化的人们相遇和交谈，他写下了大量的精彩游记，并奉上众多亲自操刀独具风格的摄影作品。同时他也将我们带入对人类起源和迁徙的思考之中，现代人都来自于非洲么？还是从一开始就是在各自的土地上独立发展起来呢？又或者两种情况都存在，来自非洲的人类祖先向外迁徙并和各地独立的人类群体相互交配呢？为什么人们有着不同的肤色、不同的体型，说着不同的语言？为什么人类要离开一地迁往另一地呢？

旅行见闻和科学思考，生动的大地图景和充满活力的理论面貌，两部分内容相互交织，以不同的节奏交替牵引读者的思维，制造感受力和理解力的碰撞。褚嘉祐让我们知道原来除了风景、异域文化和纪念品，我们还可以在旅行之中经历这么多事情。对于热衷旅行的读者来说，本书将为他们既往的旅行经历补充全新的内容，也将为未来的旅行计划带来别样的期待。

另外应当提到的是，书中有若干可商榷之处。在"东非"一节的游记部分，褚嘉祐提到"一头藏在树干中的美洲豹（原书第2页）"和"来饮水的印度豹（原书第7页）"，但是美洲豹和印度豹严格地指两种分别只生活在美洲大陆和印度次大陆上的猫科豹属动物，生活在非洲大陆上的同属动物则是非洲豹，另外同属猫科的还有猎豹亚科猎豹属的猎豹，但与上述三者有较大的形态区别。褚嘉祐这里很可能是误认了非洲豹，但很难想象，与地域关联如此紧密的命名会出现混淆。对于本书而言，如果想要优先保持游记的本来面貌，至少应当在注释当中对该错误予以订正，以避免基本的事实错误。

不过即便如此，本书仍然是一部内容翔实、颇为新颖的作品，读者大可将本书视为一部佐以科学思考、兼顾严肃学理与通俗趣味的、饶为可读的游记作品。如果小巧的篇幅让一些对人类起源和迁徙问题感兴趣的读者大呼不够过瘾，那么读者大可从褚先生的讲解出发，开启自己的思考和探索，在阅读当中享受思想和情感的双重冒险。

作者简介

刘炫松：清华大学人文学院科学史系硕士研究生。

16. 韦小宝与薛小猫

——《量子、猫与罗曼史——薛定谔传》书评

□ 赵　博

【提要】

　　讲述物理学家薛定谔的学术成就与人生经历，从多方面刻画了这位传奇人物的形象，令人慨叹他跌宕起伏的一生，更折射出一代科学人当时的奋斗环境。

　　韦小宝本就叫作韦小宝，虽然听起来这更像是个江湖上人送的花名。薛小猫却本不叫薛小猫，其姓薛定谔，其名埃尔温。薛小猫这名字来自于他自创的一门虐猫绝学：把猫与装有毒药的瓶子放在一个盒子里，瓶子随时有可能裂开，而猫也就随时有可能一命呜呼。这只可怜的猫不懂，自己何以不明不白地处在这种生死不明的状态，而它连名字都没有——这一切仅存在于薛定谔的假想之中。然而只凭这个假想，薛小猫的名号就在江湖上不胫而走。

　　有人的地方就有江湖，韦小宝和薛小猫的名头在江湖都是叫得响的。韦小宝混迹官场和武林，靠的是三寸不烂之舌、脚底抹油的功夫，还有护体宝衣和玄铁匕首。薛小猫混迹的则是科研圈，靠的是实打实的才华。他潜心创造出"盒中之猫"这一招，绘于纸上，昭告天下。各路英雄豪杰无不震惊，是时学术大家爱因斯坦亦亲笔题书深感赞同。遂加印量产，一时洛阳纸贵。"薛小猫"的名号自此响彻江湖。一本《时空结构》成为广义相对论门生的必修基本功。而其晚年对学问的参悟又提升一层境界，颇多思索。后人将其造诣整理成《薛定谔的量子力学哲学》，对后世影响极深，为此后的"多重宇宙"之说奠定了基础。"盒中之猫"从此不在生死叠加的状态中挣扎，而在一生一死的宇宙分支里各有归宿。做学问历来分门论派，薛定谔多以量子力学高手广为人知，其实他对生命科学流派也颇有建树。一本《生命是什么》提出了一套全新思路，再为世人惊叹。到后来有位名为克里克的晚辈后生终于成功将其发扬光大，那时薛定谔已在数月之前驾鹤西归。有趣的是，韦小宝算是得志最早，加封爵爷，奉旨到地方办事，官老爷们直惊这少年什么来头；薛定谔却有点大器晚成，他的江湖同辈都早早都打出了名号，等他风光的时候，却是后生晚辈活跃的时候了。

行走江湖，靠的是情怀，拼的是气量。韦小宝重情义，跟他意气相投的，他都想方设法要袒护；但若是扫了他面子、害了他朋友的，他也决计不会善罢甘休。这一点上，薛小猫是要更坦荡的。树大了招风，但风再大，我自岿然不动。薛小猫也被人骂过，骂他的人，是他朋友。这骂名来得也大，不但指了薛定谔，还说他所在的研究院恐成天下人的笑柄。骂名一出，研究院急了，要求道歉。然而薛定谔则悠悠地表示自己绝无伤心亦或要求道歉之意，尚可跟骂人者谈笑风生。所以说，对江湖，薛定谔是宽容的。唯独对物理学这门武艺，他是较真的。他气量宽广容纳所有人，但是他讨厌讲不通的道理。早前哥本哈根学派的一套理论独步天下，薛小猫也一边对其参悟又一边对其厌恶——量子世界怎么会靠掷骰子决定。那一式"盒中之猫"，正是破了哥本哈根学派的定势。到了后世它越来越得到发展证实，那是后话了。

闯荡江湖，英雄气短，儿女情长。韦小宝和薛小猫都能坐享齐人之福，可谓人生赢家。韦小宝追求爱情的结果，无论是使出小流氓的本事耍泼打诨，或者是以色壮胆赌了性命，他终究娶足七个老婆，不离不弃。薛小猫的爱情观则像极了他那只盒子里的猫，他追求的是爱情的状态，而非结果。才子佳人，一举手一投足，一个眼波流转，暧昧的情愫就荡漾起来。他也没少在外出工作的途中抽出时间来密会情人。他和情人们那些事在当时倒没有得到多大非议，毕竟那个时候欧洲学术圈里这种事情稀松平常。薛小猫和太太各有情人，相安无事。临近晚年，薛小猫开始焦虑太太的归宿：他要保证自己过世之后太太有足够的抚恤金继续生活。夫妻的情分，终归是有的。

人在江湖，身不由己。韦小宝和薛小猫一生都为大环境的动荡所累，境遇结局却差了许多。论出身，韦小宝是远比不过薛小猫的。韦小宝长在烟花柳巷，听的是靡靡之音。薛小猫则是富三代，祖父有生意，而家里又有搞科研的门风，日常的社交休闲活动则是听歌剧。然而战乱一来，什么都没了。从此他要考虑薪水、局势，还有太太的抚恤金。为了留在奥地利，他甚至写了一封给纳粹的忏悔信，引来当时江湖人士一片哗然。韦小宝过厌了刀尖上活命的日子，最后带着妻儿隐居，逃开了江湖。薛小猫则从未离开过江湖，且我行我素。他非要穿得宽松休闲去上课、去研讨，以至于门卫把他拒之门外，合影把他放在最后一排。江湖生活，个中滋味，如人饮水，冷暖自知吧。

他们已不在江湖，江湖上还流传他们的传说。金庸笔下的无数江湖人士之中，韦小宝很特别。若没有读过《鹿鼎记》，对金庸作品的理解便总有缺憾。而纵观科学史的江湖，薛定谔同样是带有传奇色彩的人物。若不认识薛定谔，对那段江湖往事的了解便不完整。他的一生经历被约翰·格里宾写成《量子、猫与罗曼史 薛定谔传》。书中不但述说了薛定谔其人其事，还花了些篇幅介绍当时的江湖变幻。与薛定谔同时期的武林豪杰纷纷登场，那些你来我往的武艺切磋，也被一幕幕展现开来。诸君不妨到书中一探究竟，感受当时的江湖，领略薛小猫的魅力吧！

作者简介

赵博：教育学博士，杭州师范大学教师，从事科学教育研究与教学。

17. 授人以鱼不如授人以渔
——评《发明不是梦》

□ 刘河清

【提要】

　　用一个个发明小故事带领读者走近发明，理解发明，爱上发明，启发读者学会观察、思考和行动。

　　如果要列举发明创造的小故事，我脑海里只能浮现两个出现在课本里面的例子。第一个故事是瓦特根据烧开水的水壶而获得灵感，从而发明了改良的蒸汽机；第二个故事是鲁班对划破手的草进行仔细观察，从而发明锯子。我有限的知识储备和狭窄的想象空间里似乎再也搜索不出来别的相关例子。直到偶然读到《发明不是梦》这本书，我才知道还有这么多经典著名的发明故事，例如我们耳熟能详的自行车、汽车、发动机、带齿孔的邮票、胶卷照相机等与我们生活密切相关的物件的发明历程，尽管本书的重点并不是介绍这些著名发明故事。

　　与此相反，《发明不是梦》主要介绍的是一些不为人知的中学生的小发明故事。该书以循序渐进的方式，论述了什么是发明，小发明有些什么特点和标准，成为小发明家需要什么关键能力和素养以及有哪些常见的发明技法。这些论述的支撑是一个又一个的小发明故事。这些故事素材真实可触，大多都是中学生在家庭或者校园生活学习过程中，发现一些器具在使用时存在某些不便，于是经过思考、试验和改良，发明了一种更为便捷的工具。这些小发明原理通俗易懂，不涉及高深莫测和遥不可及的科学理论。为了帮助理解这些小发明，每个例子都配有简洁和精美的插图，甚至有些例子只看插图不看文字就能够体会到该发明的精妙之处，例如环保瓜子袋、卷尺圆规、空心平板蒸屉等。

通过充分利用讲故事这种引人入胜的手段，配合有趣的封面和卡通化的插图以及整体粉色画风设计，《发明不是梦》能够很好地吸引青少年读者忍不住一口气将这本书读完。此外，这本书也值得教师和家长一读。一方面，这是一本很好的科普读物，另一方面，众多的发明故事为教师提供了课堂示例，为家长提供了讲故事的素材。在读这本书的过程中，我不禁好奇什么样的作者能写出这样老少皆宜的科普读物？

其实，直到读完这本书才注意到本书封面的作者简介。但是在读书的过程中，就能明显感觉到作者知识的渊博和对教育的了解。一方面，他对发明创造的历史发展非常了解，能够列举出众多不常见的世界性发明的例子。另一方面，作者避开这种技术类书籍教科书式的写法，创新地利用讲故事这种有效的传播和教育的手段，将故事与读者生活密切联系，与读者产生共鸣，从而达到培养他们对科学的探究精神和创新能力的目的。了解到该书的作者卢大明是天津某中学的科技老师时，我丝毫没有意外。卢大明老师具有过硬的科技知识，曾辅导大量的中学生进行发明创造，其中超过五百多种小发明获得国家专利，具有丰富的辅导经验。一位发明家不一定懂得如何传授别人发明的方法，一位教师不一定具有丰富的发明知识，也只有像卢大明老师这种常年工作在科技辅导一线的科技教师，才得以写出这样一部对青少年具有很强启发意义的科普读物。

读者看到书中发明故事也许会想："发明原来这么简单！"然

而，在现实生活中，能成为小发明家的人却少之又少。那么本书到底能给读者什么启发呢?《发明不是梦》告诉读者：想要成为发明家，要善于观察、思考和行动。

首先，要学会观察，善于发现现象，这是发明创造的基础，也是所有科学研究的基础。例如钢筋混凝土的发明故事，大家都知道，现代的建筑工业都离不开钢筋混凝土，可是最初的混凝土是没有钢筋的，这种由水泥、沙子和石子混合而成的混凝土虽然坚硬，但是抗拉强度很低，容易断裂和破碎。一位法国园艺师在工作时观察到，虽然土壤是松散的，但是植物的根系交叉成网状分散在土壤中能把土壤报成牢固的一团。他从这个现象中得到了启示，在制作混凝土的时候，先往里面加入一些铁丝网，从而大大的提高了混凝土的性能，发明了钢筋混凝土。可见，没有仔细的观察，就不会有所发现。

其次，要善于思考，敢于对任何事物都持一定的怀疑态度。如果那位法国园艺师不思考，即使看到植物根系能让土壤变得结实，也不会联想到让混凝土更坚韧的方法。即使是看似完美的物品，随着科技的进步，总能用新理念和技术将它变得更好。比如我们使用的手机，从第一代手机发布开始，消费者总是不断怀疑这一代手机还有什么缺点，商家也在不断思考怎么解决这些问题，从而开发出新一代手机，使手机功能和外观更完美。如果满足于现状，那么这款手机很快就会被淘汰。生活中的物品也一样，比如家庭用的烧水壶底部都是平面，在烧水的过程中，火苗沿着壶底向四周喷射。大家认为这个现象再合理不过了，而有位小朋友却意识到由于大部分火苗没有参与烧水而浪费了很多能源，因此对水壶底部的设计提出了怀疑。他观察到传统的"涮羊肉"用的火锅可以很好地把火苗吸入到中心的烟囱里，因此联想到水壶为什么不能按照这种构造来设计呢? 经过思考、探索和研究，他最终发明了一种节能水壶，四分钟就可以烧开原来需要十来分钟才能烧开的一壶水，大大的提高了烧水的速度，同时节约了能源。如果能对生活保持怀疑，多思考，那么总能从生活中找到灵感。

最后，还要敢于行动。我在中学的时候也曾有过小发明的灵感。有一次，无意听见某个人上厕所的时候抱怨自己习惯使用蹲便器，而有些地方比如某些酒店只有坐便器，让他很不习惯，尤其对于男性来说使用坐便器很不方便。不过，对于另一些人来说，他们可能反而更喜欢坐便器，尤其是老人，如果久蹲不起容易导致头昏、耳鸣及短暂休克等情况，坐便器就显得方便很多。当时就想，其实可以制作一个可以切换的两用便池。可惜的是，当时并没有做进一步的行动，一方面是由于缺乏技术上的指导，另一方面当时也不知道通过什么渠道去获取制作需要的材料。直到后来看到相关的产品被投放在市场，才又想到当初这个灵感。有人在传统的便池旁边安装了一个支架，支架上安装有活动的马桶圈，将马桶圈放平，即可成为坐便器，将马桶圈收成直立就变成了蹲便器。还有人直接发明了马桶凳，与普通凳子不一样的是，马桶凳凳面是一个马桶圈，直接将马桶凳放于便池之上即可当成坐便器。现在才明白，对于一个发明来说，最难的不是观察生活萌发创意，而是有了想法付诸行动。光有创意还不行，一定要进一步思考并及时行动，将创意及时变现，才能体现创意的价值。

尽管本书具有很强的启发意义，但是我个人觉得这本书也并非完美无瑕。本书在论述发明技法方面存在少许不足。例如，某些例子先后在全书中论述了两遍，略显重复，例如隐茶双层杯、节能水壶等。除此之外，在某些发明故事中，作者并未阐述小发明家是如何获取发明灵感的，例如附着式麻花钻头研磨器、推拉式快速活动扳手、节能环保型养殖场自动淋雨消毒走廊等这些小发明似乎与中学生的日常生活相关性不大，而书中也没有介绍小发明家为什么要进行这项发明，是因为观察到别人使用过程中的不便还是亲身经历呢？而一个灵感产生的故事往往是一个发明故事中最精彩的部分。

当然，这些都不影响这本书可以增强读者尤其是青少年读者对发明和科技的理解，《发明不是梦》做到了授人以鱼不如授人以渔。青少年读完这本书也许并不能成为发明家，但是这本书能够对他们的思维方式提供一定启迪，能够帮助他们养成观察现象、发现问题、思考问题并解决问题的好习惯。

作者简介

刘河清：理学博士，中国科普研究所与中国科学院科技战略咨询研究院联合培养博士后。